· 新世纪广西高等教育教学改革工程"十一五"第二批立项项目
《高校基础教育师资英语教学法培养的研究与实践》研究成果
· 钦州学院学术著作出版资助基金资助

New English Curriculum

Teaching English in Elementary School: From Theory to Practice

小学英语教学理论与实践

黎茂昌　潘景丽　编著

四川大学出版社

责任编辑:王　冰
责任校对:李思莹
封面设计:墨创文化
责任印制:曹　琳

图书在版编目(CIP)数据

新课程小学英语教学理论与实践 / 黎茂昌，潘景丽
编著. —成都：四川大学出版社，2011.2
ISBN 978－7－5614－5166－3

Ⅰ.①新… Ⅱ.①黎…②潘… Ⅲ.①英语课－教学
研究－小学 Ⅳ.①G623.312

中国版本图书馆 CIP 数据核字（2011）第 013413 号

书名	新课程小学英语教学理论与实践
编　著	黎茂昌　潘景丽
出　版	四川大学出版社
地　址	成都市一环路南一段24号 (610065)
发　行	四川大学出版社
书　号	ISBN 978－7－5614－5166－3
印　刷	郫县犀浦印刷厂
成品尺寸	210 mm×285 mm
印　张	12
字　数	359 千字
版　次	2011 年 2 月第 1 版
印　次	2015 年 9 月第 3 次印刷
定　价	32.00 元

◆读者邮购本书,请与本社发行科联系。
　电话:(028)85408408/(028)85401670/
　(028)85408023　邮政编码:610065
◆本社图书如有印装质量问题,请
　寄回出版社调换。
◆网址:http://www.scup.cn

前 言

教育部基教司颁布〔2001〕02 号文件《教育部关于积极推进小学开设英语课程的指导意见》至今已 10 年，全国各地市、县、乡镇小学都相继开设了英语课。然而根据编者调查研究发现，已开课的学校中，大多数学校都缺编，现有小学英语教师的学历虽然都是大专以上，但非师范类非英语专业的居多，而这些教师觉得他们本身有待提高的方面主要是英语教学理论以及如何用英语组织课堂等。所有这一切都说明小学英语教师缺失严重，而且现有英语教师的教学理论与教学技能有待培训与提高。因此，结合新课程的目标与要求，本项目组成员一起编写了《新课程小学英语教学理论与实践》一书。

全书共十一章。第一章介绍外语教学理论，主要讲述语言的习得与学得，外语教学流派及多元智力理论等。第二章综述小学英语课程目标，主要讲述小学英语课程标准的基本理念、课程目标，小学英语课程标准对教师素质的要求等。第三章阐述小学生学习特征，通过早学说和迟学说说明学生学习外语的年龄特征，分析小学生心理特征和英语学习的关系以及小学生语言学习特征。第四章是备课和说课，主要阐述依据新课程目标如何进行备课、写教案，如何说课、听课、评课等。第五、六、七、八章阐述小学英语语音、词汇、语法以及听说读写的教学理论与目标，以及根据新课程目标所确定的各项教学内容与所应采用的教学方法，无一不反映新课程目标下的教学理论与实践。第九章介绍上课时必要的一些教学辅助，如板书、教态、英语歌谣和歌曲、简笔画等。第十章阐述如何进行课堂管理，如课堂指令、活动组织、座次摆放、提问和纠错等。第十一章为小学英语教学评价，主要说明评价、评估与测试的定义、关系及区别，评估的目的、方式以及课堂评估等。附录是小学英语教学资源，包括常用课堂用语、儿童英语歌曲选、英语歌谣、英语短剧、简笔画示例等，供读者参考。

和其他类似的《小学英语教学法》相比，本书所包含的内容全面，表达的角度新颖。如本书在"外语教学流派"这一章节除了介绍外国的教学流派之外，还介绍了中国当代英语教学法专家包天仁教授的"四位一体"教学法，张思中老师的"十六字"教学法以及马承老师的"三位一体"教学法，这是到目前为止，同类的英语教学法书籍所没有介绍的内容。笔者认为应该宣传中国的英语教学法专家，让中国英语教师甚至其他国家的英语教师也了解我们本国的英语教学法专家。在表达方面，同样是讲述"听说读写"的教学，本书却先说明在"听说读写教学"里教师存在的问题，因为读者一般都是教师，或者是英语教育专业的学生，对于如何教，他们的脑海里都有自己的观点或者说是定势思维，而部分教师的观点或者定势思维本身就是不恰当的，可他们却没有意识到。因此先让他们明白本身存在的教学误区，然后通过应该采用的教学步骤和方法来进行教学，这样更有利于改进他们自身的不足，避免出现不应有的错误，从而提高课堂效率。

小学英语教学多年来虽然有了很大的发展，但还很不规范，有关小学英语教学的特点与教学法的研究也非常欠缺。本书力求体现以学生为主体的教育思想，从学生的学习经历和认知基础出发，启迪学生的思维，发挥学生的创造能力，培养他们分析问题与解决问题的能力。希望通过本书能够培养小

学英语教学专业人才，提高他们的英语教学理论与教学水平，使他们能够在教学实践中自主地开展教学的实验与研究工作，并使更多的小学英语教师和教研员都能积极地参与小学英语教学的研究，为推动我国的小学英语教师教育的发展而努力。

在本书的写作过程中，我们得到了北京师范大学外国语言文学学院的王蔷教授和程晓堂教授、广西师范大学外国语学院的陈吉棠教授、广西师范学院外国语学院的李晓教授、广西广播电视大学陆云教授的指导，在此我们向他们表示深深的谢意。

最后，感谢家人和朋友对我们的鼓励和支持。

编　者

目　录

第一章　外语教学理论与流派

引　言

英语是世界上使用范围十分广泛的语言之一。在不同的国家里，英语的作用不同。由于作用不同，英语可以是母语或第一语言。以英语为母语或第一语言的国家有英国、爱尔兰、澳大利亚、新西兰、牙买加、美国、加拿大等。英语在这些国家的地位就像汉语在中国的地位一样。但是应该指出，虽然在讲英语的国家里英语是母语，但地域不同，英语的发音也不尽相同，而且某些词汇和语法也有所区别。

在一些国家或地区，英语虽不是母语，但起着官方语言的功能，它是法律界、政府部门、学校、商界和大众媒介（电台、电视台和报纸）的主要语言，即第二语言（English as a Second Language，ESL），例如南非、印度、新加坡、尼日利亚等国家。对于那些到英国、美国等讲英语国家定居的移民来说，英语也是他们的第二语言。

在很多国家，英语既不是母语也不是第二语言，但也有它的用处——作为外语存在（English as a Foreign Language，EFL）。在这些国家，英语是学校课程的一部分，是升入高一级学校入学考试中的一个科目，如中国。英语虽然在很多国家中只以外语的地位存在，但由于国际上不少会议是以英语进行的，世界上不少书籍、杂志是以英语为主要文字发表的，因此，在这些国家里，有不少人在努力学习英语。学习和掌握好英语有利于他们与外界沟通，向外部世界获取各方面的信息。

明确英语的地位对于英语教学是重要的。在我国，英语作为外语存在，教授外语的环境与教授母语和第二语言的环境有着很大的差别。作为外语，除了在课堂里接触到之外，在其他的场合要接触的机会不多。从学习母语的经验里我们也知道语言环境对语言学习是很重要的，那么我们应如何为英语教学创造更好的环境，向学习者提供更多的语言输入，以使他们能更好、更快地掌握英语呢？这是我们研究英语教学法时要好好探讨的问题。

第一节　外语教学理论

一、习得

（一）母语习得

1. 母语习得过程。

对于母语习得的过程，胡春洞、王才仁的《英语教学交际论》是这样阐述的：

婴儿出生以后马上进入一个观察、内化语音的阶段。从出生到生命的头三个星期，婴儿只有有限的发声技能，主要是哭叫，可能是因为冷了、饿了或身体不舒服。从第三周开始到四、五个月止，此时婴儿产生假哭（pseudo-cry）。这一阶段的婴儿还不能有意识地产生人类所特有的语音，但语言知觉有了很大的发展。从半岁到快满一岁时，在不同文化环境中生活的婴儿，他们发出的声音大致是相同的，比如 da，da，coo，coo。一岁时，文化的差异出现了。一个英国的幼儿开始发出英语的声音，而一个中国幼儿开始发出汉语语音。一岁后，模式化的、真正的语言产生了。幼儿说出的句子由一个单词构成，随语境的不同可以表示各种意义。例如"妈"在幼儿语言中可以表示"妈妈，到这儿来""我要妈妈""妈妈，抱我""我要撒尿""我饿了"等等。

大约一岁半以后进入双词阶段。组成双词句的词可以分成两类：一类是轴心词，它们的数量少，使用频率高；另一类是开放词，它们数量多，但使用频率低。这两类词的组合方式有两种：（1）轴心词＋开放词；（2）开放词＋轴心词。如：more milk（再要些牛奶），more sing（再唱一会儿）就是由轴心词＋开放词构成；push it（推开它），close it（关上它）就是由开放词＋轴心词构成。

大约在两岁半时候进入实词句阶段。实词句是只用实词不用虚词组成的句子，字数可以超过两个。例如："All gone milk"（奶喝完了），"Bye-bye Daddy"（爸再见），"Money Daddy"（爸的钱），"Jimmy，toy"（吉米，玩具）等。这种句子和大人们打的电报相仿，故可称为"电报式"语句（telegraphic utterances）。

到了三岁，幼儿出现了发话高潮，好像突然之间孩子说话了。不是电报句，而是完好的句子，且常常一连几句，有时还说个不停。不过这时是典型的自我中心语言，为了表示自己会说，什么话都说，甚至对着妈妈说"Beat mum（打死妈妈）"，对着爷爷说"Grandpa is bad（爷爷好坏）"。更加有趣的是，如果幼儿在两岁时由保姆全天照应，而保姆使用的又是地方方言，这时如果保姆离开了，孩子说的话竟全是保姆的方言，且十分地道，只有孩子不再听到这一方言时他才不使用。

大约五岁时进入成人句阶段，这时儿童习得语言的过程已基本完成。虽然他们掌握的词汇为数还很有限，但基本的语法已经掌握，已经能分辨正确的表达方法和错误的表达方法，能区别语句的同义关系和歧义关系。这时儿童对语言的运用已不限于表示眼前的事物，他们已经能够谈论以前发生过的事情，也能谈论他们计划要做的一些事情，甚至谈论一些实际上不存在的事情。

2. 母语习得研究

语言是一个充满着抽象规则的复杂体系，而且还存在许多不规则的现象，但儿童居然能够在他出生后的头几年里，在身体和智力都很不发达的情况下，就顺利地掌握了母语，这对饱尝外语教学艰辛的教师来说，简直是奇迹。历代语言学家面对幼儿习得母语的惊人能力，不免搓手嗟叹。20 世纪 50 年代，美国语言学家乔姆斯基（Noam Chomsky）提出人类有"语言习得机制"，这简直就是石破天惊，令全球掀起了一股研究母语习得的热潮。从 60 年代起，美国的一些大学，如斯坦福大学、加州大学洛杉矶分校和夏威夷大学先后成立了专门研究小组，利用录音机、录像机等现代科学手段，把幼儿从出生到五岁的生活全部录载下来，以此来破译幼儿习得母语的秘诀；甚至还有的学者通过解剖人的大脑来研究人习得母语的生理机制。伴随着对观察到的材料的分析、研究，大量论文和专著出版，各抒己见；许多学者根据儿童习得的研究成果，纷纷提出外语教学的假设和实验。

据国外习得研究资料，在美国出生的幼儿，到五岁就习得了全部英语发音，掌握了基本语法，用于交际的词汇量达 2200 个；能分辨常用词语的歧义，懂得得体的运用语言于交际，基本的口语能力已经具备。在 5~10 岁阶段，语音、语法已无多大进展，主要学习英语的拼法，扩大词汇量，加深词义的细微理解，着重于读写能力的培养。

一位美国学者，通过大量资料分析，得出了"幼儿有惊人的习得语言的能力"的结论，认为五名语言学家用五年时间全天工作，对英语的分析，编制成计算机程序，还不如一个普通幼儿出生后五年习得英语的能力。19 世纪末期，法国语言教师古因（F.Gouin）所创造的序列教学法（Series Method）就是模仿幼儿习得母语的体现。古因原来在法国教拉丁文，他跑到汉堡去学德语。他以为学习的捷径无过于掌握语法，于是花了 10 天工夫去强记语法和 248 个不规则动词。学完后就心满意足地去学校听课，结果一句话也听不懂。于是他又改变了方法，花了 8 天时间去背 800 个词根，可是仍然无效。接着他又捧着一本词典去翻译歌德和席勒的作品，在 8 天之内译了 8 页，但是一句话也讲不出来。他出于无奈，找了一本坊间的德语课本，背了一些基本句型和生活用语。三个星期后，他又去试验他的德语，还是无法和德国人交流。最后，他又去背单词，在 30 天内居然记住了 30 000 个单词。但是等他满怀信心地去听课时，仍然一个词都听不懂。为了巩固这些单词，他还不得不先后三遍硬背词典，甚至把眼睛也弄坏了。暑假过后，他心灰意冷地回到家里，却发现在他离家这段时间，他三岁的侄儿学会了讲法语。于是古因着手观察儿童如何学话，发现儿童是使用语言来观察世界，组织经验的；儿童是按事物发展的次序，整句话地学，而且每学一种新的表达方法，需要使用几天才记得住。根据这些观察，古因创造了序列教学法——一种早期的直接教学法，让成年人像儿童学母语那样来学习外语。

3. 母语习得分析。

母语习得研究的大量资料表明：幼儿有惊人的学习能力，习得方法科学，注意在观察的基础上总结规则，并且善于创造性地运用。现分叙如下：

（1）幼儿习得母语的方法。

幼儿出生不久就进入母语习得阶段，但 1～2 岁主要是听、观察，说一些单词句、双词句，这是对语言信息的接收阶段。这个阶段，幼儿认知能力低，但所使用的方法却是很科学的。他善于把从成人那儿听来的话切成"块片"，先一个一个积攒起来，能够说一个词表达时，就说一个词；能说两个词时，就说两个词，即先化整为零，各个击破，待积少成多，总结出规则后再化零为整，说出完整的句子。

（2）幼儿习得母语注意内化规则。

幼儿从父母或保姆交谈中接收到许多信息，先储存起来，到一定的时候对语言规律作出假设加以运用，在运用中不断完善自己的认识。这是一个完整的认识过程。如：

foot—feet—foots—feets—footses—feetses—feets—feet

分别表示"名词复数"和"动词过去式"的习得过程。名词复数一般是在词尾加 s 或 es，但有些名词有不规则复数形式。这对幼儿未见文字只是听音，总结出规律，绝非易事。上面 foot 的例子说明：①幼儿总是先习得名词的单数；②在听到许多名词都有词尾"s"的情况下，偶尔听到 feet，会误以为是单数，与 foot 相同；③听懂词尾"s"，是表示复数，幼儿形成假设，加 s 就是复数；④发现词尾 s 读音不同，进行各种试探；⑤慢慢区分开词尾 s 读法不同；⑥最后弄清了 feet 是不规则复数形式。

（3）幼儿母语习得有极大的创造性。

注意观察的学者发现，幼儿所说的话并非都是从成人那里听来的。换句话说，幼儿会运用所归纳出的规则创造性地说出许多新句子。尤其是在四岁左右发话高潮期，幼儿的话往往一语惊人。如我们上面提到的："爷爷好坏。"这绝不是父母教的，一定是在总结出"××好坏"的句子规律后创造性的使用。至于"我终于吃到豆沙馅了"，这就不是简单的单词替换，而是表现了幼儿"猎奇"、"创新"的习得倾向。这句话有三个短语：①终于；②吃到了；③豆沙。对一个四岁幼儿来说，"吃到了"是早已熟悉了的，"豆沙"可能也已经说过多次了，而"终于"显然是新项。幼儿用这个新项表达自己的亲身经历和感受，这也许是第一次。幼儿正是在许多这样的创造性地运用语言活动中发展交际能力的。

4. 母语习得的特点。

母语习得的特点有很多，如幼儿可以充分接触母语，语言输入自然，且总是伴随着上下文情景；幼儿可以全日制地接触语言，其语言学习环境友好、宽容且具支持性；幼儿习得语言总是由听到说，周围的人如父母、姐姐等等都十分耐心，总能给予应有的鼓励，很少纠错；幼儿习得语言以交际为目的，内部动机比较高。研究也揭示了幼儿习得母语的策略、语言环境等方面的特点：

（1）策略方面。

就策略而言，儿童习得语言以倾听策略为主。与成人不同，儿童总是要经过长时间的倾听才能开始咿呀学语。为此，母亲总会给婴幼儿唱儿歌，诵童谣，并不期望他们去理解意思，而是让其倾听语言的节奏，感知语言的语调。在语言表达上，儿童采用的经常是电报式的话语，能充分利用有限的语言资源来表达自己的愿望和要求。语言虽然笨拙，但他们却乐此不疲。另外，儿童对"关照式语言"

（care-taker talk）比较敏感。儿童习得语言是一个双向交流的过程，在这个交流过程中儿童总能获得适合他们认知结构的"关照式语言"形式。儿童可以根据具体情况及时调整策略，以朗诵、叙述、歌唱以及肢体动作等形式对语言刺激作出反应。儿童喜欢齐声回答、抢先回答。

（2）语言环境方面。

就语言环境来看，儿童习得语言总有充足的语言材料，婴儿从出生之日起就浸泡在母语中。儿童习得母语具有理想的客观环境，能引起儿童的好奇心和兴趣。父母同儿童之间的感情纽带和亲密关系对儿童有很大的吸引力，使他们非常想用话语同成人建立联系。母语就是在这种自然环境中通过交流习得的，家庭、街头乃至整个社会都是儿童习得母语的环境。

（3）语言能力习得方面。

儿童的语言习得可以分做语音、词汇、语法等方面。儿童习得语言不是从单音，而是从语言组合开始的。儿童学习词汇时首先建立的是音与义之间的联系。儿童的语法学习是在无意识的状态下进行的，既没有讲解，也没有机械性练习，从单句到完整句子，再从完整句子到复杂句子，经过使用和验证逐渐地完全掌握母语。儿童对语言规则的习得采用的是归纳方式，创造性地使用语言，是一个自我比较、自我纠正、逐步成熟的过程，亦即乔姆斯基所说的"发现规则—试用规则—修正规则"的过程。从习得方式上讲，儿童习得母语以模仿为主，行为主义语言学习观反映的就是儿童母语习得的这一特点。模仿行为是贯穿儿童母语学习过程的决定性工具，是一种自然条件反射的学习方式。儿童在学习中通过模仿—出错—改错—再模仿，从而获得与外界语言体系的一致性。

（4）中介语（interlanguage）方面。

中介语是母语习得的自然途径。3~5岁的儿童很容易对自己听到的语言进行概括和简化，到9~11岁时，儿童的语言能力才得到充分发展，语言语法规则在大脑中才完成内化过程，中介语转化为成熟语。而中介语的发展过程是一个自然发展过程，很少有外部的意识性干预。

（二）第二语言习得（Second Language Acquisition /SLA，简称"二语习得"）

第二语言习得指的是"在自然的或有指导的情况下通过有意识或无意识吸收掌握母语以外的一门语言的过程"。生活在多民族地区的人，一般都会说母语以外的其他语言。这些语言基本上是和说本族语者直接交往而学会的，这就是第二语言习得。

张国扬、朱亚夫在《外语教育语言学》中认为，在第二语言习得研究中成就最大、影响最广的要算美国语言学家斯蒂芬·克拉申（Stephen Krashen）。他的第二语言习得理论的提出实质上是对20世纪六七十年代来近二三十年第二语言或外语学习研究的总结，并把各种研究成果加以理论化、系统化，使之成为自成体系的学说。克拉申的第二语言习得理论主要由以下五个假设组成：习得—学得差异假设（The Acquisition-Learning Hypothesis），监检假设（The Monitor Hypothesis），输入假设（The Input Hypothesis），情感过滤假设（The Affective Filter Hypothesis），自然顺序假设（The Natural Order Hypothesis）。

1. 习得—学得差异假设。

克拉申第二语言习得理论的出发点和核心是他对"习得"和"学得"的区分，以及对它们各自在习得者第二语言能力形成过程中所起的作用的认识。根据"习得—学得差异"这一假设，成人是通过两条截然不同的途径逐步习得第二语言能力的。第一条途径是"语言习得"，这一过程类似于儿童母语能力发展的过程，是一种无意识地、自然而然地学习第二语言的过程。也就是说，在学习过程中，学习者通常意识不到自己在习得语言，而只是在自然交际中不知不觉地学会了第二语言。第二条途径是"语言学习"，即通过听教师讲解语言现象和语法规则，并辅之以有意识的练习、记忆等活动，达到对所学语言的了解和对其语法概念的"掌握"。习得的结果是潜意识的语言能力，而学得的结果是对语言结构有意识的掌握。克拉申认为，只有语言习得才能直接地促进第二语言能力的发展，才是人们运用语言时的生产机制；而对语言结构有意的了解作为"学得"的结果，只能在语言运用中起监检作用，而不能视为语言能力本身的一部分。克拉申强调"习得"是首要的、第一位的，但也并不排斥

"学得"的作用。

2. 监检假设。

监检假设与"习得—学得差异"假设密切相关，它体现出"语言习得"与"语言学习"的内在关系。根据这一假设，语言习得与语言学习的作用各不相同。一般说来，语言习得能"引导"我们讲第二语言，并直接关系到我们说话的流利程度；而语言学习只起"监检"或"编辑"的作用。换句话说，当我们开口说话时，话语由"习得"系统产生，经"学得"系统监检后成为"真言"而吐露出口。语言学习的这种监检功能可能在我们说话或写作之前，也可能在其后。然而，它能否充分发挥作用还有赖于以下三个条件：

(1) 语言使用者必须要有足够的时间才能有效地选择和运用语法规则；

(2) 语言使用者的注意力必须集中在所用语言的形式上，也就是说，语言使用者必须考虑语言的正确性；

(3) 语言使用者必须已经具有所学语言的语法概念及语言规则的知识。

在口头交谈中，人们往往没有时间去斟酌语法，注重的是说话内容而不是形式。语法规则如果不是习得来的，一时也用不上，因此，在口头交流中，如果一方过多地使用语法监检，不时地纠正自己讲话中的语法错误，就会说起话来结结巴巴，使对方失去交谈的兴趣，因而达不到交流思想的目的。但在事先准备的正式发言和写作中，语法的使用能提高语言的准确性，为演讲或文章增添色彩。

克拉申区别出三种不同的监检使用类型：第一种是使用得比较成功的。这种人在口头使用语言时常有失言，但经人指出后能够自己改正；在写作时，由于较注重语言的形式，很少会出现错误。第二种是使用过度的人，这种人对语言的规则懂得很多，却不敢作口头表达，书面语一般都比较准确。第三种是使用不足的人，这种人能作口头表达，但错误很多，不能自己改正。

3. 输入假设。

输入假设也是克拉申第二语言习得理论的核心部分。这一假设表明了克拉申对第二语言习得者是如何接受并吸收语言材料这一过程的实质的认识。以前的外语教学由于受结构主义语言学的影响，大力提倡先学句子结构（即句型），然后再将这些学得的句型用于交际中加以练习。他们认为只有这样才有可能培养学生流畅地说外语的能力。而克拉申则认为，只有当习得者接触到"可理解的语言输入"（comprehensive input），即略高于他现有语言技能水平的第二语言输入，而他又能把注意力集中于对意义或信息的理解而不是对形式的理解时，才能产生习得。如果习得者现有水平为"i"，能促进他习得的就是"i+1"的输入。根据克拉申的观点，这种"i+1"的输入并不需要人们故意去提供，只要习得者能理解输入，而他又有足够的量时，就自动地提供了这种输入。按照输入假设，说话的流利程度是随时间的流逝自然而然地达到的，不能直接教会。

克拉申认为，理想的输入应具备以下几个特点：

(1) 可理解性（comprehensibility）。理解输入语言的编码信息是语言习得的必要条件。不可理解的（incomprehensible）输入只是一种噪音。

(2) 既有趣又有关（interesting and relevant）。要是语言输入对语言的习得有利，必须对它的意义进行加工，输入的语言材料越有趣、越有关联，学习者就会在不知不觉中习得语言。

(3) 非语法程序安排（not grammatically sequenced）。语言习得关键是足够的可理解的输入。如果目的是"习得"而不是"学习"，按语法程序安排的教学不仅不必要，而且不足取。

(4) 要有足够的输入量。要习得一个新的语言结构，单靠几道练习、几篇短文远远不够，它需要连续多个小时的有内容有乐趣的广泛阅读和许多的会话才能解决问题。

4. 情感过滤假设。

情感过滤假设认为，有了大量适合输入的环境并不等于学生就可以学好目的语了，第二语言习得的进程还受着许多情感因素的影响。语言输入必须通过情感过滤才有可能变成语言"吸入"（intake）。情感过滤的过程如图1—1所示：

$$输入 \longrightarrow \left\{ \begin{array}{l} 过滤 \\ 语言习得器官 \end{array} \right\} \longrightarrow 习得的能力$$

图 1—1

从图 1—1 中可以看出，在语言输入到达大脑语言习得器官的过程中，过滤是输入的语言信息必须逾越的第一道障碍。也就是说，情感因素起着促进或阻碍的作用。克拉申在总结过去第二语言教学中的经验时指出，在习得第二语言或外语的过程中，习得者并不吸收他所听到的一切，有几个心理上的因素影响着他习得语言的速度和质量。这影响因素是：

（1）动力。学生的学习目的是否明确，直接影响他们的学习效果。目的明确则动力大，进步快；反之，则收效甚微。

（2）性格。所有的文献几乎都一致表明，那些比较自信，性格外向，乐于把自己置于不熟悉的学习环境，自我感觉良好的学生在学习中进步较快。

（3）情感状态。主要指焦虑和放松这互为对照的精神状态。它在较大程度上也影响着外界的语言输入。在第二语言或外语的学习中，焦虑较少的人容易得到更多的语言输入。同样，心情放松和感觉舒适的学生在较短的时间内显然学得更好。

5. 自然顺序假设。

这一假设认为，人们对语言结构知识的习得实际上是按一定顺序进行的，其次序是可以预测的。近年来语言习得理论研究的结果表明，无论儿童或成人，无论学母语或学第二语言，都按一定的自然顺序来习得语言结构。也就是说，有些语言结构先习得，另一些语言结构后习得。例如，一些实验研究表明，在儿童和成人将英语作为第二语言学习时，掌握进行时先于掌握过去时，掌握名词复数先于掌握名词所有格等。

克拉申（Krashen）指出，自然顺序假设并不要求人们按这种顺序来制定教学大纲。实际上，如果我们的目的是要习得某种语言能力的话，那么就有理由不按任何语法顺序来教学。

第二语言习得理论或模式是在对第二语言习得过程及其规律的研究的基础上提出来的。这些理论虽然不能直接被用来解决外语课堂中的实际问题，但它们对外语教学是有一定的启发和指导意义的，因为第二语言习得和外语学习两者都涉及一种新的语言以及该语言能力的发展过程等问题。在外语教学过程中，借助于第二语言习得的理论或模式来指导和探讨外语教与学的过程，这对改革外语教学方法，提高外语教学质量都具有极其重要的意义。

二、学得

（一）外语的学得与习得的比较

"习得"（acquisition）和"学得"（learning）是两个有特定意义的学术概念。习得是指幼儿在非教学条件下主动地获得母语的过程。英语动词 acquire 是 "to get for oneself by one's work"，词义主动、积极；名词 acquisition 表示过程和结果，译成"习得"，十分精当。"学得"是指人在习得母语后有意识且通常是在教学环境里学得第二语言或外语的过程。英语 learning 是动名词，译为"学得"，也表示过程和结果，与"习得"对称。（胡春洞、王才仁，1996）

一般认为，习得与学得的差别在于以下几点（见表 1—1）：

根据习得和学得的特点，胡春洞、王才仁在《英语教学交际论》中对它们做出以下比较：

1. 习得不易，学得更难。

幼儿习得母语并不像过去人们认为的那样，跟着大人模仿，学会一句，使用一句。幼儿从通过"听"接收语言信息，到积累信息、归纳规则，经历了一个反复的、复杂的观念操作过程。而当幼儿能说出单词句，发展到双词句直到句子，这又是一个物质操作和观念操作的结合过程。幼儿的观念操作是看不见的，只有通过物质操作外化为语言行为时，才能发现所归纳的规则是否正确；而当发现归

表1-1 习得与学得的差别

习 得	学 得
潜意识	有意识
无正规讲授	有讲授
无计划	有计划
无教材	有教材
自然环境	非自然环境

纳的规则不全面时，又得重新观察，不断修正，全由幼儿独立操作，大人帮不上忙，其中艰辛，可想而知。好在幼儿别无所求，一门心思在习得，且习有所得，得有所乐，所以幼儿乐此不疲，并不觉得很累。学得外语大致上要经历习得相同的过程，但因受到许多因素的影响，学得的过程更复杂，学得更难了。

2. 学得理当超过习得。

尽管幼儿习得母语主客观条件都十分优越，但外语学得的优势也是不可忽视的。

第一，学外语的学生主体意识已经形成，智力已得到很大的发展，抽象思维能力已达到很高的水平，具备自觉接收、储存、加工信息的能力，能集中注意、抓住重点、科学地分配力量，能在比较短的时间里学得比较多的东西。

第二，学外语的学生已有第一语言的经验，发音器官得到训练，有比较灵活的适应性；已形成的认知结构，对操作新语言信息可以起到储存、对比和监控作用，能加速新语言规则的内化过程。

第三，教学是有目的、有计划、有步骤进行的，教学内容是总结前人的经验，是经过优化组合安排的，而且由浅入深，循序渐进，信息集中，避免了不必要的重复，缩短了学习的周期。

（二）对教学的启示

1. 教学时使用简单的语言，使语言具有可理解性。

借鉴儿童母语习得的照顾式语言，教师应简化自己的教学语言，保证语言输入的可理解性，并适当借助动作、手势、表情等身势语，使输入的材料具有趣味性，能吸引小学生的注意力。

2. 采用隐性的教学方式，尽量使学生能自然习得语言。

儿童在学习母语时，从不进行外界强加的听力训练，而是在不自觉的状态下大量接受并体验听的内容，从而自然地获得听的能力。因此，在小学英语教学中应采用隐性的教学方式，以促成自然习得的产生，尤其是听力的自然习得。

3. 教师纠错时要注意方式方法。

儿童外语学习中同样会出现母语习得中的电报语言现象，这属于语言学习过程中的正常现象，不必大惊小怪，也不必过于苛求。对于学生表达中的错误，教师在纠错时要讲究方法，不可挫伤学生的积极性。但对初学者要有意识地扩展其使用的句子，恰当地把他们还不能表达或遗漏的部分补全。

4. 教学时尽量使学生能接触语言、使用语言。

儿童习得母语并不能单靠模仿或机械地重复，还要通过不断地接触语言材料，内化语言规则，创造性地使用语言。教学中教师应该让学生尽可能多地接触语言、使用语言，没有足够的语言输入和输出就不可能真正学得语言。

5. 按照学生学习特点来设计词汇教学。

根据儿童母语习得的特点，教师在词汇教学中，尤其是在小学英语的词汇教学中要注意实物联想和现实重现，利用直观教具、图片、行为等，帮助学生建立单词与所表达内容之间的直接联系，以避免翻译中介。根据中国学生记忆特点，教师也可采用板块记忆的教学方式教授词汇。

6. 小学英语教学应以模仿为主。

行为主义强调刺激、反应，强调模仿，从某种程度上来说有其合法之处，反复模仿的目的就是要做到"熟能生巧"。听说教学法就是行为主义的具体体现，听说教学法的成功同时也说明了外语教学中训练强化的作用。对小学生来说，这种模仿重复会更为重要。总之，外语学习过程与母语学习过程有着惊人的相似之处，二者都可以通过培养习惯的方法来完成。

三、多元智力理论

除了以上提到的外语教学理论外，有一个智力理论与小学英语教学关系密切，那就是美国哈佛大学教育学教授加德纳（Howard Gardner）1983 年提出的多元智力理论。（加德纳在 1983 年提出的多元智力理论认为人的智力类型有 7 种，1995 年他又提出了第八种智力类型，那就是自然观察者智力。）

（一）多元智力（multiple intelligences）理论的内涵

加德纳认为人的智力应包括 8 种不同的类型，它们是：

1. 言语－语言智力（verbal-linguistic intelligence）：口头和书面语言表达能力，包括有效地进行听、说、读、写活动的能力和从这些活动中进一步发展语言能力的能力。

2. 逻辑－数理智力（logical-mathematical intelligence）：有效进行数字运算和统计等活动的能力。

3. 视觉—空间智力（visual-spatial intelligence）：知觉、创造和再造图画以及想象图画的能力。

4. 音乐—节奏智力（musical-rhythmic intelligence）：创造美的曲调和韵律以及理解美、欣赏美并在此基础上形成对美的感受和对美的评价的能力。

5. 身体—动觉智力（bodily-kinesthetic intelligence）：人自身的与体力紧密联系的操作能力。

6. 交往—交流智力（interpersonal intelligence）：能够较快地掌握和评价他人的语气、意图、动机和情感，并在此基础上与他人进行交往的能力。

7. 自知—自省智力（intrapersonal intelligence）：自我认识能力和对自己的情感和情绪状态进行适当调节的能力。

8. 自然观察者智力（naturalist intelligence）：对人类所居住的自然界生态环境的鉴赏和深刻理解的能力。

加德纳认为人的智力是多元的，每个人或多或少都具备以上的几种智力，只是每种智力发展的程度不同而已。

（二）多元智力理论对教学的启示

1. 采取多种教学策略，使学生有机会根据自己的智力特点选择学习方式。人生来都有某几种智力，而且这些智力是可以通过教育和教学加以培养和发展的。教师要根据教学的内容和学生的实际情况选择恰当的教学方式，充分利用学生的优势智力进行教学活动，促进教学实践的有效开展。

2. 教学应以培养学生的多元智力为目标，而不只是语言能力。每一位学生都有某种优势智力领域，如有的更容易通过音乐来理解问题，有的更容易通过数学来理解问题。传统的幼儿教育比较侧重于语言智力和数理逻辑智力，语言和数学能力发展欠佳的孩子常常受到教师的批评和其他小朋友的歧视，这会伤害儿童的自尊和自信。因此，教师应懂得和发挥学生的某一优势智力领域，同时还要鼓励和帮助他们将自己的优势智力特点迁移到弱势智力中去，从而使自己的弱势智力也得到最大程度的发展。另外还可以利用现代化网络教学设施，全方位地运用学生的智力潜能，促进学生的全面发展。

3. 根据学生的多元智力培养学生的主体意识和参与意识。教师应根据学生的多元智力开发和调动学生包括自主、自尊、适应、创造等内涵在内的主体性，培养学生的独创性，鼓励学生共同参与学习与讨论。

4. 教学目标因人而异，因材施教。学生各方面的智力不同，他们的能力就有差异。教师应对自己班上的学生进行智力倾向分析，根据学生的智力倾向设定教学目标，设计教学活动，利用学生的优势智力促进学生个性发展。

5. 采用多元化的评价手段。教学所培养的不应该是单一的能力，也不能以某种或某几种能力来划定一个学生的优劣，这一点在小学阶段尤其值得注意。英语教学也应该考虑学生的智力倾向，使评估手段多样化，充分反映学生智力的各个方面。

第二节 外语教学法主要流派

一、直接法（Direct Method）

（一）概念及产生背景

直接法是通过运用外语本身进行教学的方法。19世纪下半叶，在西欧资本主义发展的时代里，各国在政治、经济、科技、贸易等方面的交往日趋频繁，加快直接的语言交际成为社会的需要，这就要求外语教学必须从以教育、教养为目的转向以实用交际为目的。为了满足社会需要，直接法应运而生。直接法与翻译法有着本质的区别，所以又称改革法（Reform Method）、自然法（Natural Method）等。直接法的形成，经历了半个世纪，走过了由不成熟到成熟的成长过程。其主要代表人物有德国外语教育家维埃特（V. W. Vietor）、外语教师伯利兹（M. D. Berlitz），法国外语教育家古因（F. Gouin）和英国外语教育家帕尔默（H. E. Palmel）、韦斯特（M. West）、埃克斯利（C. E. Ecker Sley）等。他们不仅有自己的理论著作，还创编了体现他们教学思想的英语教科书。

（二）理论观点

外语教学法的邻近学科的发展，为直接法的产生和形成提供了理论基础。以语言学家保罗（H. Paul）和心理学家旺特（W. M. Wundt）为代表的理论认为语言心理中起主要作用的不是思维，而是感觉。

现代教学论的奠基人卡米尼厄斯（J. A. Comenius）强烈主张"每种语言必须通过实践学习，而不应通过语言规则来学习"，并提出了一系列教学原则，这也为直接法提供了理论依据。直接法于20世纪20年代在法、德、俄等国普遍试用。在20世纪30年代和40年代，我国一些教会学校也采用直接法教学。直接教学法的产生，使外语教学法科学的学术思想十分活跃，它在外语教学法史上起了积极的促进作用。

（三）教学特点与评价

1. 强调外语的直接学习、理解、应用，有利于学生学到活语言，学到自然的语音、语调，培养学生直接用外语进行思维和表达的能力，促进语感的养成。

2. 强调以口语为基础，在大量的语言实践中，培养学生听、说、读、写的熟练技巧。

3. 重视利用直观教学手段，促进学生各种感觉器官同时开动，使外语形式同客观表象直接联系，克服母语做"中介"的习惯。

4. 完全排斥母语，忽视母语在外语教学中积极作用的一面。

5. 忽视教学对象年龄、认知水平及学习目的的差异，偏重感性认识，轻视语言理论知识在学习中的指导作用。

二、视听法（Audio-visual Approach）

（一）概念及产生背景

视听法在20世纪50年代首创于法国，以后在欧洲大陆的一些国家流行。其创始人有法国学者古根汉（G. Gougenhein）、南斯拉夫语言学家古伯里纳（P. Guberina）。视听法是视觉感受和听觉感受相结合的一种方法。它是在直接法和听说法的基础上发展起来的。利用图片、幻灯创造情景是视听法的主要特色，所以它又叫情景法（Situational Approach）。

（二）理论观点

视听法除在教学理论和具体方法上与直接法和听说法基本一样外，它更强调"看"。他们认为，在人们运用语言进行交际时，具体真实的情景决定着说话时所要选择的方式、节奏和语调。听觉和视觉受到刺激后，作用于大脑，诱发人脑迅速做出反应和加速记忆，从而达到记忆痕迹的长期储存。

（三）教学特点与评价

1. 教学从日常生活背景需要出发，选择、安排语言材料，尤其是选择一些典型情景中的典型话语结构，为学生在自然交际活动中灵活运用所学语言知识提供了可能性。

2. 强调通过在情景中整体感知、理解、练习、活用的教学步骤，培养学生灵活运用语言的能力，养成正确标准的语音、语调、节奏习惯。

3. 主张在连贯的对话中学习语言，以句为单位进行教学，注意在感性认识的基础上掌握语音、词汇、语法知识。

4. 广泛使用声、光、电的现代化技术设备，把语言和形象相结合，使学生置身于现实的自然情景和言语交际的环境之中，借助形象思维，加速实现认识上的飞跃，使逻辑思维和形象思维相互作用，建立外语与客观事物的直接联系，培养学生用外语思维的能力。

5. 过分强调语言材料要用整体结构形式模仿和反复重现来掌握，忽视适当地对语言分析、讲解的作用，忽视文字和母语对视觉、感觉的辅助作用。

6. 对教师及学校办学客观条件要求较高。

三、认知法（Cognitive Approach）

（一）概念及产生背景

认知法是一种经过改革的现代语法翻译法，是把认知心理学的理论用于外语教学的方法体系，即在外语教学中发挥学生智力作用，重视对语言规则的理解，着眼于培养既实际又全面地运用语言能力的一种外语教学法体系。认知法是在 20 世纪 60 年代科学飞速发展、资本主义国家在科技领域竞争更加突出、需要高水平的外语人才的背景下产生的。认知法是针对听说法的缺陷提出来的。

（二）理论观点

著名美国心理学家卡罗尔（J. B. Carrol）首先提出认知法。以美国语言学家诺姆·乔姆斯基（Noam Chomsky）、心理学家布鲁纳（J. S. Bruner）等为代表的基础理论学科的发展，为认知法提供了坚实的理论基础。他们认为，人具有先天的语言能力，具有用口头和书面表达思想的能力，并且具有把它们联系起来的创造能力。他们相信语言不是一种习惯体系，而是一种受规则支配的体系；学习外语不是刺激—反应式的动物型的学习，而是在理解、运用规则的基础上通过大脑的逻辑推理创造性地活用语言的人类型的学习。

（三）教学特点与评价

1. 强调语言的理解是学生从事言语活动的基础，一切操练都要在理解的基础上进行，要让学生通过教师简明扼要的讲解，使学生对外语材料和语言规则的意义、构成和用法真正理解。

2. 注重语言能力的培养，从已知的知识出发，通过有意识、有组织的各种理解性练习，检查学生对所学语言知识的理解。

3. 注重培养学生真实的交际能力。在学生具有了一定语言能力的基础上，还必须进行脱离课文的专门的交际性练习，广泛运用直观教学、电化教学手段使外语教学情景化、交际化，并注意口笔语齐头并进，全面发展，培养学生运用所学语言材料进行听、说、读、写的能力。

4. 强调外语教学要以学生为中心，了解学生学习外语的心理活动，调动学习的积极性，以学生活动为主，教给学生科学的自学方法。

5. 利用母语，重视学生已有的母语经验对学习外语，尤其是在理解语言现象方面的积极作用。但随着教学的发展，母语的作用逐渐削弱。

6. 讲究纠正错误的方法。对学生在学习中出现的语言错误进行分析和疏导，了解产生错误的原因，有针对性地给予适当的指导。

四、功能法（Functional Approach）/ 交际法（Communicative Approach）

（一）概念及产生背景

功能法是以语言功能项目为纲，培养交际能力的一种教学方法体系。由于交际功能是语言在社会中运用的最根本的功能，而交际能力又是外语教学的最根本目的，所以功能教学法又称为交际法（Communicative Approach）。

功能法创立于 20 世纪 70 年代初的西欧，主要创始人有英国语言学家威尔金斯（D. A. Wilkins）、亚历山大（L. G. Alexander）和威多森（H. G. Widdowson）等。20 世纪 70 年代以来，西欧各国的政治、经济、科学和文化飞速发展，多种语言的使用成为妨碍各国之间交流的大问题。要从根本上解决这个问题必须改革外语教育，从而更多、更快、更好地培养具有外语交际能力的人才。功能教学法从 20 世纪 70 年代到 20 世纪 80 年代在理论和实践上进行积极的探索，发展迅速，现已为世界各国外语教学普遍采用，并不断完善。功能教学法对我国外语教学的改革起到了极大的推动作用，帮助我们培养了一大批适合社会发展需要的各类外语人才。

（二）理论观点

以海姆斯（D. H. Hymes）为代表的社会语言学、心理学的发展为功能法提供了理论依据。他们认为语言的社会交际功能是语言的本质功能，语言作为工具是为社会上各项交际活动服务的。人们在社会中所处的地位和所从事的职业不同，使用语言交际的目的和场合也就不同，运用语言的变体也不同。一个学语言的人，他的语言能力不仅是能否造出合乎语法的句子，而且包括是否能恰当地使用语言的能力，后者是人们对语言的实际运用，是语言的社会交际功能的具体体现。

（三）教学特点与评价

1. 强调外语教学的目的是培养学生掌握交际能力。教学过程交际化，教学活动以学生为中心，为学生提供真实的情景和外语环境，使学生主动地、创造性地学习和运用语言。

2. 从学生实际需要出发，确定学习目标。针对学习者的不同需要安排教学内容，选择教学、训练的形式及对语言教学效果检查的方法，注重学以致用、学用结合。

3. 强调学生进行语言交际的注意力应集中在语义上，而不是在语法结构上。在语言交际过程中出现错误是正常的，这种现象正是由不完善的中继语言逐步向完善语言的过渡。

4. 教学内容以语言功能为纲，常会出现难易程度不等的语言形态和结构。如何科学地安排教学顺序，尽可能给学生减轻学习困难，是功能法要研究的主要问题之一。

学习英语应以语言交际为目的，学习英语不应只注重其语言形式，而应同时注重语言的功能。儿童的语言能力是在与社会环境的交往中不断获取的，而我国学生学习英语主要是靠课堂来为他们创造学习语言的环境。教师在教学中要设计接近真实的交际练习，训练学生使用英语进行交际；创设现实生活情景，培养学生正确而恰当地使用语言进行交际的能力。

在小学生英语学习的初始阶段，采取设置情景讲解语言知识可以使语言知识化难为易，生动形象且便于学生理解和记忆。从全国首届小学英语优质课竞赛（2001 年，珠海）中，我们看到多数教师都运用了交际教学途径，在教学中将语言的形式与功能密切结合，达到了学以致用的目的。

五、听说法（Audio-lingual Approach）

（一）概念及产生背景

听说法又称口语法（Oral Approach）、句型法（Pattern Method）等。听说法产生于第二次世界大战时期的美国。为了满足战时的需要，有成千上万的士兵、军官在几十所高等学校采用听说法集中训练学习，分别接受几十种外语强化训练。听说法的创始人是语言学家、外语教学法专家弗里斯

（C. C. Fries）。他曾创办英语研究所，专门研究把英语作为外语的教学问题，不仅编写了大量教材和教学参考资料，而且进行了大量的教学实践，为一些地区培养了大批掌握英语的人才。20 世纪 60 年代是听说法发展的全盛时期，听说法几乎成为外语教学界占支配地位的一种外语教学法，在 20 世纪 70 年代也是我国中学、大学外语教学的主要教学方法。

（二）理论观点

听说法的理论基础主要是美国结构主义语言学和行为主义心理学。他们认为：语言是有声的，口语是第一性的；每种语言的特点集中表现在句子结构上；语言是习惯的综合体系；学习语言就是养成一种习惯；语言习得的过程是刺激—反应—强化的过程；新语言习惯的形成要靠反复、大量的机械操练。

（三）教学特点与评价

1. 强调以句型为中心进行听说训练，围绕句型安排语言内容，培养语言技能。

2. 主要操练方式是模仿记忆，通过大量机械性的句型操练以形成自动化的习惯。

3. 排斥或限制母语，反对用母语讲解和翻译。

4. 重视语音、句型教学，及时纠正错误，培养正确的语言习惯。

5. 过分重视机械性训练，忽视语音规则的指导作用，造成教学过程枯燥乏味。

6. 语言材料的选编、训练的方式都从语言的结构出发，缺乏语言的真实性，不利于培养学生连贯表达和灵活运用外语进行交际的能力。

六、全身反应法（Total Physical Response，简称 TPR）

（一）概念及产生背景

全身反应法是通过身体动作教语言的方法，强调言语与动作的协调配合。它的创始人是美国加利福尼亚州圣宙斯大学的心理学教授詹姆斯·阿舍（James Asher）。该教学法以发展心理学、学习心理学、人本主义心理学的理论为基础，主张通过行为动作学习语言。

全身反应法是 20 世纪 70 年代外语对人本主义心理学思想的反映。人本主义心理学强调认知与情意的统一，构筑自我实现的人格。因此，学校教育要以学生为中心，重视学生的经验，防止抑制儿童学习中的身体活动、感知活动和语言活动，并且发扬学生间、师生间的讨论合作，发展良好的人际关系，营造一种宽松的心理氛围。

（二）理论观点

阿舍认为成人的外语学习如同儿童的母语习得过程，在开始说话之前首先用动作对成人的指令做出反应。因此，动词，尤其是指令性动词，是语言运用和语言学习的中心课题。阿舍强调在教会学生说之前发展理解性技能，即先听后说。他认为：

1. 儿童在发展说的能力之前要发展听的能力。

2. 由于儿童以身体动作对口头指令作出反应，儿童应先习得听的能力。

3. 一旦打好听的基础，说也就自然地、毫不费力地发展起来。

全身反应法吸收了直接法的代表人物法国外语教育家古因（F. Gouin）的系列法以及英国外语教育家帕尔默（H. E. Palmer）的以动作为基础的教学策略。从某种意义上说，它是帕尔默通过动作学习英语的翻版和发展。

（三）教学特点及评价

全身反应法的特点是：

1. 通过身体动作学语言。

2. 强调理解。

3. 先听后说。

4. 通过整句学语言。

5. 强调语言的意义，而不是形式。

全身反应法通过动作指令教语言。学生开始只需对动作作出反应，因而可消除紧张心理，减轻心理压力，精神得到放松，然后慢慢地说。它强调理解先于表达，因而考虑了学生的情意因素。但该教学法对读写活动考虑不够，语言教学以单句为主，缺乏对话和其他交际活动。全身反应法比较适合于学习的起步阶段，到了学习的高级阶段，应该考虑结合其他的方法和技巧一起使用。

目前国内采用的各种儿童英语教材，均从儿童学习的心理、生理特点和兴趣出发，设计了大量丰富的教学活动，许多活动练习形式都体现了 TPR 教学法在小学英语中的运用。它通过看听、表演、图图、画画、玩玩、做做等多种形式训练学生的听和说，给学生创造轻松愉快的学习氛围，让学生在玩中学，也在学中玩。

（张　莺，付丽萍，2000：39—56，节选）

七、任务型教学法（Task-based Language Teaching Approach）

（一）概念及产生背景

"任务型教学法"的研究始于 20 世纪 80 年代。英籍印度语言学家普拉布（Prabhu）自 1979 年至 1984 年连续五年在印度南部的班加罗尔（Bangalore）进行了一项强交际法的实验（Bangalore Project），该实验的突出特点是强调"做中学"（learning by doing），提出了许多任务类型，并把学习内容设计成各种交际任务，让学生通过完成任务进行学习。普拉布的这项实验可以看做是把任务作为课堂设计的单元的第一次尝试。以后众多语言学家纷纷投入此项研究的热潮中，他们都把任务作为研究的中心元素。随着研究的深入，任务型教学于 90 年代在理论上逐步成熟。任务型语言教学的倡导者认为，掌握语言的最佳途径是让学生做事情，即完成各种任务。当学生积极地参与用目的语进行交际尝试时，语言也被掌握了。在任务型语言教学活动中，学生注意力集中在语言所表达的意义上，努力用自己所掌握的语言结构和词汇来表达自己的意思，交换信息。这时他们的主要目的是完成一个任务，并想方设法把这个任务完成好。

任务型教学或任务型学习中的"任务"不是一般的、孤立的或者可以任意组合的课内或课外的教学或学习活动，而是整个系统（或课程）的一个有机组成部分。所谓任务就是用语言（口头的、书面的或综合的）处理模拟的或真实的生活中的问题；任务各方面的有效综合和相互作用指向课程的总体目标。任务既可以让学生学到语言，又可以发展学生本身，因此任务自身也具有教育价值。

（二）理论观点

任务教学要求教师依据课程的总体目标并结合教学内容创造性地设计贴近学生实际的教学任务展开活动，吸引和组织学生积极参与，来组织以学生为中心的课堂教学（Student-centered Class），鼓励他们通过思考、调查、讨论、交流和合作的方式，学习和使用活生生的语言，完成学习任务。

任务型课堂教学活动本身具有交互特点，设计任务型活动要充分考虑到互动这一特性，而且很多任务要通过同伴（Pair Work）和小组（Group Work）来合作完成。从教学的角度，任务型课堂教学活动可分为以下六种类型：预测性任务（Prediction Tasks）、排序性任务（Jumbles Tasks）、对比性任务（Comparison Tasks）、解决问题性任务（Problem Solving Tasks）、挑战记忆性任务（Memory Challenge Tasks）和创造性任务（Creative Tasks）。

1. 预测性任务（Predication Tasks）。

在学生没有读完或听完整篇课文之前，让他们根据课文标题、所选的课文片段或图片所提供的情景对课文内容进行预测。例如，教学 New Standard English 三年级下 Module 2, Zoo 这一课时，我们可以先让学生独立思考动物园里常见的动物，然后 Pair Work，对这一问题进行讨论，这样学生会给出各种各样的答案，最后让学生朗读对话内容。这样既调动了学生的积极性和自主性，又有利于培养学生的想象力和发散思维能力。

2. 排序性任务（Jumbles Tasks）。

教师可以把课文段落、图片的顺序打乱，然后让学生重新按顺序排列。这需要学生十分清楚文章的内容，而且要领会课文内容的连贯性。学生只有仔细阅读文章后，才能正确排列顺序。例如，New Standard English 三年级下的趣味故事 "Little Red Riding Hood"，教师可以将图片的顺序打乱，让学生重新安排，这样做可以帮助学生增强对该故事的理解，把握思维的连贯性。

3. 对比性任务（Comparison Tasks）。

这种学习任务要求学生用英语把类似的东西、物品进行比较，找出它们之间相似之处及不同之处。在教学中运用对比性任务，可以让学生对比不同的材料或叙述，并从中找出它们之间的异同点。通过对比，可以锻炼学生的口头表达能力和判断能力。例如，New Standard English 三年级下 Unit 2，Module 2 这一课时，可让学生比较 thin & fat，tall & short，big & small 等。

此外，教师还可把多余或错误的单词加在原文中或删除原文中的个别词句，让学生找出不妥之处，然后与原文进行比较。总之，通过对比，可以锻炼学生的口头表达能力、判断能力和综合概括能力，并使其口头、笔头表达更为准确。

4. 解决问题性任务（Problem Solving Tasks）。

解决问题性任务是要求学生根据自己的知识和推理能力，用英语解决现实生活中可能会遇到的问题。例如，采访同学、朋友、爷爷奶奶等，了解他们的兴趣爱好，然后设计成调查表，最后用英语汇报调查结果。

5. 挑战记忆性任务（Memory Challenge Tasks）。

让学生在规定的时间内读完一个故事，然后复述故事内容（retelling）；或让学生叙述某个情节，或让学生根据文章内容相互提 3~5 个问题。在完成以上任务过程中，学生通过反复阅读文章，提高其阅读能力和记忆能力。

6. 创造性任务（Creative Tasks）。

创造性任务指任务具有探索性、开放性和实践性。它包括列表、安排顺序与分类、对比和解决问题等类型的任务。这类任务也可要求学生课外完成。在这类任务中，团结合作和组织能力是非常重要的。如，为召开晚会购物，设计要开展的活动等。

这项活动使学生把所学知识与现实生活中的真实情况相结合，激发了学生的创造性思维，提高了学生的学习兴趣，锻炼了学生的分析能力和综合概括能力，并培养了其语言运用能力。

（三）教学特点及评价

任务型教学法注重培养学生交际能力、注重语言的文化特点和社会功能等方面的能力。促进学生积极参与语言交流活动，启发想象力和创造性思维，有利于发挥学生的主体性作用。在任务型教学中有大量的小组或双人活动，每个人都有自己的任务要完成，可以更好地面向全体学生进行教学。活动内容涉及面广，信息量大，有助于拓宽学生的知识面。另外，在活动中学习知识，培养人际交往、思考、决策和应变能力，有利于学生的全面发展。在任务型教学活动中，在教师的启发下，每个学生都有独立思考、积极参与的机会，易于保持学习的积极性，养成良好的学习习惯。

笔者认为，除了国外的外语教学法流派之外，我们也应该宣传中国的英语教学法专家，让中国英语教师甚至其他国家的英语教师也了解我们本国的英语教学法专家。下面介绍三位中国当代英语教学法专家的教学模式。

八、英语"四位一体"教学法（The English "Four-in-One" Teaching Approach）

（一）概念及产生背景

英语"四位一体"教学法来自中学英语教学实践。20 世纪 70 年代末的我国中学英语教学无大纲，无教材，无资料，无任何现代教具，这门课程也不受重视。当时的高考应试方法一是抢进度多上些课；二是逼学生抢背单词；三是多编多印高考复习资料让学生多做，以练代讲，边练边讲，借此抓住学生，出些成绩。从 1980 年到 1982 年，高考英语逐年进入本科总分，但仍不太受重视，大部分老师仍然四处搞资料（当时每个省和大城市都有一本高考复习资料），滥印，多做题，以题海战术与别的学科抢时间，抢学生。在没有更好方法的情况下，题海战术确能出些成绩，但是基础知识掌握得不好，学习英语的积极性差异也很大，所以"两极分化"严重。

包天仁教授在复习教学实践中总结出了"循序渐进，阶段侧重，精讲精练，五技并举"的英语"四位一体"教学法，并于 1996 年正式推出。最近十几年来，英语"四位一体"教学法在全国开展实验。一开始主要是中、高考英语复习教学方法，后来又不断丰富、完善，提出了平日英语教学复习方法、课堂教学方法和学生课外英语自主学习策略。

（二）理论观点

1. 循序渐进。

英语"四位一体"复习教学方法首先遵循"循序渐进"的原则。它要求中、高考复习前教师按"复习金字塔"认真制订复习计划，合理安排时间，仔细规划各年级段、各册教材内容的先后顺序，由易到难，由浅入深，既照顾中下层学生，又要培养尖子生。这样就决定了"四位一体"中、高考复习初始阶段不专门搞综合练习的策略，而是按教材内容的先后顺序，由易到难、由简到繁，采取集中优势兵力，各个击破的办法，稳扎稳打，步步为营。这样，它就从根本上打破了课课练、单元练和模拟练习为主的中、高考总复习的训练模式，使学生和老师都从"题海战术"中解放出来。

2. 阶段侧重。

英语"四位一体"复习教学方法将整个复习分为四个阶段，四个阶段中侧重"阶段训练"；"阶段训练"的每个复习单元的语音、词汇、语法、课本内容又各有侧重点。从整个复习过程来看，侧重点是放在"阶段训练"上，其时间安排是总复习的二分之一或更多一些时间。这有助于按教材内容顺序，抓纲靠本，分散难点，各个击破，一个一个项目地打歼灭战，循序渐进地打好基础；使学生从零散知识学习自然过渡到知识的系统归纳上，使基础知识更加条理化，从而进一步培养英语运用能力。基础知识夯实了，再进行专项训练，培养能力；然后才进行综合训练，以培养学生综合运用英语知识的能力，提高解题技巧，把所学知识落实到"用"字上。这一步也是查漏补缺过程。最后的模拟训练则是实战演习，是自我检查，是应考的必要准备。

3. 精讲精练。

英语"四位一体"复习教学方法强调"精讲精练"，老师根据每一阶段的重点、难点，每次精讲一两个语音、语法项目，一部分课本内容，系统归纳，"画龙点睛"，点到为止。然后让学生有针对性地做一些精心设计的习题，老师精心批阅，发现问题，及时逐人讲评，做好补差。"精讲精练"要求以教师为主导，学生为主体。"精讲"并非少讲，而是教师在复习课上要在学生自学质疑的基础上，采用讨论、辩论、归纳、总结和竞争等生动活泼的教学方法，帮助学生自行掌握。"精练"，指重点练习好初中十个、高中十五个阶段训练复习单元。因为这些复习单元编排科学、系统实用，用较少的时间，就可以使基础知识、语言综合运用能力得到全面的复习和训练。

4. 五技并举。

在复习教学中，翻译作为一种教学手段的作用应该大大加强。近年来，由于教学目的只要求听、说、读、写四会，不少教师忽视了作为教学手段的"译"，这应纠正。除了加强听、说、读、写"四会"能力训练外，翻译作为汉英对比的手段，可以使学生发现各种语言的本质差别，尤其在复习阶段，翻译更是一种掌握语言规则和用法的有效方法。在复习时运用翻译手段可以使多种语言现象和多个语言点聚合在一个或几个句子中，使学生举一反三，纵横对比，方便记忆。因此在英语"四位一体"中、高考阶段训练中安排了一定量的翻译练习。

（三）教学特点及评价

英语"四位一体"复习教学方法摒弃了几十年来全国普遍采用的以课课练、单元练和模拟考试为主的中、高考英语总复习训练模式，使学生和老师都从"题海"中真正地解放出来，只用十几个阶段训练复习单元就把中、高考英语总复习的三分之二内容和时间充分地利用起来，达到省时省力，事半功倍的作用。该方法的"过程论"、"整体论"、"阶段论"、"集中论"教学思想使复习教学的备考活动同素质教育的要求达到了和谐的统一。

九、十六字教学法（The "Sixteen Words" Teaching Approach）

（一）概念及产生背景

20世纪80年代，张思中系统地总结了二十多年教学研究的经验，提炼出以"适当集中，反复循环，阅读原著，因材施教"为主要内容的"十六字教学法"，并在全国各地先后建立了100多个教改基地。张思中批判了外语教学中"听说领先，读写跟上"的观点，分析了传统外语教学中教学法和教材编写存在的问题。张思中还提到了教育行政部门对教师教法的影响和教师在教育教学改革中应该采取的态度和策略，著有《张思中与十六字外语教学法》。

（二）理论观点

张思中提出的"适当集中，反复循环，阅读原著，因材施教"十六字教学法简约精炼地概括了外语教学法的核心要素，将语言知识技能化的学习过程和在语言交际中学习语言的过程有机地结合起来，四者既单独成章，又相互关联。适当集中是关键，反复循环是方法，阅读原著是目的，因材施教是原则。

1. 适当集中。

集中教学，指集中内容、集中材料、集中时间、集中一切手段与方法，创造强化的环境气氛和条件，以达到调动师生积极性的目的。按时间顺序集中教学可分三步进行：第一步是"超前集中"，就是在课文教学之前先将单词和语法简要讲授，使学生有粗略印象。第二步是"随机集中"，对词汇、语法和其他语言现象进行详尽、完整的教学，使学生达到掌握和运用的程度。第三步是"综合集中"，对文中的词汇和语法进行总结性、复习性的教学。集中教学按内容可分为两个方面：一是纵向集中，就是单项知识点的教学。二是横向集中，就是多项知识点的教学。

2. 反复循环。

反复循环主要指将语言学习融化在活的语言中，在不同的时间、地点，不同的语境中反复重复。循环是实现巩固、解决外语教学中词汇和语法遗忘率高的关键。在教学中有两个层面：一是运用各种记忆法，二是运用多种循环方式。张思中归纳了一套科学规律记忆法："集中突击，分步要求"记忆法，循环记忆法，卡片记忆法，排列组合记忆法，分析结构记忆法，形象化识记法，等等。多种循环方式是第二个层面，形成了四种循环方式：圆周式循环，根据学生的认知规律，通过循环强化记忆；螺旋式循环，即每循环一次或几次，就提高一层要求；逆循环，倒过来复习巩固；渗透式循环，各种循环方式交叉渗透、综合运用。

3. 阅读原著。

张思中将阅读原著作为主要的教学方法之一。首先要激发学生的阅读兴趣，选择语言程度浅易、趣味性强的阅读材料很重要；指导学生阅读原著，教师最好选择中外文对照的读物；教师可组织跨学科的兴趣小组，阅读外国中小学原版教科书，也可以阅读、翻译外国的书报杂志。通过阅读原著，学生在文学里找到心灵的对话者，领悟生活的真谛，极大地提高了学生学习英语的兴趣，阅读能力和语言运用能力可以得到提高。

4. 因材施教。

因材施教指的是正确对待学生个体间、群体间的差异，采取有效教学策略，因势利导，要满足不同层次学生的要求，使学生在原有基础上各有所得。一方面是个体差距的处理，少数学生很优秀，课内教学吃不饱，通过组织外语兴趣小组的方式，提高他们的外语水平；少数学生课内正常教学吃不了，通过个别辅导或课外辅导小组，帮助其查漏补缺。另一方面，群体差异采取课内同堂分块、快慢组复式教学方法来处理。选择复式教学的时机很重要，此外要掌握一动一静、一讲一练和宜粗不宜细的原则，充分发挥小组长和课代表的作用。因材施教既可以充分发挥教师的主导作用，又增强了学生学习的自主性，特别是提高了不同层次学生学习英语的兴趣和信心，为学生学好英语创造成功的条件。

（三）教学特点及评价

张思中外语教学法体系是英语学科教育的一种实践和经验总结，经过长期、大面积、多种条件下的实验检验的十六字教学法，首创了中学生达到一门外语过关、为学有余力的学生开设第二外语等纪录，妥善地解决了长期困扰外语教坛的"记忆与遗忘"、"环境条件和运用"、"提高质量与减轻负担"等矛盾。

十六字教学法充分利用青少年记忆力好的优势，集中时间用科学的方法记忆大量常用词汇，熟背经典课文，然后再通过反复阅读翻译逐步加深对课文的理解，逐步掌握文法，通过反复和循环，加深记忆，注意调动学生学习外语的积极性、主动性、自觉性，外语学习能够取得事半功倍的效果。

十、英语三位一体教学法（The English "Three-in-One" Teaching Approach）

（一）概念及产生背景

在英语教育界有"北马南张"之说。"北马"指的是北方的马承，"南张"指的南方的张思中。马承在长达40多年的教学实践中，分析了语音教学、词汇、语法、阅读教学的误区和我国的国情，提出了问题解决的途径和策略，探索出了"英语三位一体教学法"。马承的三位一体教学法分为"字母、音素、音标三位一体教学法"（简称"小三位一体教学法"）和"词汇、语法、阅读三位一体教学法"（简称"大三位一体教学法"）。出版了《马承少儿英语》、《小学英语》（1~6册）、《初中英语》（1~4册）、《新课标英语考级教程》（1~5级修订版）等著作。

（二）理论观点

任何教学体系都有自己的理论基础，马承三位一体教学法与张思中十六字外语教学法也不例外。"小三位一体教学法"的理论基础为：辩证唯物主义中的主要矛盾原理、现代认知心理学；"大三位一体教学法"是系统论的整体性、有序性和动态平衡性的最佳结合。

马承在"三位一体教学法"中指出：我们的教学对象是初学者，我们的国情是缺少语言环境，学生不可能通过自然习得的方式学会英语，他们必须在教师的指导下先学会语音、词汇、基础语法，有意识地学习英语。"小三位一体教学法"在入门阶段把字母的名称音、英语音素和国际音标融为一体，集中教学，注意培养学生独立拼读单词的能力，解决小学低年级英语中存在的"文盲英语"倾向。充分运用汉语拼音和认知理论教学国际音标。如：用掐头法学F，L，M，N，S，X的发音，即掐掉其首元音，留其尾辅音，便是该字母在单词中的发音。用去尾法学B，C，D，J，K，P，T，V，Z的发音，即去掉其尾元音，留其首辅音，便是其在单词中的发音。用对比法学词英语读音g，h，y，w，r；用字母组合记忆法学习英语读音j，ch，sh，ck，qu。在学习12个难记的辅音音标"/ dʒ /，/ tʃ /，/ ʃ /，/ ʒ /，/ j /，/ ŋ /，/ θ /，/ ð /，/ dr /，/ tr /，/ dz /，/ ts /"时，用旧知引出新知。"音不离词，词不离句，句不离文"是马承语音教学的基本原则。如：通过十个记忆组块学习五个元音字母在单词中的发音；通过语音诗和语音歌学习音标。在小学低年级，则采用直呼式韵律英语教学法。在小学一年级先不学字母名称音，直接读出它在单词中的读音，如：bag（书包）不读［biːeig］，而是 b［b］a［æ］g［g］——bag［bæg］。到了三年级再学字母名称音。所谓"韵律"，是指在朗读字母在单词中的读音、单词或句子时，带有一定的韵律，使其琅琅上口，便于记忆。

（三）教学特点及评价

马承"三位一体教学法"是体系完整、理论成熟、应用性强的英语教学法。它们符合我国的国情，不需要使用现代化的教学设施，城市、农村、山区都可以推行。只要经过短期培训，一般的外语教师都可掌握。马承的"小三位一体教学法"一开始就注意培养学生的独立拼读单词能力和自学能力。因此，马承的"三位一体教学法"特别适合在小学和初中推广，其中在小学低年级采用的直呼式韵律英语教学法尤其适合在小学推广。

下面再简单讲述一些常用小学英语课堂教学法。

1. 游戏教学法：用游戏形式复习单词、句型，练习新语言点，使学生寓学于乐，在活泼、轻松、愉快的气氛中自然而然地获得英语知识与技能。游戏要求简短易行,有趣味,而且要与本课教学内容紧密相关。可以说,大多数小学英语课堂教学都会采用"游戏教学法"。

2. 情景教学法:情景是教师创设或模拟的生活场景,应具有真实、生动、实用的特点,便于学生将所学语言材料进行综合、创造性表达交流。这种练习方法,有接近生活的交际功能,而且能变单调、机械的句型操练为活泼、生动的交际性练习。如让学生进行自我介绍,问路,购物等。

3. 合作学习法:让学生通过参加 Pair work 和 Group work 活动,给学生练习语言并互相学习的条件和机会。

第二章　英语课程标准（小学部分）简介

第一节　英语课程标准的基本理念

一、面向全体学生，注重素质教育

英语课程要面向全体学生，注重素质教育。课程特别强调要关注每个学生的情感，激发他们学习英语的兴趣，帮助他们建立学习的成就感和自信心，使他们在学习过程中发展综合语言运用能力，提高人文素养，增强实践能力，培养创新精神。

解读：面向全体学生的核心思想是使每一个学生都得到发展。因此，教师设计的教学目标应该是绝大多数学生能够达到的。当然，在保证课程面向每一个学生的同时，教师也应该积极地创造条件，满足那些有更多学习潜力的学生的需要。

注重素质教育，也就是说，英语教育应该与其他学科教育共同努力，促进学生素质的全面发展，提高学生的人文素养，增强实践能力和创新精神。因此，英语课程的目的不仅仅是培养学生的语言能力，而且要培养学生的思维能力、想象能力和创新能力。另外，英语课程还要在教育教学中渗透情感教育，使学生在心智发展的同时，在情感上也逐渐成熟起来。

二、整体设计目标，体现灵活开放

基础教育阶段英语课程的目标是以学生语言技能、语言知识、情感态度、学习策略和文化意识的发展为基础，培养学生英语综合语言运用能力。《全日制义务教育 英语课程标准（实验稿）》（以下简称《标准》）将课程目标设定为九个级别并以学生"能够做某事"具体描述各级别的要求，这种设计旨在体现基础教育阶段学生能力发展循序渐进的过程和课程要求的有机衔接，保证国家英语课程标准的整体性、灵活性和开放性。

解读：整体设计目标指的是《标准》中贯穿小学三年级至高中三年级英语课程的九级目标体系，这使基础教育阶段的英语课程成为一个整体，打破了以往按学段划分目标的体系。这不但有利于解决不同学段之间英语课程的衔接问题，也有利于学生根据自己的需要进行选择性学习。另外，英语课程的九级目标体系还有利于不同地区、不同学校根据实际情况调整本地区、本学校的课程目标。

三、突出学生主体，尊重个体差异

学生的发展是英语课程的出发点和归宿。英语课程在目标设定、教学过程、课程评价和教学资源的开发等方面都突出以学生为主体的思想。课程实施应成为学生在教师指导下构建知识、提高技能、磨砺意志、活跃思维、展现个性、发展心智和拓展视野的过程。

解读：突出学生主体有两方面的含义：第一，英语教学要始终使学生发挥主体作用，要采用以学生为中心的教学思路，要设计以学生为中心的教学活动，要根据学生生理特点、心理特点以及他们的兴趣、爱好来选择教育教学材料。第二，在英语课程的每个决策环节上要充分考虑学生的需求。学校、教师、课程都是为学生服务的。因此，每个决策环节都应该以学生的需要为依据，而不能一味满足学校或教师的愿望。

尊重个体差异是指英语课程要充分考虑到学生在现有基础、学习潜能、兴趣爱好、学习风格等方面存在差异的客观现实，既不能机械地用统一的标准来要求每个学生，也不能强迫学生学习单一的学习材料。在英语课程实施过程中应尽可能满足不同学生的学习需要。也就是说，课堂教学设计应考虑学生的多元智力。

四、采用活动途径，倡导体验参与

本课程倡导任务型的教学模式，让学生在教师的指导下，通过感知、体验、实践、参与和合作等方式，实现任务的目标，感受成功。在学习过程中进行情感和策略调整，以形成积极的学习态度，促进语言实际运用能力的提高。

解读：在英语课程中，应努力倡导学生的积极参与，让学生在学习过程中不仅能建构知识、提高语言能力，而且通过感知、体验、实践、参与和合作探究等活动方式，完成任务和实现目标。在学习过程中调控情感态度和学习策略，以形成积极的学习态度，促进语言实际运用能力的提高。

五、注重过程评价，促进学生发展

建立能激励学生学习兴趣和自主学习能力发展的评价体系。该评价体系由形成性评价和终结性评价构成。在英语教学过程中应以形成性评价为主，注重培养和激发学生学习的积极性和自信心。终结性评价应着重检测学生综合语言技能和语言应用能力。评价要有利于促进学生综合语言运用能力和健康人格的发展，促进教师不断提高教育教学水平，促进英语课程的不断发展与完善。

解读：以往的评价过于侧重终结性评价方式，即考试。本次基础教育课程改革的一个重要方面是改革评价体系，其中最主要的是提倡过程性评价方式。也就是说，把对学生的评价贯穿到平常的学习过程之中。根据学生在平常学习中的表现和成就对学生的学习作出更准确、更合理的评价。

六、开发课程资源，拓展学用渠道

英语课程要力求合理利用和积极开发课程资源，给学生提供贴近实际、贴近生活、贴近时代的内容健康和丰富的课程资源；要积极利用音像、电视、书籍杂志、网络信息等丰富的教学资源，拓展学习和运用英语的渠道；积极鼓励和支持学生主动参与课程资源的开发和利用。

解读：传统的教育过于依赖于教科书的作用，对教科书的理解也是十分狭隘的。在新的基础教育课程体系中，除了教科书以外，还有更加广泛的课程资源。英语学习不仅要求学生大量接触真实、地道的英语，而且要求学生具有使用英语的机会和条件。因此，开发丰富多样的课程资源，拓展学生学习英语和使用英语的渠道，是英语课程改革的一个重要举措。

第二节 小学英语课程标准的基本内容

一、课程任务

《标准》对基础教育阶段英语课程的任务作出了明确要求：

1. 激发和培养学生学习英语的兴趣，使学生树立自信心，养成良好的学习习惯和形成有效的学习策略，发展自主学习的能力和合作精神。

2. 使学生掌握一定的英语基础知识和听、说、读、写技能，形成一定的综合语言运用能力。

3. 培养学生的观察、记忆、思维、想象能力和创新精神。

4. 帮助学生了解世界和中西方文化的差异，拓展视野，培养爱国主义精神，形成健康的人生观，为他们的终身学习和发展打下良好的基础。

《标准》结合小学英语教学的自身特点，制定出小学阶段的英语学习目标是：通过听、说、玩、看等教学活动，激发和培养学生的学习兴趣，使其养成良好的学习习惯；通过学习使学生获取对英语的一些感性认识，掌握一定的语言基本技能，培养初步运用英语进行听、说的交际能力；开发智力，发展包括观察、记忆、思维、想象等内容的思维能力；培养学生建立科学的世界观、人生观、价值观，对通过英语传递的思想、文化、情感等有初步的跨文化认知的意识；培养学生的爱国主义精神以及世界公民的意识。

二、课程目标

基础教育阶段英语课程的总体目标是培养学生的综合语言运用能力。综合语言运用能力的形成建立在学生语言知识、语言技能、情感态度、学习策略和文化意识等素养整体发展的基础上。语言知识和语言技能是综合语言运用能力的基础，文化意识是得体运用语言的保证。情感态度是影响学生学习和发展的重要因素，学习策略是提高学习效率、发展自主学习能力的保证。这五个方面共同促进综合语言运用能力的形成。

综合语言运用能力：

语言技能：听说读写，玩演视听。

语言知识：语音，词汇，语法，动能，话题。

情感态度：动机兴趣，自信意志，合作精神，祖国意识，国际视野。

学习策略：认知策略，调控策略，交际策略，资源策略。

文化意识：文化知识，文化理解，跨文化交际，意识和能力。

《标准》采用国际通用的分级方式，将英语课程目标按照能力水平设为九个等级。要求从小学三年级起开设英语课，四年级达到一级要求，六年级毕业时应达到二级要求。下面将第一级和第二级课程目标要求摘录如下，以供参考（见表 2-1 至表 2-6）：

表 2-1 目标总体描述

级别	目标总体描述
一级	对英语有好奇心，喜欢听他人说英语。能根据教师的简单指令做游戏、做动作、做事情（如涂颜色、连线）。能做简单的角色扮演。能唱简单的英文歌曲，说简单的英语歌谣。能在图片的帮助下听懂和读懂简单的小故事。能交流简单的个人信息，表达简单的情感和感觉。能书写字母和单词。对英语学习中接触的外国文化习俗感兴趣。
二级	对英语学习有持续的兴趣和爱好。能用简单的英语互致问候，交换有关个人、家庭和朋友的简单信息。能根据所学内容表演小对话或歌谣。能在图片的帮助下听懂、读懂并讲述简单的故事。能根据图片或提示写简单的句子。在学习中乐于参与，积极合作，主动请教。乐于了解异国文化、习俗。

表 2-2　语言技能目标

级别	技能	目　标　描　述
一级	听、做	1. 能根据听到的词语识别或指认图片或实物； 2. 能听懂课堂简短的指令并作出相应的反应； 3. 能根据指令做事情，如指图片、涂颜色、画图、做动作、做手工等； 4. 能在图片和动作的提示下听懂简单的小故事并作出反应。
	说、唱	1. 能听录音并进行模仿； 2. 能相互致以简单的问候； 3. 能相互交流简单的个人信息，如姓名、年龄等； 4. 能表达简单的情感和感觉，如喜欢和不喜欢； 5. 能根据表演猜测意思，说词语； 6. 能唱英语儿歌 15～20 首，说歌谣 15～20 首； 7. 能根据图、文说出单词或短句。
	玩、演	1. 能用英语做游戏并在游戏中用英语进行简单的交际； 2. 能做简单的角色表演； 3. 能表演英文歌曲及简单的童话剧，如《小红帽》等。
	读、写	1. 能看图识字； 2. 能在指认物体的前提下认读所学词语； 3. 能在图片的帮助下读懂简单的小故事； 4. 能正确书写字母和单句。
	视、听	1. 能看懂语言简单的英文动画片或程度相当的教学节目； 2. 视听时间每学年不少于 10 小时（平均每周 20～25 分钟）。
二级	听	1. 能在图片、图像、手势的帮助下，听懂简单的话语或录音材料； 2. 能听懂简单的配图小故事； 3. 能听懂课堂活动中简单的提问； 4. 能听懂常用指令和要求并作出适当的反应。
	说	1. 能在口头表达中做到发音清楚，语调达意； 2. 能就所熟悉的个人和家庭情况进行简短对话； 3. 能恰当地运用一些最常用的日常套语，如问候、告别、致谢、致歉等； 4. 能在教师的帮助下讲述简单的小故事。
	读	1. 能认读所学词语； 2. 能根据拼读的规律读出简单的单词； 3. 能读懂教材中简短的要求或指令； 4. 能看懂问候卡等所表达的简单信息； 5. 能借助图片读懂简单的故事或小短文，并养成按意群阅读的习惯； 6. 能正确朗读所学故事或短文。
	写	1. 能模仿范例写句子； 2. 能写出简单的问候语； 3. 能根据要求为图片、实物等写出简短的标题或描述； 4. 能基本正确地使用大小写字母和标点符号。
	玩、演 视、听	1. 能按要求用简单的英语做游戏； 2. 能在教师的帮助下表演小故事或童话剧； 3. 能表演歌谣或简单的诗歌 30～40 首（含一级要求）； 4. 能演唱英语歌曲 30～40 首（含一级要求）； 5. 能看懂英文动画片和程度相当的英语教学节目，每学年不少于 10 小时（平均每周不少于 20～25 分钟）。

表 2-3 语言知识目标

级别	技能	目 标 描 述
二级	语音	1. 知道错误的发音会影响交际； 2. 知道字母名称的读音； 3. 了解简单的拼读规律； 4. 了解单词有重音； 5. 语音清楚，语调自然。
	词汇	1. 学习有关本级话题范围的 600~700 个单词和 50 个左右的习惯用语； 2. 了解单词是由字母构成的。
	语法	1. 知道名词有单复数形式； 2. 知道主要人称代词的区别； 3. 知道动词在不同情况下会有形式上的变化； 4. 了解表示时间、地点和位置的介词； 5. 了解英语简单句的基本形式和表意功能。
	功能	了解问候、告别、感谢、致歉、介绍、请求等交际功能的基本表达形式。
	话题	能理解和表达有关下列话题的简单信息：数字、颜色、时间、天气、食品、服装、玩具、动植物、身体、个人情况、家庭、学校、朋友、文体活动、节日等。

表 2-4 情感态度目标

级别	目 标 描 述
二级	1. 有兴趣听英语、说英语、背歌谣、唱歌曲、讲故事、做游戏等； 2. 乐于模仿，敢于开口，积极参与，主动请教。

表 2-5 学习策略目标

级别	策略类别	目 标 描 述
二级	基本学习策略	1. 积极与他人合作，共同完成学习任务； 2. 主动向老师或同学请教； 3. 制订简单的英语学习计划； 4. 对所学习内容能主动练习和实践； 5. 在词语与相应事物之间建立联想； 6. 在学习中集中注意力； 7. 尝试阅读英语故事及其他英语课外读物； 8. 积极运用所学英语进行表达和交流； 9. 注意观察生活或媒体中使用的简单英语； 10. 能初步使用简单的学生英汉词典。

表 2-6 文化意识目标

级别	目 标 描 述
二级	1. 知道英语中最简单的称谓语、问候语和告别语； 2. 对一般的赞扬、请求等作出适当的反应； 3. 知道国际上最重要的文娱和体育活动； 4. 知道英语国家中最常见的饮料和食品的名称； 5. 知道主要英语国家的首都和国旗； 6. 了解世界上主要国家的重要标志物，如英国的大本钟等； 7. 了解英语国家中重要的节假日。

第三节　小学英语课程标准对教师素质的要求

随着 21 世纪科学技术的迅速发展和市场经济体制的改革，以及由此带来的各种竞争，每个人都必须具有较高的素质才能生存与发展。素质教育是提高国民素质、培养 21 世纪合格公民和创新人才的战略举措。素质教育的全面推行对小学教师的知识结构、能力结构有了新的要求，对他们的职业情感道德、教育观念及艺术品质等人文素养也有更高的要求。可以说素质教育是以提高教师素质为前提的。教师的素质是素质教育成败的关键，也是教育事业不断发展的灵魂。新课程体系在教育理念、课程内容、功能、学习方式等方面都有了重大突破，这对小学英语教师提出了严峻的挑战。

小学英语教师应具有哪些基本素质呢？

小学英语教师须具备普通教师应有的思想道德素质、心理素质等人文素养，还需具备语言教师应有的语言文化素养，以及与小学外语教育这一特殊学科相关的专门技能。小学课程内容的综合性特点要求教师要努力改善自己的知识结构、能力结构，使自己具有综合性的能力素养。

一、小学英语教师的教育专业知识

1. 努力提高教学艺术。

2. 要研究和掌握英语教学的一般规律和基本教学原则，熟悉小学英语教学的基本方法，并能灵活运用教学原则和方法提高课堂教学的组织能力和教育实施能力。

在第一章第二节提到的外语教学史上曾产生过各种外语教学法，无论哪一种教学法都有其本身的教学特点。小学英语教师应了解这些外语教学法的概念、理论观点与特点评价等，结合小学英语教学的特点，合理地选择并综合其优点加以利用，从而提高教学效果。

二、小学英语教师的心理素质

心理素质指良好的心理品质和个性特征。它包括广泛的兴趣、强烈的求知欲、稳定的情绪、坚强的意志、活泼开朗的性格和民主的态度、善于与他人合作的精神、创造性等。提高外语教学质量需要高素质的外语教师。过去很多人认为教师只要达到一定的知识水平（专业知识、教育理论知识）和能力水平（观察判断能力、表达能力和教研能力）就能提高外语教学质量。他们都忽视了教师心理素质对教学效果所产生的重要作用。

教师的心理素质与教育教学的成功有着十分密切的关系。德国教育家第斯多惠说过："一个人要有所作为，与其说是用本身的知识去影响人，还不如说是用自己的思想和行为来培养教育人。"教师的人格作为一种巨大的教育力量在潜移默化地影响着学生，这是任何其他教育手段都无法替代的。教师从事的是培养人、塑造人的职业，言传身教是教师开展教育的最有效方法。小学英语教师应热爱自己从事的事业，对待教学工作要有一种强烈的责任感，爱自己的每个学生。教师这种无条件的爱是教师职业道德的根本要求，也是取得教育效果的基本保证。教师一视同仁地对待全体学生，尊重每个学生的人格和个性发展。教师要与学生建立平等、和谐的师生关系。建立良好的情感关系有助于提高教师的影响力，也有助于在教育中正确对待学生的错误，从而避免急躁处理问题而造成不良后果。小学英语教师面对的是一群活泼可爱、充满稚气、思想单纯又有着丰富精神世界和独特个性的孩子，教师要深刻把握每一个学生的精神世界，探索教育者的心灵，用自己良好的心理状态（情感投入、和谐一致、尊重学生）去影响他们形成完整的个性品质。

三、小学英语教师的语言综合水平

英语是小学英语教师的专业，因而小学英语教师要具有系统而扎实的语言基础知识和听、说、读、写、译方面的技能和能力，具体要求如表2-7所示。

表2-7　小学英语教师应具备的语言知识技能的基本要求

听	能听懂难度相当于大学三年级的录音材料。能听懂说英语国家人士关于社会生活的专题报告、讲座。能听懂难度相当的VOA（美国之音）"英语特别节目"中较熟悉的有关政治、经济、文化、科技等方面的报道。
说	能用英语组织课堂教学及课外活动，能就所熟悉的题材进行讲座和发言。能对一般性事件进行连贯性描述，语音语调自然、准确，语言基本正确。能与外籍人士就一般性问题进行交谈，语言使用得体，表达自然。
读	能读懂难度相当于大学二年级的读物，如小说、传记及一般性说明文章（文化知识、新闻报道、简易科普文章），能阅读有关英语教学理论方面的书籍。要有4000～4500个认知词汇量，其中2000～2500个常用词语要能在听、说、读、写、译交际活动中较正确地灵活运用。
写	能缩写或改写课文，并能在一个课时内就指定或熟悉的内容写200～250字的文章。能写一般叙述文、议论文、应用文，如便条、通知、书信、故事梗概、读书报告及教学方案等，要求中心突出，层次清楚，语言正确，文体恰当。能用粉笔流利地书写规范、工整的斜体行书。
译	能运用翻译基本理论，初步熟悉汉英两种语言对比，并掌握常用的翻译技巧。能笔译较浅显的文章，译文忠实原文，语言通顺。能基本胜任外宾的生活口头翻译。
工具书的使用	能熟练地使用英—汉、汉—英、英—英单解及英汉双解词典，能熟练地使用简易百科全书及语法等工具书，有一定的独立解决语言问题及部分知识疑难问题的能力。
文化素养	要求具有较宽的知识面，对英、美国家的地理、历史、社会状况、文化传统、风俗习惯等方面的文化背景知识有较系统的了解。熟悉中国文化，并具有较好的汉语表达能力。

四、小学英语教师的教学能力

（一）语言的示范能力

在英语教学中，听、说、读、写既是英语教学的目的，又是英语教学的手段。要对学生进行这几方面的基本训练，教师首先要有过硬的基本功。

1. 教师应能听辨出每一微小音素的变化与不同；

2. 教师的语音语调要纯正、流利；

3. 要有一定的口语能力，能用简练、准确的言语组织课堂教学活动，语言运用要规范、得体；

4. 板书字迹工整、规范，设计合理并能突出重难点。

如果教师缺乏语言的示范能力，语言实践能力较差或"四会"能力发展不平衡，就不可能全面使用以功能交际为主的综合教学法。因此，小学英语教师必须通过专门的培训，具有英语专科以上的语言水平，而且要有计划地提高英语言语能力，接受继续教育，以便通过再学习、再培训，更新知识，使语言技能更纯熟。

（二）综合教学技能

目前小学英语教材的内容与学生的学习和生活有密切联系，其主要形式是"情景会话"，趣味性较强。小学生天性活泼好动，他们学习英语的积极性主要依赖于对它的兴趣。为了使学生能在真实的语言环境中进行言语实践，克服母语对英语学习的干扰，教师必须具有以下教学技能：

1. 能唱。

结合学生学习的进程编写、教唱学生喜爱的英语歌曲。

2. 会画。

具有四级或五级简笔画的技能。在教学中能运用既利于学又能说明问题的简笔画。

3. 会制作。

能设计制作适用于教学的各种教具，包括教学课件、录像、图片等。

4. 善表演。

能充分利用体态语，以丰富的表情、协调的动作表达意义或情感，做到有声有色。英语教师在教学中必须充分发挥自己的技能，增强语言的感染力。这样一来可以给学生以美的感受，激发学生学习英语的兴趣。

5. 能组织课外活动。

小学英语教师除要搞好课堂教学外，还要具有组织学生开展英语课外活动的能力，使学生在丰富多彩的活动中发挥自己的特长，提高学习英语的兴趣，进一步提高学习效率。

6. 能操作、使用现代化教学设备。

要提高英语教学质量，提高效率，就必须改革过去那种只靠一支粉笔、一本书的"满堂灌"的陈旧教学模式，充分利用教学课件、录像、图片、录音机、电视机、语音室、计算机等各种电化教学设备，并能熟练掌握操作技能，使之更好地为英语教学服务。

五、小学英语教师的创新与科研能力

一个小学英语教师应在教学工作中充满生机和活力，富有创新意识和超前意识，对待教学实践中所遇到的问题应经常反思，保持探索的习惯。创新在本质上是一种超越，要越过传统和现实以及自我的障碍，必须有坚忍不拔的意志。意志坚强、不怕困难、勇于创新的良好心理素质对学生创造性的发展有很大作用。教师富有创新意识和创新能力，能使学生在潜移默化的熏陶和感染中不断提高创造力，还能发现学生的创造潜能并为他们提供和创设有利于创造力发展的环境。

21 世纪是一个知识经济时代，知识经济对教育的全方位影响给现代教师创新素质提出了严峻挑战。如果把培养学生的创新精神作为我们的教育目标，那么要实现这一目标就必须有一支具有创新意识和创新能力的教师队伍。我们的小学英语教师应站在时代的前列，要对时代的变化有敏锐的感觉，以时代发展的眼光审视当代的教育，善于发现教育中存在的问题，勇于提出教育教学改革的建议。现代科学技术的迅速发展使适应现代科学发展的新知识不断出现，教师要有强烈的求知欲，在教育教学过程中勇于开拓进取。满足于现状，不求进取是当代英语教师的大忌。面对新时期的新任务，无论是老教师还是青年教师都需要新观念、新知识、新经验，都要重新认识自己，继续学习，完善自我，要善于学习、钻研、思考、总结，善于根据不断变化的教学对象、教学目标探索新方法。一个善于不断自我更新的学习者才能在教育的发展变革中立足于不败之地。

随着教育创新目标的形成，教育的作用正在发生一种不可逆转的变化。今天我们面对的是传播内容越来越丰富，手段越来越先进，对培养的人才要求越来越高的现状，这就要求教师变知识的传播者为发掘教育资源的向导，变教育的管理者为学生发展的指导者和促进者。这种转变需要教师创新学习，努力探索。总之，课程标准对教师的创新能力和科研能力提出了更高的要求。

小学英语教学改革实验为广大小学英语教师的教学创新与科研提供了广阔的空间。教师职业的特殊性、教育教学工作的复杂性和多变性也为教师发挥其创造才能和从事教育科研提供了极为有利的条件。我国的小学英语教学改革还处在一个发展阶段，许多教学上的问题都值得去探讨、研究。广大小学英语教师要在教学实践当中敏锐地发现教学中的问题，用发展的眼光审视问题的实质，并能提出解决问题的办法，促进教育教学的不断发展。

我国的基础教育改革和发展需要有一支具有较高教育科研素质的教师队伍。因此，教师的教育科研能力也是新世纪教师专业素质的必备条件。大力提倡小学英语教师开展教育教学科研不但是教育改革的需要，而且还是教师自身发展的需要。它能迅速提高教师的教学能力，促进教师的创新品质发展。小学英语教师要成为"科研型"、"学者型"的教师，必须在教学实践中不断积累经验，不断创新，认真学习新的教育思想，努力研究教育的新问题，使自己的教学形成独特的风格。

（张　莺，付丽萍，2000）

第三章 小学生学习特征

第一节 早学说与迟学说

随着我国改革开放的持续发展，中国加入世贸组织，社会上不断掀起学习英语的热潮，并且出现了明显的低龄化趋势。近年来，人们愈来愈认识到早期外语教育的重要性。国内外研究者对儿童学习外语的起始年龄争论不休，说法各异，争论的焦点是早学还是迟学。

一、早学说

神经学家彭菲尔德（Penfield）和罗伯茨（Roberts）认为，儿童学习语言的能力较强，因为他们的大脑在少儿期可塑性强，这种可塑性会随着年龄的增长而减弱。1959 年，彭菲尔德和罗伯茨通过研究发现，儿童因受伤或生病损伤了左半球的语言区后，仍有惊人的语言学习能力；而成人左脑受损后其语言能力却通常无法恢复正常。这其中的原因是，儿童在语言区受损后，仍可用大脑的其他部分补偿语言功能，成人却很难做到这一点。根据这些观察，彭菲尔德和罗伯茨认为，学习外语的最佳年龄为 4～10 岁。

20 世纪 30 年代，奥地利动物习性学家洛伦茨（K. Z. Lorenz）发现，小雁、小鸭、小鹅等在出生后数小时就能跟随自己的母亲走动。但是，如果刚出生时就把它们与母亲分开，不久，这些小动物就再也不会跟着自己的母亲走了。这说明动物某些行为的形成有一个关键时期，错过了这个机会，有关行为就再也不能形成。小动物的其他行为也有类似的情况。洛伦茨将此现象称为"印刻"（imprinting），印刻发生的时期就叫关键期（the critical period）。动物发展关键期的发现给人们以启示，从而促进了人类能力关键期的研究。

语言学家伦尼伯格（Lenneberg）认为，自然的语言学习只能在语言学习的"关键期"进行。这个关键期的起始年龄为 2 岁至青春期（13 岁）。他认为，到了青春期，控制语言功能的左半脑已经发育成熟，这种侧化使右脑不能参与外语学习。过了语言学习的关键期以后，人对语言的掌握只能通过教师和学生艰苦的、有意识的教学和学习来获得，而且，学习者的"口音"（accent）现象很难克服。近年来许多研究者认为，关键期虽然非常重要，但是某些行为即使错过关键期，只要经过一定的再学习，仍然可以形成。因此，所谓关键期实际上是学习最敏感、最容易的时期。儿童在学习不同方面的知识时，有不同的敏感期。意大利学前教育家蒙台梭利（M. Montessori）认为，在敏感期内，儿童对一定的事物会表现出高度的积极性和兴趣，并且学得很快，而过了这个时期，这种情况就会消失。儿童的感觉敏感期是从出生到 5 岁，语言的敏感期是从出生后 8 个月到 8 岁，动作的敏感期是从出生到 6 岁左右。

约翰逊（J. S. Johnson）和纽伯特（E. Newport）于 1991 年发表了一项分析报告，指出：如果非英语国家的人从 3～7 岁开始不断地学英语，到成年时，他们的英语有希望达到接近以英语为母语的人的英语水平；若从 8～10 岁开始学英语，则有一定差距；若 11 岁以后开始学英语，则会有明显的差距。儿童心理的研究成果和长期的教育实践已经证明，儿童期是人一生中掌握语言最迅速的时期，也是最关键的时期。美国康奈尔大学的研究人员在 1996 年第 1 期《自然》杂志上发表论文指出，儿童在学习外语时使用的大脑部位与成人明显不同，由此导致儿童掌握外语的速度远比成人快得多。这是因为大脑中负责学习语言的部位，即"布罗卡氏区"在人的幼年时期非常灵敏，人的母语就贮存在该区域。但随着年龄的增长，该区域的灵敏性呈下降趋势。研究者还利用核磁扫描技术对儿童和成人学习外语时大脑的活动情况进行了分析。结果发现，儿童学习外语时，大脑将外语贮存在"布罗卡氏区"，即与母语贮存在相同的部位，而成人在学习外语时大脑已无法将外语贮存在该区，只能在大脑的另一部位重新建立记忆结构，而新的记忆结构没有"布罗卡氏区"灵敏，在使用时还需要与"布罗卡氏区"建立联系。因此成人学外语的速度慢，掌握得远没有儿童牢固，也较难形成基于"布罗卡氏区"的语感。如果在儿童的关键期施以正确的教育，可收到事半功倍的效果。一旦错过这个时期，大多数人的心理机制和认知方式都已经定型，对掌握语言就不再那么敏感和有效了，而需要花费几倍的努力才能弥补，甚至将永远无法弥补。

心理学、生理学以及脑科学的研究表明，人类的各种能力和行为存在着发展关键期的现象是由人类生理发展的规律决定的。如果在某一能力发展的关键期内进行系统的训练，相应的脑组织就会得到理想的发展；如果错过了一些脑功能和脑结构的关键期的相应训练，会使一些脑组织形成长期难以有效弥补的发育不足，带来脑功能的发展局限，外在表现为人的一些能力和行为发展的不足和落后。所以说，如果在 8 岁之前，儿童缺乏最基本的语言训练或接触，这个儿童在第一语言和第二语言的学习中都会有困难；相反，如果在这个阶段对儿童进行及时、正确的语言训练，效果将是非常显著的。

所有这些表明，儿童具有天生的语言学习能力。在儿童开始学习外语时，如果能给他们输入大量的外语材料，创造良好的外语学习环境，利用儿童的语言习得机制，让他们接触英语，他们就会潜移默化、轻轻松松地习得外语。

儿童在早期学习英语会不会影响他们对母语的掌握呢？综观东南亚地区，尤其是新加坡等地区，早期双语教学都取得了成功。从 1965 年开始，加拿大魁北克省蒙特利尔市的幼儿园和小学进行了英法双语教学的实验研究，到了 70 年代末，该实验取得了成功。自 80 年代初开始，双语教学在加拿大各地进行推广，后来被许多国家借鉴，引起了学术界的关注。研究结果表明，通过双语教学，学生的思维敏捷性、理解力、判断力和语言表达能力都明显高于接受单语教学的儿童，他们的言行举止更大方、性格更开朗。如果儿童从小接受良好的双语教育，多种语言和文化的熏陶会促使他们的思维向发散型发展，社交能力和领导能力也将很容易得到锻炼，因为语言能力越强的儿童越喜欢交朋友，并且可以由此培养良好的交际能力及组织管理能力。这样的儿童能够自信地表达自己，勇于接受挑战，在面对未来激烈的竞争时，自然能比别人表现得更出色。

人的智能是由上百种能力组成的综合结构系统，其中有一些能力是整个智力结构的基础，其他的能力都是在这些能力的基础上发展起来的。人类获得每种知识，或多或少都和语言能力有关，因此语言能力几乎成为儿童全部智能发展的基础。只有语言能力发展好了，即在关键期得到了科学、系统的训练，整个结构和潜能才能得到最佳的开发。7 岁以前的儿童，脑部成长主要集中在右脑，因此想象力丰富。这时候如果能给儿童提供适当的语言学习机会，儿童的左、右脑就能达到最均衡的发展，潜能将得到无限的发挥。有研究表明，儿童的记忆空间大、记忆力强。儿童学习英语有利于开发智力，有利于提高综合素质，但英语学习不是一朝一夕的事，只有多听、多说才能被吸收和掌握。随着年龄的增长，儿童吸收的本民族语言和文化越多，对外语学习的影响会越大。从这个角度讲，儿童学习外语具有一定的优越性，因为本民族的语言和文化还没有在他们身上根深蒂固，因此对他们的外语学习产生的负面影响相对较少。低龄儿童顾虑少，不像成人那样好面子，所以，与成年人相比，儿童由害羞、胆怯、焦虑等心理因素带来的副作用较小。他们模仿力强，愿意接受新事物，敢于开口，大胆参与各种活动，表现欲较强，这都说明儿童学习外语更有利。

如果儿童在学习外语的关键期能打下一个较坚实的基础，将会对今后进一步学好英语，培养用英语进行交际的能力起到极其重要的作用。儿童正处于语言学习的敏感期，只要引导得法、教育得法，他们学习的质与量常常超乎我们的预想。我们应该抓住儿童学习英语的年龄特点、掌握科学的英语教学方法，让孩子愉快地学习。现代教师教育儿童已不应该采用填鸭式灌输法，而应充分考虑儿童的心理特征，结合儿童的发展和经验，制订相应的教学计划，采用适当的教学方法，并根据实际需要灵活地调整。儿童具有天生的语言学习本能，教师应该扮演好导演的角色，有目的、有计划地引导儿童积极参与生动、活泼的英语游戏活动，让他们健康、全面地成长。

二、迟学说

斯特恩（Stern）和奥苏贝尔（Ausubel）认为，外语不必早学。他们认为，成人在学习语言这方面比儿童有更高的认知能力和更大的情感优势，成人比儿童有更强的记忆力、分析能力和更强烈的学习动机。所有这些品质可能会使成人比儿童更有效地在正规的课堂教学中进行学习。

还有一些专家认为，如果说学习外语的时间越早越好，那也是因为学习者用了更多的时间。如果早学和晚学的结果相差不大，那么从幼儿园或小学开始学习外语，无疑是浪费时间。

外语教育的主要问题之一是外语学习的战线拉得太长，从小学一直到研究生毕业都在学外语，而且把外语课当成了一门语言知识课，而不是一种培养实践能力的实践课。各种各样的社会化考试使外语教育的应试倾向比起其他学科来更为明显。

此外，儿童学习外语存在以下不利的因素：首先，儿童心理可塑性强，自控能力差。他们对新事物容易产生兴趣，但也容易失去兴趣。如果遇到挫折或失败，感到教学内容或教学形式枯燥，就很容易打退堂鼓。其次，虽然儿童在外语学习中能够积极投入，但他们集中注意力的时间较短，很容易受到外界因素的影响而分散注意力。再者，儿童的思维能力还未成熟，不善于掌握语言规律，也缺乏独立学习的意识，对教师的依赖性较强。最后，如果从小学习的外语发音不正确，那么长大后纠正起来非常麻烦。

综上所述，儿童学习外语既有利，也有弊。围绕儿童学习外语的年龄差异，研究者和教师进行了一些实验和研究，这些研究采取的方式与方法不同、条件不同，得出的结论也不完全一致。然而，人们关注的焦点将从"儿童早学还是迟学"转向"如何教好或学好英语"。大多数的研究者认为，学习起始年龄越小，最后可能达到的程度就越高。儿童习得的成分大于学得，有天生的"语言学习机制"。在语音方面，从小学习外语能保证儿童克服成人学习外语的"口音"现象，儿童有可能达到本族语使用者的水平，而从成年才开始学习则达不到这样的效果。

随着我国改革开放的进一步深入，中国已经加入世贸组织，知识经济全球化正日益改变着人类的生产和生活方式，这都对人才的素质提出了更高的要求。学习和掌握一门外语是 21 世纪公民的基本要求之一。外语学科在我国作为一门基础学科受到了前所未有的重视，从 1994 年以来，几乎每年递增一百多万开始学习英语的儿童和小学生。

教育部在 2001 年颁布了《关于积极推进小学开设英语的通知》，教育部决定从 2001 年起，在全国小学中逐步开设英语课。儿童学习外语将会出现新的高潮，这将有力地推进我国的外语教学改革，为我国培养高素质的人才起到源头的作用。从提高民族素质、早出人才、多出人才等方面考虑，出于加强对外开放和交流的考虑，很多人认为应该重视儿童的早期外语教育。南京师范大学学前教育系周兢教授认为，"在有条件的幼儿园开展英语教学，对促进儿童的发展是十分有益的"。在设计幼儿园开设英语课程的时候必须考虑本地的政治、经济、文化发展的情况，还必须考虑师资条件。如果没有足够的、合格的师资，其结果不但达不到我们理想的目标，可能还会产生不良的后果。开设英语课程的幼儿园应当在充分听取教育专家和英语专家意见的基础上，制订可行的课程计划。只有确立明确的教育和教学目标，具备高素质的英语教师、适合的儿童英语教学方法和高质量的英语教学资料，儿童英语教学才会成功。至于从哪个年龄开始学习英语，则要根据本地的实际情况来决定。

总之，儿童英语教学要坚持因地制宜、实事求是的原则，各学校应根据各自的实际情况开设英语教学，切忌搞"一刀切"。

（张志远，2002：5—12） 29

第二节　小学生心理特点和英语学习的关系

　　一个人的童年期和学龄期是人的一生中性格形成和知识积累十分重要的时期。在这一时期，上学念书已成为他们主要的生活内容。他们在学校学习，参加各种活动，以此增长知识，使智力得到开发，能力得到培养，个性得到发展，道德品质也朝着健康方向发展。由于小学生年龄小，生理和心理状态都处于成长阶段，所以了解、熟悉和掌握小学生的心理特征，根据这些特征设计和组织英语课堂教学活动，开展小学英语教育教学科研活动，是英语教师面临的一个十分重要的问题。

一、小学生的感知特点和英语学习的关系

　　感知是人脑对客观事物的反映，是人的感觉器官与外界事物打交道的结果。感知包括感觉和知觉，它不仅具有感觉上反映事物个别属性的本领，而且还具有知觉上反映事物整体的本领。例如，我们看见一样东西是红色这就是感觉的结果，而看到一支红色的粉笔这就是知觉的结果。这是因为我们不仅看到了该事物的特征，而且还看到了事物的整体。观察是感知的一种特殊形式，观察是有预定目标、有计划、主动的知觉。

　　在小学英语教学中如何引导学生感知教学内容有着重要意义。

　　小学生感知事物时，他们的无意性和情绪性往往起支配作用。例如，小学生喜欢接受具体的、突出的、鲜明的东西。他们观察事物时，容易受干扰而离开原有或应有的目标，把注意力溜到次要的、与观察要求无关的方面去。小学生在上课时常常东张西望，思想开小差就是这方面的具体表现，他们在这时的感知是无意的，受情绪支配的，小学生年龄越小这些特点越明显。当然经过教师的训练和引导，他们的感知和观察会逐步符合教学的要求，他们会在学习过程中明白上课时应该听什么，看什么，使自己感知的目的服从于教学的需要。如果教师的教学方法选择得合适，运用得得当，使学生处在一个生动活泼、丰富多样的教学环境中，那么学生的感知也就会在兴趣和情绪的支配下，随教学内容而起作用。例如，在上英语课时，为了充分发挥学生的主体作用，教师可以时而让学生跟读，时而请学生朗读，时而唱首英语歌曲或做游戏，时而做听力练习等等。又可在各类活动中，运用个别、小组、集体等活动形式交叉进行，通过不断地变换形式和内容有效地减少小学生感知的任意性，让他们在既定的教学目标和教学内容中感受语言知识，培养和发展语言技能。

　　感知有许多规律，教师若能把这些规律和英语教学结合起来，运用这些规律，指导教学，定能使英语教学取得事半功倍的效果。

　　（一）活动律

　　感知对象往往是活动变化的，活动律就是让对象的活动规律为人们的感知服务。因为活动的东西容易吸引人，引起人们的注意，所以活动的刺激物最容易被人感知。在小学英语教学中，教师在相对稳定的课堂环境中，采用活动的教具比起采用静止的教具更能吸引小学生的注意力。例如，在教鸟、鸡、猫、狗、鱼、羊、马等动物时，为了增强直观效果，可把静止的画面制作成活动的幻灯片。片子一抽动，银幕上出现了鸟儿在树上唱，公鸡伸长脖子在啼，鱼儿在河中游，烈马在山野上跑，羊儿在咩咩叫等等。让学生通过观赏，增强视觉效果。为了加强真实感，让学生听得逼真，也可为幻灯配上动物叫声。这样声形并茂，视听结合，学生的感知明显加快。

　　（二）对比律

　　对比律就是通过加强对象与背景之间的反差，达到感知强化的目的。生活中，人们对两种差别大或完全相反的事物容易引起注意，产生较为深刻的印象，从而获得感知。在小学英语教学中，教师可以通过运用对比律的方法。例如，在教单词时，应尽量引用反义词来帮助学生掌握新词。把 big 和 small, dirty 和 clean, black 和 white, fast 和 slow 等单词结合起来，通过对立的词义帮助学生掌握

这些单词。教师也可用形状对比来帮助学生学习单词，如把书包和球进行大与小的对比，a big bag，a small ball，让学生从外形的大联想到外形的小，又从小联想到大，并进行反复操练以掌握单词。在出现 big 和 small 的词形时，教师还可以用对比律，把 big 写得很大，而 small 写得很小，这样又增强了英语学习的趣味性。通过这些对比，小学生能很自然地感到 big 和 small 的词意，并学会使用。

（三）组合律

组合律就是把被感知物体的存在时间和存在空间统一成一个有机整体，让人们从整体上清晰地感知这一物体。根据这个规律，教师应在英语教学的过程中让学生在视、听方面感受到对象在空间、时间上的完整形象，这样很容易让小学生从中获得整体的知觉，以提高他们感知的效果。如在带领小学生讲英语时，教师应作好句子的停顿，把每句话交代清楚；教师在黑板上板书时要有条理，词汇和句子的位置顺序要恰当，行距要略大于字距，使学生一目了然。

（四）经验律

我们在生活中常常会遇到这样的情况，一个人在感知某一事物时，如果与之有关的知识和经验越丰富，那么对这事物的感知也就越容易、越丰富、越全面。经验律就是这种情况的具体体现。根据这个规律，要求教师在授新课时，尽量多地联系小学生已有的知识和经验，以此帮助他们更好更迅速地感知新知识。小学生经过一段时间的英语学习后，掌握了一定量的词汇和句型，对英语有了一定的感性认识，这时教师应该充分注意运用经验律来组织教学。如在教单词 classroom 时，教师可先复习已学过的单词 class，再出示 room 的图片，通过练习，再将 class 和 room 结合，这样小学生能较快掌握这个合成词 classroom，提高感知的效果。又如，学生在已学句型 "This is big. That is blue." 的基础上，学习用形容词 big，small，blue，white 等修饰名词的句型，说出 "This（That）is a big ball. This（That）is a big white ball." 以后又发展加上物主代词 my，our，her，his 后，要求学生说出 "This（That）is my big white ball. This（That）is his big white ball."

用经验律来指导外语教学，可以使学生对新授知识的感知更快更好，有效地提高了教学效果。

二、小学生的记忆特点和英语学习的关系

记忆就是生活中认识过的事物或做过的事情在我们头脑中遗留的印迹。人们在生活中常常接触这样、那样的事物。这些事物刺激人们的感觉器官，产生了有关的感觉、知觉，同时也引起人们的言语、思想、情感和行动。这些活动在人脑中留下一定印迹，并且在一定的条件影响下会再现出来，它们作为过去的经验参与以后的心理活动，这就是我们通常说的记忆。

记忆在人的工作、学习和社会活动中都有着十分重要的意义。对于学生来说，记忆是巩固学习重要的心理因素。学习如果没有及时的知识巩固，便无法开展和继续进行。有了记忆，人们才能在实践中不断地积累经验，使先后的实践经验联系起来，使心理活动成为一个发展的过程，统一的过程。

记忆包括识记和保持两个方面。识记是获得和巩固知识经验的过程，而保持是对识记的进一步巩固。记忆有两种表现形式，即再认和重现。当以往经历过的事情再度在人们面前重现时，并能认出来，这便是再认。重现也称为回忆，即过去经历过的事或物不在眼前，却能在脑海中重新呈现出来，所以记忆的过程是：识记—保持—再认—回忆。

一个人记忆的好坏不完全是天生的，良好的记忆能在后天的学习和训练中获得。

整个记忆过程通常是从识记开始的。识记是一种有意的反复感知或印迹保持的过程，通过识记可以形成比较巩固的记忆，称为有意识记，但也有无意识记的成分。

（一）记忆的分类

从记忆的目的性来看，可以分为无意记忆和有意记忆两类。无意记忆是没有预定目的，不采取任何方法，也不需要特别的主观努力的记忆。如人们偶然感知的事物或仓促间做的动作，当时并没有刻意去记住它，但结果却有不少被记住了，事后还可以回忆起来或再认出来，这称作无意记忆。有意记忆与之相反，是有目的并需要主观努力去达到的记忆。我们可以把有意记忆分为机械记忆和意义记忆两种。机械记忆就是我们平时常说的死记硬背，其特点是简单重复学习材料，直到记住为止。如小学生学习英语单词时只靠背单词、默单词的方法就是机械记忆，这种记忆的特点是重复和复习。意义记忆是把已有的知识和经验渗透到记忆对象中，并采用其他手段帮助记忆的方法。意义记忆需要对材料的意义有一定的理解，其特点是理解。同样是单词学习，如用同义词、反义词，用读音规则等方法记忆就是意义记忆，相比之下它的效果要比机械记忆好得多。小学生擅长无意记忆，机械记忆和具体的形象记忆。针对他们这一特点，如何来开发小学生的意义记忆，提高学生的记忆效率是我们教师要认真研究的问题。

（二）在外语教学中如何提高学生的记忆效率

记忆的过程是识记—保持—再认—回忆的过程。在这一过程中，识记是开始，是保持的前提。因此在教学中，特别在记忆要求较高的小学英语学习中，首先要帮助学生培养良好的识记习惯。为此我们应该充分利用小学生的无意识记，以此提高他们有意识记的能力。无意记忆有很大的选择性，生活中具有重要意义的事情，尤其是那些适合自己兴趣、爱好、需要的事情，以及能激起学生情绪的事情，会给学生留下深刻的印象，容易记住。英语的语言规律完全不同于汉语，在英语学习的起始阶段，小学生记忆的好坏在很大程度上决定着他们以后英语学习的好坏。因此小学英语教学应充分利用小学生的记忆特点，适当地把学习内容融合在学生的活动中，如用教唱英语歌曲、英语儿歌等方法来帮助练习语音、语调。当然在英语教学中，教师如果仅靠无意记忆向学生传授知识，学生往往会忽视必要的记忆内容，因此培养学生的有意记忆也是十分重要的。为此英语课上教师应提出明确的教学目标、教学要求，让学生明白要记住哪些单词和句型。如果要求不明确，学生的学习随意性大，那么学生的学习成绩必然会下降。所以教师培养学生有意记忆的能力是学生获得系统知识的必经之路。为了使有意记忆在学习中起支配作用，教师应该帮助学生加深对所学内容的理解，以增强学生的记忆效果。生活中人们对理解的东西往往不易忘记，外语教学也是如此。若要学生记得牢，就一定要让他们理解。因此在教学中，教师要训练学生抓住事物的特征，并找出规律性的东西，这样做就有利于有意记忆。例如教单词 go 时，按英语发音特点，可用 no 来引出；教 duck 时，可用 bus 来引出。在教授新句型时，可用旧句型引出新句型。这样做学生容易理解，感到有规律可遵循，并起到温故而知新的效果。但是用相同读音来引出新词的方法亦不是绝对的，不宜机械地套用。

（三）记忆的规律

记忆有许多规律，如果教师在教学中注意这些规律并贯彻这些规律，那么学生记忆的效果就会有明显的提高。

1. 规律记忆法。

在单词学习中，教师如把 jeep，sheep，three，bee 放在一起，这些单词中都含有相同的字母组合 ee 且都发 /iː/，这样小学生便容易记住并读好这些单词。又如单词 bike，write，kite，fine，都符合开音节的读音规律，字母 i 发其字母音，等等。

2. 对立记忆法。

在教单词时，教师可利用反义词，长短元音，音形对比的方法来帮助学记忆单词。如反义词 long—short，black—white，here—there。如长短元音 make，dad；me，met；like，him；home，hot；use，bus。又如音形对比 any，many 和 cap，map，head 和 tea，teacher 等等。这些方法可以有效地帮助学生掌握单词。

3. 分类记忆法。

教师可帮助学生把单词按其意义分门别类，如把交通工具 bus，car，ship，boat，bike，plane 等归成一类；把文具学习用品 bag，pen，pencil，ruler，pencil，sharpener，pencil-box 等归成一类；把水果 apple，pear，peach，orange，pineapple，banana，melon 等归成一类。

4. 趣味记忆法。

小学生喜爱做游戏，教师可把单词和句型融进游戏和活动中，如通过做游戏和开展活动，既激发了他们学习英语的兴趣，又达到了教学目的。如讲解面部器官的英语单词可进行填空比赛，"哑谜"游戏等，又如可用猜方位游戏来复习介词。在游戏活动中学生们情绪高涨，兴致勃勃，在玩玩、猜猜中学习和复习了词汇和句型。

5. 区别记忆法。

许多事物往往有类似之处，但又有其不同之点。因此在教学中教师要帮助学生认真辨别，合理运用区别记忆法帮助学生获得准确而持久的记忆，以使各种语法、拼写、口笔头错误减少到最低程度。例如，单词 cap—cup，ship—sheep 可放在一起练习和复习，让学生比较掌握。

（四）加强复习，帮助学生与遗忘作斗争

英语学科由于其自身的特点，学生需要经常复习。根据心理学家研究结果，遗忘的规律是先快后慢，为此我们要引导学生及时复习。教师首先要帮助学生合理分配复习时间，这是避免遗忘的必要条件。复习时间分配是否合理直接影响到复习的效果。如复习时间过长，大脑细胞的活动和工作时间太长，会淡化记忆痕迹，使神经联系暂时发生障碍，以至随即产生遗忘。因此小学外语教学中，教师要注意做到及时复习，经常复习。教师在安排授课内容时，要有计划地在每个小单元，或每个大单元的教学后进行复习。只有这样，才能及时获得保持和巩固。在复习时应注意恰当分散复习内容，小学英语教学中复习时间是分散还是集中，每次复习时间和间隔的安排，都会直接影响复习的效果。实践证明分散识记比集中识记效果好。所以每次分散识记的时间和间隔时间不宜过长或过短。同一内容可采用不同的复习方式使知识建立多方面联系，这样既易于识记和巩固，又能提高学生的学习兴趣，调动学习的主动性和积极性。

三、小学生的想象特点和英语学习的关系

人们在生活实践中，不仅感知当时作用于自己感官的事物，而且还能回忆起过去经历过的事物。此外人们还可以在已有的知识或经验的基础上，在头脑中呈现从未经历过事物的新形象。这种在头脑中创造新事物的形象，或者根据口头语言或文字的描述形成相应事物的形象的认识活动叫做想象。想象是一种特殊形式的思维活动，它和感觉、知觉、记忆、思维一样，都是在人们的生活实践中或在劳动过程中发生和发展起来的。

想象和形象有密切的关系，根据形象有无独创性，想象可分为再造想象和创造想象。根据语言的表述或图样、图解、符号记录等非语言的描绘在头脑中形成有关事物的形象的想象，我们称为再造想象。正确进行再造想象的重要条件是给学生的知识要充分，语言的表达要准确清楚，对所表述内容的理解要正确细致，直观材料的运用要恰当。创造想象与再造想象不同，创造想象不依赖现成的描述而独立地创造出新形象。

小学生的想象力特别丰富，低年级小学生的想象以再造想象为主，而高年级学生的想象则开始具有创造想象的特征。在小学英语教学中，采用看图说话的方法对学生想象能力的培养是十分有益的，而且能提高学生英语口头表达能力。如在英语复习课上，先让学生看一幅大轮船的图片，然后要求学生发挥想象，说出轮船上载有哪些旅客："Some are workers. Some are farmers. Some are doctors. Some are teachers. Some are nurses. Some are pupils. Some are postmen. Some are policemen." 等等。然后教师可以进一步让学生描述这些旅客正在做什么。"Some are singing. Some are dancing. Some are working. Some are sleeping. Some are reading." 等。利用图片激发学生的想象力，复习英语词汇、句型，开展口头和笔头的言语操练活动，这对促进学生的思维，提高英语表达能力均十分有效。又如给学生一张教师和学生正在上课的图片，可让学生先通过画面描述具体事物，如门、窗、桌、椅等，然后可以提问："What are the pupils doing?" 由学生想象，他们可以说："They are having an English lesson. They are having a Chinese class." 等等。诸如此类的引导均可发展学生的想象能力。一旦这个能力在教学过程中得到恰当的培养，对今后语言的提高是不可估量的。

四、小学生的注意特点和英语学习的关系

注意是人的心理活动对一定对象的指向和集中。

注意是十分重要的认识特征，它和一切心理活动密切联系着。感知、记忆、想象整个认识过程都伴随着注意。有位著名的教育家说，注意是一扇门，凡是进入心灵的东西都要通过它。在小学英语教学中，怎样打开小学生注意这扇门，让英语的词汇、句型、语音语调等其他方面的知识不断地进入他们的心灵，是教师十分重要的任务之一。

（一）注意的分类

注意可以分为无意注意和有意注意。无意注意是事先没有目的的，被动的，自然而然发生的注意。例如，上课时一块小黑板突然掉在地上，全班同学的眼睛不由自主地朝黑板落地的方向看，这就是无意注意。又如，英语课上，学生为生动形象的教具所吸引，表现出极大的兴趣，这也是无意注意。有意注意就是有一定的目的，必要时要有一定意志力来帮助实现的注意。例如，学生在学习英语句型时，有些句子一时比较难理解，但他们仍然专心听老师讲解，认真操练运用，这就是有意注意。

（二）注意的特点

一般说来具体的、直观的、活动的事物容易引起小学生的注意。因为小学生的抽象思维还没有完全成熟，他们的形象思维在学习中占有重要的地位。因此英语教学中，生动形象、直观有趣的教学方法容易保持学生较长的注意力；相反，单调枯燥的教学活动就不容易引起或保持学生的注意力。例如，在教句型 "there be…" 时，为了帮助学生操练 there be 的一般疑问句，教师可让学生做"猜礼物"游戏。请一位学生扮圣诞老人，拿着一只大盒子，里面放着如狗、羊、汽车等有趣的玩具和文具。游戏开始前，教师对学生讲 "Now, let's welcome Santa Claus to come to our class. Look, he has a big box. There are many nice presents in it. If who can guess the right thing, we'll give it to him as a present." 在这种情景下，学生为了得到自己喜欢的礼物，就会不断提出 "Is there…in the box? Are there any…in the box?" 等句子。如果猜对了，圣诞老人就拿出礼物说："Here you are. （给你）。"学生答："Thank you."这样学生在游戏中集中注意力，进行较长时间的操练，不知不觉地掌握和熟悉了新句型。在使用这种方法时也应防止学生把注意力过多地放在礼品上。教师要用有效的方法带出语言，使学生学会正确表达。

注意有明显的情绪色彩。根据这个特点，在教学中，教师一方面要善于激发小学生的感情，让他们配合教学，参与教学。例如，小学生初学英语时，教师一般都要教如："Hello! How do you do? Glad to meet you!"之类的日常用语。如果每次上课都是教师问，学生答，小学生就会感到枯燥，犹如例行公事，缺乏感情色彩和语言环境。因此教师可以创造一些飞机场、码头、火车站接人的情景，并让录音来渲染一些氛围，使学生在特定的情景中进行操练，这样效果会更佳。学生听了轮船的汽笛声由远到近，随之是一片嘈杂的英语问候的录音后，教师就可以绘声绘色地说："Look, the ship is coming now. Please say something when you meet your friends." 引导学生把所学的简单的问候语说出来。另一方面要锻炼小学生控制情绪的能力。因为小学生的情绪一激动，其注意力往往就会离开教学要求，影响教学质量。例如，要求学生用所给的短语看图说话。为了使课堂教学活动不枯燥，不机械，进一步打开学生心灵的窗扉，扩大他们的视野，可采用比较灵活的方式，让学生先回家分散准备，然后组织课堂活动。学生对画面仔细观察后，运用学过的句型和词语，发挥丰富的想象，进行语言描绘，要求语言正确流畅；同时在组织纪律上教师应让学生做到举手争取，全班同学认真仔细听同学讲述，最后教师作综合分析。由于要求明确，学生思维活跃，纪律良好，注意力才会集中。

（三）辩证处理注意特点和英语学习的关系

小学生处在心理成长时期，他们的有意注意正在发展，无意注意还起着重要作用。因此他们的注意很容易分散，很容易受外界干扰和影响。但随着年龄的增长，小学生的这种情况在不断变化。这是因为大脑的兴奋和抑制会随着年龄的增长而更好地协调，而教师的要求和训练，又使小学生的有意注意逐步培养起来。因此对教师来说，小学阶段的教学既要合理利用小学生的无意注意，又要努力培养和发展小学生的有意注意，使每一节课都要有明确的目标，每一项练习都要有明确的要求，让学生感受到教学意图，努力做到使学生的注意不偏离教师的要求。

根据心理学家的实验和观察，小学生的有意注意的持续时间比较短。10 岁到 13 岁的小学生能聚精会神地注意某一事物的稳定时间大约为 20 分钟。如果学习的材料、展开的活动比较有趣，教学方法比较吸引人，那么学生的有意注意的时间会长些；相反，如果所学材料枯燥，教学方法呆板，那么学生的有意注意的时间就会缩短。如何有效地利用小学生较短的有意注意时间来组织英语教学是关系到教学成败的一个关键问题。就一堂课来说，教师必须善于利用有意注意和无意注意的转换，合理安排和交替使用两种注意，使学生的注意得到调节。例如，开始上课时，教师要尽可能地利用学生的有意注意。这是因为学生在课间休息时，他们玩得很兴奋，大脑得到了充分的休息。因此上课一开始教师应设法把学生的注意力集中到教学中来。教师应开门见山地向学生交代这堂课的教学目的与要求，并通过组织教学和复习旧知识让学生进入角色，这就是运用了有意注意。又如英语教学中向学生出示单词图片卡，要求学生跟读单词。一张画有花的画片下方写有单词 flower，但教师只指画面，学生在跟读中对 flower 的词形产生无意注意，多次跟读后，教师要求学生拼读单词，这时又将学生的无意注意转化为有意注意了。在教学中使用两种注意的互相转化是十分重要的。在英语教学中，仅利用无意注意，小学生是不可能系统地学习好知识，培养和发展他们的语言技能的。因为英语作为外国语言完全不同于学生的母语——汉语，它需要学生去记忆，去实践，去运用。要做到这些要求，在很大程度上要依靠有意注意。教学中利用无意注意引起学生的兴趣后，有意注意渐渐地要起主导地位；反过来，如果英语教学中仅仅利用有意注意，用填鸭式的方法向学生灌输知识，小学生很容易疲劳，注意力不能持久。所以在进行备课，设计教案时，教师应时时考虑两种注意的合理、自然地转换与交替，使教学节奏有张有弛，波浪式地前进。

小学生处于心理成长期，他们的注意范围比成年人狭小。如要求五年级小学生听写英语，他们往往感到困难，十分吃力，因为听写是一项综合性的练习，而小学生的注意力分配能力较差。所以在教学中，教师要从小学生的特点出发有意识地培养和训练他们扩大注意范围，合理分配注意力的能力。例如，上英语课时，教师让学生眼看幻灯片中的鱼，耳听录音机中有关的英语句子。这时在大脑的支配下学生既用眼，又用耳，在同一时间内，把注意力分配到两种活动中去。然后要求学生回答问题，并且要求将答句中的关键词 fish，red，big，swim 写在黑板上，最后要求学生用这些词造句。此时学生动手又动口，使学生的活动指向几个不同的对象。如果在英语课上，教师能经常给学生类似训练，就能逐步培养起学生良好分配注意力的能力。应该注意到注意的分配是有条件的，最主要的是在学习的同时，在进行两种或两种以上的活动时，必须有一种以上的活动是学生熟练的。如果学生对听和看的活动比较熟练，可以让他们把大部分注意力集中到说和写的活动中去。因为学生如果对一种以上的活动熟练的话，就可以将注意力集中到比较生疏的那一方面去。同时进行的几种活动必须彼此要有联系，它所包括的听、看、说、写的内容要紧密相连。

（四）注意的转移

注意的转移就是根据感知对象的变化，把注意从一个对象转移到另一个对象上去。如果一堂课的教学内容较丰富，活动较多，这就必须培养学生迅速转移注意的能力，使他们能很快适应并聚精会神地继续听课。注意的转移不同于注意的分散，注意的转移是教学的需要，让学生用一种活动自然地代替另一种活动；而注意的分散是在需要注意稳定的情况下，因受到刺激或干扰，而使注意离开需要注意的对象。英语教学中，教师要运用小学生注意的品质和特点来组织课堂教学活动，使教学科学，效果良好。

（蓝卫红，1998：44，有改动）

第三节　小学生语言学习特征分析

一、小学生的年龄特点

小学生的身体、心理、智力等各方面都处于发展成长阶段，这既给外语学习带来了正面效应，同时也带来了负面影响。教师要有效开展教学，就必须了解这些特点。

（一）身体方面

身体方面，小学生的平衡感、空间意识、肌肉控制等都处于发展期。身体方面的发育可能会给课堂教学中一些肢体活动的开展带来一定困难，但这也同时说明了肢体活动的必要性，比如穿衣、绘画、书写等活动也可促进小学生身体发育。因此，教师在小学生英语教学中应多设计一些能促进学生身体发育的学习活动。

（二）情感方面

从情感上讲，小学生对于生活和学习还没有形成固定的态度和认识，其学习行为主要是出于兴趣和好奇。小学生喜欢鼓励、表扬，容易对教师产生好恶之感，教师应注意运用学生情感上有利的一面，对他们多加关心，多加呵护，注意其情感的变化，使其始终保持良好的精神状态。

（三）社会方面

小学生的社会意识正处于形成阶段，诸如分享、合作、尊重他人等社会品质对小学生而言还有待于培养。教师在教学中应注意集体活动、合作活动、移情活动的开展，以培养学生的社会意识。

二、小学生的语言学习特征

（一）优点

1. 小学生天性好奇、活跃，他们有自己理解问题的方式，知道如何自娱自乐，而且总是充满激情，乐于参与一切活动；

2. 小学生想象力丰富，富于创造力，喜欢新事物，乐于参加活动，喜欢动身、动手、动脑做事情；

3. 小学生大脑可塑性比较强，模仿能力强，比较容易于不知不觉中习得语言，因此能够习得比较纯正的英语发音；

4. 小学生对语言和文化持肯定态度，学习兴趣比较容易激发；

5. 小学生语言更具有交际特点，更多地依赖于自然环境；

6. 小学生的主要任务是学习，包括学习生活、学习知识、培养能力。因此，儿童用在语言学习上的时间也相对要多得多。

（二）不足

1. 小学生学习时精力集中时间比较短，注意力较易分散，自我管理能力不强；

2. 小学生语言规则分析能力较差，理解复杂的语言指令还有一定的困难；

3. 小学生学习的目的性不如成人那样强，快乐时才会学习，喜欢容易达到的学习目标。

三、儿童学习与青少年以及成人语言学习的不同

儿童、青少年以及成人，由于其认知发展水平不同、心理需求不同、社会参与不同，因此在学习上表现出的特点也不同。

（一）侧重点不同

相对来说，成人学习时比儿童更注重形式，而儿童多注重意义。表达上，成人比儿童更注重表达

的准确性。

（二）学习风格不同

成人以分析型学习为主，而儿童以经验型学习为主。成人学习更多地借助于听觉和阅读，对词汇、语法等多采用演绎性和分析性的学习方式；而儿童以动觉学习为多，更多的是在使用中学习，通过参与游戏性的活动去感知语言。儿童善于模仿，而青少年模仿能力相对较差，成人更差。

（三）学习动机不同

成人学习动机比较清楚，就语言学习来说，多为工具性目的，如升学、晋升、工作需要等。也有综合性动机，如兴趣、在目的语国家生活或工作、融入目的语社团等；而儿童学习的目的性不强，动机不明确，更多的是学校课程安排。虽然有些家长会为了某种动机把孩子送到儿童英语班学习，但参与学习的儿童自己并没有什么明确的目的或动机。儿童学习乃其学习之天性所致。

（四）学习基础不同

成人已经具有一定的认知水平，其抽象、概括、归纳、演绎等逻辑思维能力有利于语言的分析性学习，在语言学习上形成能力正迁移。成人已经掌握了自己的第一语言，虽然汉语和英语属于两个不同的语系，语言差别比较大，但是，第一语言知识和能力对第二语言的发展仍具有促进作用。成人可以利用现有母语知识帮助理解和运用新学语言，尤其是语篇方面的理解能力及阅读和写作能力。汉英篇章结构、行文逻辑虽有不同，但是，其中阅读技巧和写作技巧仍可以为成人学习提供正迁移。成人可以轻松地迁移 skimming, scanning, word-guessing, taking notes 等阅读技巧，也可以有效使用 inventing, drafting, editing, outlining 等写作技巧。但是，其第一语言知识，尤其是汉语对其英语学习在很多时候也会造成负面影响，这也是成人学习的不利之处。而儿童没有母语上的优势，其认知也处于发展的起始阶段，逻辑思维能力还没有发展起来，缺乏应有知识和能力支持。因此，儿童学习更趋向于自然，可以像英美人一样学习英语。语言发展的自然需求和行为对语言的具体要求会更多地作用于儿童的外语学习。

（五）能力倾向不同

由于认知能力上的差异，儿童和成人在理解能力上也表现出不同的能力倾向。成人比较擅长概念化、概括化和理论性概念的理解，而儿童比较擅长具体概念而非抽象概念的理解。

（六）学习自主能力不同

成人学习自主性比较强，能计划自己的学习，能选择学习方式、利用有效资源、评估学习效果；而儿童的自我管理能力比较差，学习往往缺乏计划性，不能监控自己的学习行为，学习的随意性比较强。

（七）学习技巧适应性不同

成人比较适应分析性、演绎性的显性学习方式，而儿童比较适应隐性的学习方式。成人喜欢挑战性学习，不大喜欢模仿性学习；而儿童正处于语言形成时期，学习中模仿占很大的比重，因此，在外语学习中他们也比较喜欢模仿性学习活动。

（八）文化意识不同

由于已经形成了自己的世界观和价值观，成人在外语学习中很容易受文化因素的影响。青少年虽然还没有完全形成自己的世界观和价值观，但其文化意识也初具雏形。而儿童的世界观和价值观正处于初级发展阶段，对世界、文化等方面还没有形成自己的见解，因此文化意识比较淡薄，在语言学习中不会出现文化冲突造成的负面影响。因此，儿童对外语的学习一般不会表现出排斥倾向，更容易培养兴趣和动机。

（九）能力形成不同

成人由于具有明确的学习倾向，在阅读、翻译、写作、语法分析和应用等方面都优于儿童。而儿童在语言认知、情感等方面正处于发展期，对他们来说，生活即学习，学习即活动，一切在做中习得。所以，儿童在口语及交际能力发展方面优于成人。

四、对教学的启示

根据小学生外语学习的特征，我们在英语教学中应注意：

1. 任务设计不可太难，可以遵循 i+1 的标准，着重培养学生对生活和学习的良好态度，让他们在学习中体验成功，感受到学习的快乐。

2. 活动设计要有明确的目标，多设计动手动脑的活动，少设计语言训练的活动，给学生提供发挥其想象力和创造力的机会，减少机械性训练语言。小学生天性中充满好奇，根据小学生特有的年龄特征，包含动作的游戏和歌曲，全身反应活动，包含涂颜色、切粘的活动，简单的故事重复，简单的口头交际活动等都比较适于小学英语教学。另外，活动时间要短，指令要简单，最好配合肢体语言。如果指令难以说清，教师可以邀请学生一起做示范，那样学生就能"一目了然"。

3. 语法教学应采用隐性教学方式，避免讲解复杂的语法规则，对语法规则的处理可以采用发现性活动，帮助学生概括语言使用规则。

4. 对小学生应尽可能多鼓励，鼓励时可奖励自做的"星星贴纸"等，或全班一起有节奏地拍手并说"Good! Good! Very Good!"等，尽量避免批评和惩罚。

5. 教育是全人的教育。因此，对于小学生来说，学会学习同样重要。教师在小学英语教学中也应该注意小学生学习方式的培养，注重他们身、心、学习全面发展。

在小学英语教学中，兴趣是最重要的，让小学生快乐起来是激发他们学习兴趣的第一要素。只有让小学生在学习中体验到快乐，体验到成功的喜悦，我们才能激励其进一步学习。快乐学习导致成功学习，成功学习又反过来促进快乐学习，从而形成一个良性循环，有利于培养学生对英语学习的正确态度。这将有利于学生终生的语言学习。因此，在小学阶段，小学生在英语课堂上学习的远非英语知识和语言应用能力。

（王笃勤，2003，有改动）

第四章　备课和说课

第一节　备　课

一、备课的要求

认真备课，撰写教案，是上好课的前提。教师要在熟悉大纲的基础上，依据教材内容和学生的基础制订教学目标，并根据教学目标、原则设计教学环节，选择教学方法和教具。备课的过程是教师学习运用教学理论，探求教学规律，积累教学经验的过程，是教师不断提高自身文化知识、业务能力和教学能力的主要途径。要备好一节课，教师必须做到以下几点：

（一）认真研读课程标准

课程标准是教学的指南，它对各阶段教学的重点、目标以及可采用的教学模式都有颇具建设性的建议。教师只有研读课程标准，对各阶段的教学有一个宏观的把握，才能制订教学的长远计划，确定各模块的具体目标。小学英语教学的教学目标、教学理念、价值取向、教学模式等反映了任务型、功能型和个性发展的价值取向，体现了儿童的年龄特点、认知特点和学习特点，同时也符合多元智力发展理论。只有了解教学课程标准的这些特点，教师才能很好地开展课堂教学。

（二）熟悉教材

教师对教材的全面了解，是保证他们在教学中灵活处理教材的首要条件，也是计划好学期教学任务，安排好教学进度，并将教材内容与教学要求落实到课堂中的基本保证。备课时，教师首先要钻研教材，做到弄懂弄通；然后分析教材，找准重点、难点。具体说，教师要做到以下几点：

1. 了解教材的编排体系，搞清楚教材的编写特点。懂得小学三年级至六年级每一学年，甚至是每一学期的内容，教师心里应该有个谱，也就是说，要记住每个模块的标题。《新标准英语 教师用书》在前言部分对该册教材的编写作了一个概述，说明了各册的课型分为几部分，各部分的教学要求等。教师了解教材特点，教材的内在联系，课与课之间的联系等，有利于从宏观上全面地把握教材。

2. 通晓教材中的基本内容。教师应知道教材中有哪些语言点，它们在教材中的地位和作用如何，这些语言点属于哪部分内容；教材中的词汇有哪些是第一次出现，哪些词汇曾经听说操练过，是要求"四会"掌握还是只要求能听说。对新旧知识的联系、教学重点难点做到心中有数，可以使教师能有针对性地设计教学活动。此外，教师还应清楚教材中的配套练习，明白各练习与语言材料之间的关系，学生做这些练习时应作何要求等。

3. 熟练掌握教材中的单词、句子及语法。教师除能正确拼写单词，能以书面形式正确运用句子外，更要求能用正确规范、自然流利的语音语调朗读、背诵或讲述教学内容，以保证在课堂上给学生正确的示范。因此要求英语教师的备课应包括口头备课与书面备课两种形式。其中，口头备课要求较高，工作量较大。为此教师应通过录音模仿，提高自己的语音水平。通过大量的操练，达到口头灵活运用教材的目的，如能围绕教学要点对图片、对情景自如地提问。在口头上备课时，教师还必须结合教材，根据教学内容来考虑需用的英语课堂用语，然后通过自我操练达到在课堂上能熟练运用的程度。

（三）了解学生

教师只有充分了解自己的教学对象，才能有的放矢地进行教学，才能有效地帮助学生解决学习上的困难，才能全面调动学生的学习积极性。对学生的了解，包括以下几个方面：

1. 教师在备课时应把对学生的思想品德教育考虑在内。为此，教师课前要知道学生的思想、情绪以及产生这些思想、情绪的原因，以便在备课时考虑到如何结合课堂教学对学生进行思想上的引导和情绪上的调节，保证让学生带着良好的心态投入英语学习之中。

2. 教师要从整体上了解全体学生的学习情况，以便制订出切实可行的教学计划。此外，根据加德纳（Howard Gardner）的多元智力理论，教师还必须了解学生个体在英语学习上的差异，以便调节教学进度，使课堂教学更好地贯彻因材施教的原则，为有的放矢地进行分层次指导提供依据，确保课堂教学面向全体学生。

3. 在备课中，教师应该注意学生的爱好和了解他们对英语学习的期望，努力使教学适应学生的需求并满足他们的愿望。同时教师还应该了解学生的学习方法以及这些方法与他们学习结果之间的关系。在备课时不仅要研究教法，而且还必须研究如何指导学生学习的方法。通过课堂教学，教师不但要教会学生语言，还要教会他们正确的学习方法。学习能力的培养，远比教会他们若干个具体单词或句子来得重要。

（四）确定教学方法和教学过程

在确定了教谁、教什么、要教到什么程度后，教师就应该考虑如何教的问题了。

由于学生差异性的存在，教师的教学方法应该多样化。而且小学生的学习积极性在很大程度上是由兴趣决定的，因此生动活泼、趣味盎然的教法能有效地激发、保持、发展学生的学习积极性。切忌一种方法教到底，要防止枯燥、单调的教学手段，尽量通过灵活多变的教学方法让学生对英语学习保持新鲜与好奇心。

教学质量基于每堂课的教学效果，而每堂课的教学效果又来自各个教学环节。因此要实现课堂教学的目标并非一蹴而就，而是要通过若干个分目标才能达到。以词汇教学为例，每个单词都有音、形、义以及用法几个目标，老师要通过若干个环节（步骤）来落实单词的各项要求，从引出、感知到运用，都围绕总的教学目标设置各个课堂活动，使教学过程环环相扣，教学要求步步递进，帮助学生扎扎实实学好英语。

（五）选用教具和学具

教具、学具包括教学挂图、实物、模型、玩具、单词卡片、录音机、PPT，以及教师要求学生事先准备的学具等。选用适当的教具、学具能使教学过程生动、形象、直观，能有效地省去教师用中文解释的时间。备课时，教师必须做好准备工作，按照教学过程所需排列有序，磁带必须根据需要翻录好若干遍。教具使用和操作上得心应手是教学有章法、教学效果好的前提。此外，教师应根据需要，为学生或让学生自己准备一些学具，比如教了表示动物的单词后，就可以让学生带些玩具来说说玩玩、讲讲练练。

二、编好三种计划

备好课是上好课的关键。教师在教学活动之前应编制好三种计划：学期教学进度计划，模块（Module）计划，单元（课时）计划。

（一）学期教学进度计划

学期计划是对一学期的教学工作的总的准备和安排。在每学期开始之前，教师要学习教学大纲，通读教材，研究各章节之间的内在联系，结合学生情况制订出教学进度计划。内容包括：学生情况简析；学期教学总要求；一学期教学内容的单元数、总课数；每一单元每一课的教学时数及起止时间和需要用的主要教具，以及该学期布置的作业数等。

（二）模块计划

在订好学期教学进度计划的基础上，对教科书的每个模块进行通盘考虑，并制订出教学该模块的计划。内容包括：模块名称、教学目的、课时划分、课的类型、主要教学方法等。

（三）单元（课时）计划

在模块计划的基础上，写出每单元（课时）的教案，这是备课工作中最为深入、具体、落实的一步。内容包括：班级、学科名称及课题；授课时间、课的类型、教学目的、教学重难点、教学方法、教具、教学过程（步骤）——教学内容的安排、教学方法的具体运用、时间的分配、备注以及板书设计等。

三、教案的基本内容和要求

一般说来，教案由两部分组成：一部分是课堂基本内容介绍，另一部分是课堂程序描述。基本内容部分包括授课班级、教师、授课时间、地点、课程、教学模式、教学目标、教学重难点、教学方法、教具。教学程序描述是教案的中心环节，根据教师个人情况可简可细。简单式可作为个人授课参考，而细化式的应该达到这样一个程度：马上就要上课，你突然有事需要请假，这时另外一个教师拿着你的教案应该能按你的意图完成授课任务。

（一）教案的组成

1. 课题（Title）。

写教案首先要写上课题，即第几模块（Module）和第几单元（Unit），并注明课型是新授课还是复习课。新标准英语要求一节课完成一个单元的教学，这一部分注明是第几单元即可。

2. 上课时间（Time）。

写清楚是第几周星期几的第几节，或者写具体时间。

3. 教学目标（Objectives）。

在教案中教师必须写清本课的教学目标（参考《新标准英语 教师用书》），包括知识目标（Knowledge Objectives），能力目标（Ability Objectives），学习策略目标（Study Strategy Objectives），情感目标（Emotion Objectives），文化意识目标（Culture Objectives）等。目标应根据每个单元的内容而定，如有些单元没有涉及文化目标，那么就不用写。

4. 教学重点和教学难点（Key and Difficult Points）。

教学重点是一节课的教学主线。因此，教师备课时要分析教学内容，分清哪些内容是主，哪些内容是次，并围绕教学重点设计课堂活动。《新标准英语》各课书的重点基本上是"四会"掌握的单词和句型，设计这些单词和句型的教学，要充分考虑如何才能让学生掌握听、说、读、写"四会"。

除确定教学重点外，教师还应找出教学难点，并为它设计出相应的教学环节，选择合适的教学方法。教材中的教学难点有在语音上的，有句子结构上的，有词汇上的，教师应该采取不同的教学措施来化解难点，降低教学难度，帮助学生获得学习上的成功。

5. 教学方法（Teaching Methods）。

在教案中，教师要写明教学环节中所采用的教学方法，如直接法、听说法、视听法、全身反应法等。

6. 教具、学具（Teaching Aids）。

在教案中，教师除了要写明本课时要用的教具外，在教学环节中还要具体说明如何利用这些教具、学具来为教学服务。

7. 教学过程（Procedures）。

教学过程由各个教学步骤组成，是教案中的主要部分，一般用 Step 1，Step 2……来表述。它包括：教学活动的组织形式，教师的主要语言和动作，对学生的要求以及时间的分配等。如果编写详案，就应该把教师在课堂上要说的大部分和学生的可能应答都写下来。对新教师来说，备课周密一

点，教案详尽一点，可以使教学进行得顺利。而对有经验的教师，教案就不必过于详细，这样他们在课堂上可以有更多的发挥余地。如果课时计划内有作业（口头或书面），教案就要写出作业内容以及何时让学生完成。最后还应该在教案后留有写课后札记的地方。课后及时小结能提高教师在实践中积极探索的自觉性，这也是教师积累经验，不断改进教学方法，提高教学效果的有效措施。

8. 板书设计（Board Work）。

备课时设计好板书，可以把整个教学过程浓缩起来，使教师在教学过程中能够把教学内容有条理地、清晰地展现在学生面前，对学生理解、记忆和掌握大有好处。

（二）教案的种类

1. 条目式教案。

条目式教案一般采用图表的方式，将课堂设计的各个部分概括性地表达出来。此类教案虽然不利于细化教学过程，但却有助于增强教师备课中的理论意识，便于教师从总体上把握课堂教学。

条目式教案示例（见表4-1、4-2）：

表4-1

Title：Unit 1　We laughed a lot.（Module 9　Letters from abroad. Book 6）（Listening）			
Class		Time	
Students		Instructor	
Objectives	1. Knowledge Objectives：… 2. Ability objectives：… …		
Key and difficult points：			
Teaching methods：			
Teaching aids：			
Procedures	Pre-listening	While-listening	Post-listening
Activities			
Type of activities			
Organization			
Objectives			
Instruction			
Approximate time			
Teacher's role			
Students' role			
Predicated problem			
Solutions			

表 4-2

Teaching contents	Unit 1 I like football, Module 3 (Book 2)
students	Grade3 (60 students)
Time&date	8：00-8：40 am, Tuesday, 6th Nov, 2012
Teaching objectives	1. Knowledge objectives： 　（1）learn the names of balls and sports：football, basketball, table tennis, morning exercises； 　（2）understand and apply the expressions："I like…", "I don't like…"; 2. Ability objectives： 　（1）can listen, say and point the words of balls and sports； 　（2）can say "I like…" and "I don't like…"; 　（3）can tell other classmates "I like…" and "I don't like…"; 3. Study strategy objectives 　（1）be active to express the things he/she likes or dislikes and communicate； 　（2）pair work cooperation to do oral practice； 4. Emotion objectives： 　（1）express the things his/her likes or dislikes in daily lives； 　（2）have a good attitude about likes and dislikes.
Key& Difficult points	Key points： 　1. the names of balls and sports：football, basketball, table tennis, morning exercises； 　2. Express "I like…" and " I don't like…". Difficult points： 　How to express "like…" and "don't like…" in daily life.
Teachingmethods	Direct method；audio-visual approach, TPR
Teaching aids	Real things（football, basketball, table tennis）, pictures, PPT

Teaching　　procedure

Time	Activities
5mins	Step 1　Revision（Module2） 　1. Sing the song：Old MacDonald has a zoo 　2. Show the pictures, ask the Ss： What are they? They are tigers/ lions/ monkeys/ pandas. What's this? It's a tiger. It's big/ thin. It's a panda. It's fat. …

续表4－2

Teaching contents	Unit 1 I like football，Module 3（Book 2）
12mins	Step 2　Presentation 　　Teach the new words 　　teach "football" 　　a．show a football，ask the Ss：what's this? 　　Teach the Ss to read. 　　（Whole class work，group work，pair work，individual work.） 　　b．write "football" on the Bb，and put on the picture. 　　c．football.（Nod the head）I like football. Write the sentence on the Bb. 　　2．Teach basketball，table tennis，morning exercise. 　　E.　g. basketball（nod head）——I like basketball. 　　　　　　　　（shake head）——I don't like basketball. 　　（Ask some Ss who can say "basketball，table tennis，morning exercise" to teach the whole class as a teacher.） 　　3．Read the sentences in the book（P10－11）. 　　（Whole class work，group work）
15mins	Step 3　Practice 　　1．Link：Disorder the pictures of the words，ask the Ss to link. 　　2．Guessing game：Ask some Ss to do the actions of the words，and the other Ss guess the words. If he/she nods his/her head，means "I like…"; if he/she shakes his/her head，means " I don't like…". 　　3．A competition between groups：teacher shows，Ss read.
5mins	Step 4　Production（ Pair work） 　　1．Ask the Ss to express "I like…" and " I don't like…" freely about the things or people around them in daily lives.（eg. I like your skirt. I don't like your hair.） 　　2．Ask some pairs to do in the class.
3mins	Step 5　Conclusion： 　　1．Review words and sentences again.（ Look at the Bb） 　　2．Assignment： 　　Make and write two sentences with "I like…" and two with "I don't like…"
Bb design	Unit 1　 I like football Football.　　　　（picture） I like　　　basketball.　　　（picture） I don't like　 table tennis.　　　（picture） morning exercise.（picture）

这种图表式教案便于教师从总体上把握课堂教学。

2．描述性教案示例

描述性的教案比较具体，教师在教案之中可以充分介绍、论证每一个环节。

描述性教案示例：

An Oral Lesson Plan

Students：_____　　Instructor：_____

Time：_____　　Place：_____

Objectives：1. Knowledge Objectives：…

　　　　　　2. Ability objectives：…

　　　　　　3. …

Key and difficult points：_____

Teaching methods：_____

Teaching aids：_____

Procedures：

Step 1　Warming－up

1. …

2. …

3. …

Step 2　Presentation

1. …

2. …

3. …

Step 3　Practice

1. …

2. …

3. …

Step 4　Production

Task 1

1. …

2. …

3. …

Task2

…

Step 5　Homework

Sample：（根据"王霞，中小学外语教学，2009（10）"整理改编）

Wild Animals

Pandas live in the mountains of Sichuan，Shanxi　and　Gansu　in　China. Pandas　can climb and swim. They love bamboo. They eat for 12 hours a day! Now，there are only about 1，600 pandas in the wild.

Blue whales are the biggest animals. They live in the sea and eat small fish. Today，there are only about 2，000 blue whales in the world.

There are lots of animals in the wild，but some of them are in danger of dying out. People are trying to save them. What can we do to help them?

Teaching contents：Wild Animals

Students：Grade 6 (60 students)

Time & date：8：00－8：40 am，Tuesday，6th Nov，2012

Teaching objectives：

1. Knowledge objectives：

（1）understand the main idea of the passage;

（2）can listen, read and say the words: wild, bamboo, whale, danger, save and the sentences: Pandas/Blue whales live in … They eat… They can …, They can't ….

2. Ability objectives:

（1）can describe the living situations of pandas, whales and dolphins with the words they learn;

（2）can express how to protect the wild animals with "can", "can't";

3. Study strategy objectives:

（1）learn the reading skills of skimming, scanning, read by oneself and co－operation reading;

（2）make the poster together, train their abilities of writing and co－operation;

4. Emotion objectives :

Learn the living conditions of wild animals, understand the importance of human beings' living peacefully with the wild animals.

Key& Difficult points:

1. The main idea of the passage;

2. The description of the living conditions of wild animals, such as pandas, blue whale, dolphins, etc;

3. Talk about how to protect wild animals in their own words with the knowledge they learn.

Teachingmethods: Direct method; audio － visual approach, Task － based Language Teaching Approach

Teaching aids: PPT, pictures, recorder, posters

Procedures:

Step 1   Pre－reading (6mins)

1. Video: Animal World

Require: watch this movie and call out the names of the animals.

(Lions, fish, tigers, monkeys, ...)

2. Talking about wild animals

（1）some of them live in the wild. They are wild animals. (write "wild animals" on the Bb, and teach the Ss to read.)

（2）ask the Ss: what wild animals do you know?

(Snake, frog, bird, fish, ...)

（3）put a picture of panda on the Bb, ask the Ss:

What do you know about pandas?

(They are black and white, cute)

(draw some bamboos, writes "bamboo" on the Bb, teach the Ss to read it.)

Step 2   While－reading (22mins)

1. Read and find two kinds of wild animals in this passage.

(Panda, blue whale)

2. Read Para1 and learn something about pandas.

Answer the questions:

| Where do they live? |
| What can they do? |
| What do they eat? |

Ask some Ss to answer.

(They live in the mountains of Sichuan, Shanxi and Gansu in China.

They can climb and swim.

They eat bamboos, for 12 hours a day.)

(T writes "mountain, climb, swim, " on the Bb.)

3. Read Para2 and get the information of blue whales.

（1）information about blue whales

They arethe biggest animal. They live in the sea. They eat small fish.

（2）See a video and answer questions:

How long is a blue whale? How heavy is it?

(30 meters. 200 tons.)

4. Get more information about the wild animals from the passage.

Find the numbers 1,600 and 2,000.

(There are fewer and fewer blue whales in the world now.)

(Show some pictures of the animals.) These animals are in danger. What's the animals' feeling in the pictures?

(They are sad. They are angry.)

Ask the Ss: If you were the animals. What would you say to people?

(Ss: I'm cold. I have no home. I'm hungry. Give me some food···.)

5. Discussion: How can we help these animals?

These animals are in danger, so many people are trying to save them. What can we do to help them? Choose the right ways.

> Plant many trees 多种树
> Cut trees 砍伐树木
> Make friends with animals 和动物做朋友
> Kill the animals 捕杀动物
> Make the air clean 净化空气
> Play with fire in the forest 在森林里玩火

Eg: We can plant many trees. We can't cut trees.

6. Listen to the tape and read after it.

7. Retell the passage:

Pandas/Blue Whales live in the... They can... They eat...

Step 3 Post-reading (10mins)

1. Learn more about the dying wild animals.

Tigers, dolphins, ···

2. Talk about dolphins:

(Show a picture of dolphin)

They live in the river. They can swim. They eat fish. ...

We should know something about animals because we live in the same world with them. Animals are our friends. We are family.

(Show a picture of "We Are Family" and explain its meaning.)

3. Make the poster together about protecting the wild animals.

All of you can be good volunteers to protect animals. Talk about the pictures first, then write down the sentences and put them on the poster.

Step 4 Homework (2mins)

Get more information about wild animals and how to protect them on the Internet.

Board work:

Wild Animals		
(Panda's picture)		(Blue whale's picture)
	Pandas	Blue whales
	mountains	sea
	climb & swim	swim fast
	bamboo	fish
	1,600	2,000

第二节 说 课

一、导言

英语说课是英语教学中的重要一环，也是衡量一位英语教师对教材的把握、分析及教师本人对上课进程的宏观控制能力的有力手段，能从理论上指导教师贯彻教学大纲，真正做到教与学相结合，将教材、大纲、教师、学生、课堂融为有机整体，对不断提高教师教学能力和教研能力，有着突出的作用。

要给"说课"下个定义比较难，但可从几个角度界定：①说课不等于上课。上课是直接教学生，而说课一般说来，对象是面对教师，在上课之前，且与上课紧密相关，是没有学生在场，心中却有学生的说教学。②说课不等于备课。虽然备课是说课的基础，但说课不是教案的搬家，而是转化为模拟教学的形式，是再创造。③说课不等于评课。虽然在说课的过程中应该说说自己的观念、观点、思路，带有自评的味道，但主要应是以执教者身份说教学过程，不是以评价者身份的评议。④说课不等于写课。说课是课堂教学的模拟现实，写课则是课后的纪实或总结，两者截然不同。

如此看来，"说课"确实是一种新形式，它的意义是多方面的。首先，它实现了"备课"的外显化，让别人也听听你是如何钻研教材、设计教学的，对人有交流意义，对己使之条理化，有双赢功能。其次，说课往往放在上课之前。这样，先说后做，上课教师提高了教学的目的性、有意性、主动性；对于听课者、评课者，带着说课印象去听去评，更具针对性、启发性、实效性。再次，从教学管理者角度分析，它也是培养教师、专题研究、教学检查的一种手段。最后，由于说课常常仅用 10～15 分钟，又不必有学生参加，省时又省去试讲，事半功倍。鉴于以上好处，"说课"越来越受到教学管理者、研究者、教师的欢迎，有着旺盛的生命力。

二、说课的基本原则

1. 遵循教学大纲要求，明确说课内容。把握说课与上课的区别与联系，正确理解教材、教案、说课、上课之间的层进关系，走出说课即是"说教案"的误区。
2. 以教师为主导，学生为主体，体现先进的教学理念。
3. 详略得当，重点突出，体现说课的完整性。
4. 与教案相结合，体现其可操作性。

三、说课的基本程序

说课的基本程序见表 4—3。

表 4-3 说课的基本程序

说课项目	具体内容	注意问题
说教材	1. 说明教材的版本、年级、课题。 2. 科学分析教材特点。 3. 谈谈对教材的独特见解。	1. 说教材不是重点，要简略。 2. 说教材不必重复教参，要讲自己的独见、创见。
析学生	1. 谈谈学生的知识与能力结构，明确说课内容的难易程度。 2. 分析学生的心理基础及可能出现的疑难问题。	学生是主体，说课必须了解学生基础及心理特点。
说教学目标和重难点	1. 说教学目标的内容（说明知识目标、能力目标、情感态度目标等）。 2. 说重难点。 3. 说教学目标、重难点确定的根据。	1. 教学目标要体现全面发展，体现创新精神、实践能力的培养。 2. 教学目标要有可操作性。 3. 重难点要有针对性。
说教法	谈谈本节课要实施的教学手段、方法、教具的使用及其使用原因和作用。	说明采用的教学手段、方法以及教具的目的及可能达到的教学效果。
说学法	谈谈学习方法的运用以及将要实现的目标。	说清楚运用的学习方法对学生的学习有什么好处。
说教学程序	1. 展开具体的教学步骤，并说明每个教学步骤的设计目的。 2. 说出本节课的特点以及精彩的教学环节设计。 3. 说清辅助手段使用的原因。 4. 说明教学目标是如何在课堂教学中实现的，以及怎样突出重点、克服难点等。	1. 这是说课重点，要详说。 2. 教学内容的重难点要详说，并且要抓住课堂教学特点，同时用辅助手段展示有特色的设计。 3. 不仅要说教的活动，更要说学的活动，特别是培养学生创新思维、创造能力的活动。
说板书设计	谈谈板书设计的根据和理由，力求体现说板书设计的程序性、概括性和艺术性。	强调如何从板书中看出本课的教学重难点，突出布局的科学性。
辅助手段	1. 为了提高说课效果，除主要途径是教师"说"之外，还应充分运用板书、教具、学具、多媒体，边说边板书，边说边演示。 2. 教师的说态与听者交流也应注意。	

（赵景瑞，2000：3，有改动）

四、说课的艺术

说课是一门艺术，不仅要求内容有深度、有特色、有创新，也在于说课者本身的素质。说课主要注意以下几点：

1. 仪表大方。这是教师的外在形象。站在台前说课，服饰仪表是给听者的第一印象。仪表整洁，服饰既不粗俗，也不必华丽，如果能与说课内容的情况一致就更好了。

2. 说态自然。所谓自然，即不必紧张拘谨，放松才能自然；也不必装腔作势，常态才会自然。

3. 不读不背。说课是在说话，不能照本宣科，将"说课"当成"读"课，要脱稿说。即便是脱稿，也不能成为背诵，把"说"课变成"背"课，将说课稿化作自己的话自如地表达出来。

4. 情感交融。在传递信息中说课也在传递说课者的情感。一是说课者的情感要与说课内容的情脉相融。二是说课者的感情融在爱生的情感之中。三是说课者要时时与听课者进行情感交流，让听者明白，与你共鸣，才能收到事半功倍的效果。

5. 恰当运用辅说手段。说课当然要以说为主，但"说"并非唯一手段。说课者应辅以必要手势，必要板书，必要媒体演示，使之更形象，更多彩，更有效。

6. 要注重说课信息的反馈与总结。说课的对象可以是专家、同行甚至是学生。向说课对象征询意见、获取信息，力求不断改进和提高。

五、说课案例

案例1：

小学三年级英语说课稿

一、说教材

我说课的内容是小学三年级下册第三单元第六课，本课是功能型的交际训练课。我借助"任务型"教学，采用多样化的教学手段将听、说、玩、演、唱融于一体，激发学生学习英语的兴趣和愿望，使学生通过合作学习体验荣誉感和成就感从而树立自信心，发展自主学习的能力，形成初步用英语进行简单日常交际的能力。

二、析学生

所教学生为三年级第二学期的学生。由于第一学期他们已经学过问候、自我介绍、介绍学校等表达，所以具有一定的英语表达能力，对于掌握本节课知识难度不大。而且本课学习的是家人的称呼，对于学生来说应该是他们感兴趣的话题。加上学生活泼好动的性格，课堂学习氛围会很浓厚。本课难点在于分清 grandfather，grandmother 等几个称谓的意思，另外要懂得用正确的称谓来称呼家人。

三、说目标

结合新课程标准和大纲提出的基础教育阶段英语课程的总体目标和具体要求，我将本课教学目标设计如下：

语言知识目标：

1. 使学生掌握介绍他人的句型：

（1）Who's this?

（2）This is…

2. 学习认读单词：grandfather，grandmother

语言技能目标：

1. 使学生能够根据指令做动作。

2. 根据图片和情境说出单词和句子。

3. 在图文或场景下进行简单的英语交流和表演。

情感态度目标：

通过本课学习使学生有兴趣听、说英语，背歌谣；做游戏敢于开口，乐于模仿，在鼓励性评价中树立信心，在小组活动中积极参与合作，从而意识到交流对于学习英语的重要意义。充分利用教材和教师的多媒体教学所提供的学习资源，实现自由参与和创新，能主动与他人交流，并克服交流中的困难，使交际顺利进行。

文化意识目标：

能够恰当使用英语中家庭成员之间的称呼，问候语，了解英语国家中介绍他人的方式并对学生进行亲情教育。

结合教学目标的要求，我把本课的重难点设置为：

1. 介绍他人的句型：This is…

2. 对情境进行模仿，创新。

我主要是通过感知新教材—设置—灵活运用这三个步骤来突破教材重难点的。在教学开始时让学生以旧带新引入新知，通过对教材的了解感知新任务，并用红灯、头饰、图片、录音等多种媒介的感官刺激以实现对知识的体验和实践，最后在真实的生活情境中运用，实现能力的发展。

重难点：

1. 单词：grandfather，grandmother，father，mother，sister，brother，daughter，son。

2. 句型：

（1）who's this/that?

（2）This/That is…

对于小学生来说，一下子要掌握八个称谓是有一定难度的。但小学英语教学都是设置于情景中进行，因此如果学生将单词和句子都掌握好，在情景中会听会说，会问会答，就能达到教学目的。

四、说教法和学法

（一）小组活动学习法

把全班分成 6 个小组，事先用表示家庭成员名称的单词命名，课堂各项教学活动均以小组活动为主线，结对或全班活动为辅，学生互相交流、切磋，共同完成学习任务，在合作中感受学习英语的乐趣及交流的意义，也通过小组成员之间"荣辱与共"的关系而形成同步学习的环境。

（二）情境教学法

我将教学建立在满足学生心理需要的基础上。为了使教学活动带有浓厚的情感色彩，在单词和句型练习中使用了家人的照片，在表演中带上饰演家人的头饰，加上生活化的录音，为学生设置了真实而有效的场景，激发他们想说的愿望，也有利于学生表达能力的提高。

（三）鼓励法

课堂评价主要以鼓励性评价为主，分别采用了师评、组评、自评为主要方式，课上老师恰当地使用激励性评语和赠送小礼物的方法让学生渴望成功的心理得到满足，这也是激励学生积极投身英语学习的一个最简单而有效的方法。

我把本课教学模式设置为：激趣设境—语言交流—人格发展。下面说一下教具的安排和使用。

依据英语教学的直观性、趣味性、实践性的教学原则，结合合作学习和任务型教学的新理念，我利用了电子琴、照片、头饰、幻灯、录音、竞赛板、贴画、小礼物等媒体设计教学，学生则利用自制的组标、头饰、家庭照等积极参与教学活动。

五、说教学过程

整个教学过程我采用了听、说、玩、演、唱一系列的教学活动，具体设计为热身—新知—趣味操练—巩固练习。

Step 1 课前热身

1. 电子琴伴奏演唱"Father and mother"渲染课堂气氛。

2. 出示组标并请四个学生到讲台前，背对学生戴上 father, mother, brother, sister 的头饰，猜一猜他到底扮演的是哪一角色。

3. 检查上节课布置的对话表演。（小组活动）

Step 2 新知导入

1. 我把一张自己的家庭照片放在投影仪下并介绍"This is a photo of my family. Who's this? Do you know?"自答："This is my father."为教学"Who's this?"做准备，然后我带着满脸疑惑反复用"Who's this?"询问照片中的其他人，这样一来"Who's this?"这一句式就会在情景中被输入。

2. 我指着祖母的照片说："This is my father's mother. She's my grandmother."然后指着爷爷的照片反问："Who's that, do you know?"自答："Oh, he's my grandfather."板书三会单词并进行教学。

3. 每组学生拿着自己的家庭照在组内进行练习，然后选代表在班内介绍家人。

Step 3 趣味操练

1. 玩比大小游戏。每组、每轮各派一名选手参赛，在讲台上抽出一张图片，根据图义说句子。"This is my…"说对的奖励小组小礼物一件，抽到爷爷、奶奶的加 3 分，抽到爸爸、妈妈的加 2 分，抽到 daughter, son, sister, brother 加 1 分。几轮后统计得分，为获胜队颁奖。

2. 玩猜谜游戏。说："This is my father's father."学生抢答，答对的奖励小礼物一件。学生也可说出"This is my mother's father"。这个游戏可以让学生懂得英语中的 grandfather 既可以表示爷爷也可以表示外公，grandmother 既可以表示奶奶也可以表示外婆。

3. 学生拿出自己准备的全家福玩听音指图游戏，我发出指令 mother，学生即指出自己的妈妈并说："This is my mother." 等等，每组都有必备答题和抢答题。

4. 组内合理分配家庭角色，然后小组派一人表演动作，让表演人自行指定小组的一个成员猜，猜对的小组有奖。

Step 4 巩固补充

1. 做出一个 chant

Dad Dad father.

Mum Mum mother.

Grandpa Grandpa Grandfather.

Grandma Grandma Grandmother.

学会区分口语和书面语的小区别，扩充了学生的知识面。

2. 给学生听一段串门的录音，然后创编并表演对话。

Step 5 小结并布置任务

1. 总结小组的战利品数目，学生掌声祝贺并鼓励未获胜小组下节课继续努力，为激活下节课气氛打下了基础。

2. 布置下节课任务，请学生用学过的单词称呼家庭成员并问好，让爸爸妈妈用称呼的数目评价学生优秀与否。最高 3 个为优，2 个为良，1 个为中。

板书：略。

案例 2：

用英语书写说课稿，是英语教师的一项基本功。这里提供一份，内容为人教版 PEP（People's Education Press）教材第三册第二单元 B 课中对话部分的说课参考。

Background of English teaching in primary schools：It is not a long history that English is as a subject in primary schools in our country and the main instructional aims of teaching English in primary schools is to cultivate pupils' basic abilities of their listening and speaking and their good sense of the English language. Our boys and girls are exposed to English for the first time，so it is very important to develop their keen interest in English.

I. Contents：

Today I'm going to talk about Part B of Unit 2，PEP Primary English，Book 3. This lesson includes two parts：Let's talk and let's practice. In section 1，it mainly deals with the dialogue about "What's in the schoolbag?" and the answers. And in section 2，it provides a real situation for the Ss to practice the pattern：How many＋n.（pl.）＋ do you have? And the answer：I have 23＋n.（pl.）

II. Teaching objectives：

1. Knowledge objectives

（1）To enable the Ss to understand and speak："My schoolbag is heavy. What's in it? Thank you so much." Make sure that Ss can use these sentences in real situations.

（2）To help Ss to finish the survey.

（3）Let Ss finish the assessment of "Let's check" in this unit.

2. Abilities objectives

（1）To develop Ss' abilities of listening and speaking.

（2）To train the Ss' ability of working in groups.

（3）To foster Ss' abilities of communication and their innovation.

3. Emotion objectives

（1）To foster Ss' consciousness of good co-operation and proper competition.

(2) To lead Ss to show their loveliness to the poor.

III. Key points

(1) To help Ss ask and answer the question: What's in it?

(2) To enable Ss to study in groups and co-operate skillfully.

(3) To develop Ss' interest in English.

IV. Difficult points

(1) To help the Ss ask and answer the question "What's in it?" and make sure they can use the plural nouns correctly.

(2) To finish the survey by themselves.

V. Teaching methods

As we all know: the main instructional aims of learning English in primary schools is to cultivate pupils' basic abilities of listening and speaking and their good sense of the English language. So in this lesson I'll mainly use "Task-based" teaching method. That is to say, I will let the Ss learn in real situations, finish a task by making a survey to help the Ss to get a better understanding of the key structure of the dialogue. I will arrange four kinds of activities: singing, guessing game, finishing a survey and having a competition. And in this lesson a recorder, CAI, school things and a printed form will be needed. Students should prepare some school things.

VI. Teaching procedures and purposes

I'll finish this lesson in five steps.

Step 1. Warm-up and preview

1. Free talk between T and Ss about things in the classroom.

2. Sing the song together: Books and pencils.

3. Do some TPR, for example: Show me your English book. Show me your crayon.

4. Review the numbers by asking: "How many crayons do you have?"

Purpose: It is important to form a better English learning surrounding for the Ss by singing and doing some total physical response and at the same time it provides situations to review learned knowledge for the next step.

Step 2. Presentation

Now I'll mainly talk about this step.

1. Present the pattern: "My schoolbag is heavy." "What's in it?"

(1) Show a bag and say: "Look! I have a bag." Carry it and say: "Oh, it is heavy. My schoolbag is heavy." Help the Ss understand the meaning with the help of the teacher's body language. Then lead the Ss to read the sentence. Make sure they can say it correctly.

(2) T: My schoolbag is heavy.

Open the bag and say: "What's in it? What's in my schoolbag?"

Take out a Chinese book. Then do the action again. Let the Ss read the sentence.

2. Play a guessing game. Divide the class into four groups to have a competition.

Let them guess: What's in the bag? How many?

Purpose: To present the key structures one by one is much easier for the Ss to learn and grasp the meanings. Proper competition can arouse the Ss' interest in English learning.

3. With the help of the CAI to present the dialogue. Set a situation to help Ss understand: Two Ss are coming. One girl is carrying a heavy bag on her back. They are talking.

Girl: My schoolbag is heavy.

Boy：What's in it?

Girl：20 story-books，32 pencil，9 rulers，12 crayons and 30 picture-books，etc.

Boy：What will you do?

Girl：They are for the poor.

Boy：Great! I'll bring some school things too.

The boy comes back home and puts a lot of things into the bag. Then he goes to school again and gives them to a teacher. While he is taking them out，he is counting the numbers of all things. The teacher says：Thank you so much.

4. Mention that we should take care of the poor.

5. Play the cassette. Let the Ss listen and imitate the dialogue.

Pay attention to their pronunciation and intonation. Purpose：CAI can provide a real situation for the Ss to understand the dialogue and the relationships between people better. Tell the Ss we should show our loveliness to the Ss.

Step 3. Practice

Divide Ss into groups of six children. Each one would finish the printed form by asking and answering：How many storybooks do you have? Find out which group finishes faster. （eg. 8 story books，24 picture books，3 sharpeners，12 crayons，26 pencils，etc. ）

Purpose：Task-based teaching method is used here to develop Ss' ability of communication and also their ability of co-operation will be well trained.

Step 4. Assessment

Help Ss finish "Let's check" of this unit and workbook.

Purpose：To check the knowledge Ss have learned in this period.

Step 5. Production

1. Let Ss tell each other how many school things they have after class. Tell their parents how many school things they have at home.

2. Take care of everything they have.

Purpose：Revision is so important that Ss should speak English as much as they as in class or after class. It is necessary for the Ss to do some extensive exercises after class to consolidate the knowledge they learned.

六、说课及其他课型

（一）说课与微型课

说课就是教师口头表述具体课题的教学设想及其理论根据。即把这节课（或本单元）的主要知识点进行梳理：主要内容是什么，如何突出重点、突破难点……一句话：我如何才能把这节课上好！因此说课要说教材、说教法、说教学设计、说重难点处理等。

微型课即模拟讲课，就是老师在没有学生的情况下进行的一个十分钟短课。有时完全按照常规课那样上，从课堂导入、讲解、结束语的设计与应用，从直观教具和形象动作的演示，从板书安排和书写规范等方面，来展示教师课堂教学讲、演、写等综合运用能力，只不过省略了师生互动的真实过程，但是这个过程应该体现出来怎样引导、启发、调动、设问……都要说出来，做到无"生"胜有"生"。

（二）说课与备课

1. 备课所写的教案：为适应课堂教学中师生双边活动顺利进行的需要，要求对教学方案的书写具体、详细，甚至对每道题的求解都详细罗列，以引起课堂教学中的重视；说课所写讲稿，为满足听说教师的需要，只需对教学方案作纲目式、摘要式、论理性的述说，课堂上对学生展现说明的问题可少说或不说（如例题的演示等），所述说的内容也不都在课堂上重现，反对上课起一种导演的作用。

2. 备课着重研究解决课堂教学中的"教什么、怎样教"等教学内容及实施的技术问题。说课除要研究上述问题外，还要研究"为什么这样教"的教学理论问题，让听者不仅知其然，还要知其所以然。说课要求教师从教材、教法、学法、教学程序四个方面分别阐述，而且特别强调说出每一部分内容设置的原因，即运用教育学、心理学等教育理论知识去阐明道理。

（三）评课

在听课的基础上对所听内容进行评价。如：教学目的是否明确，教学过程是否有序，教学活动设计是否合理，语言是否清晰、是否生动和亲切，课堂组织是否活泼有趣，训练是否充分，学生参与是否积极、是否有利于学生能力的培养等。

评课主要是评价别人的上课情况，特别是示范课和比赛课。主要讲评别人上课的优劣，找出教学问题，并且针对所提出的问题说明怎样重建课堂教学。听课、评课也是一种小学英语课堂教学研究，有时也可以立项对此进行研究。

（四）听课

听课时最重要的事情就是要做好听课笔记，一般记以下几个方面：

记主要过程。英语课堂教学一般采用5个步骤：复习（Revision），介绍（Presentation），操练（Drill），练习（Practice），巩固（Consolidation）。教师在各个环节上是如何处理的应当记录下来。

记重难点。教学重难点或教学的主要环节要着重记，如新授课中的"进行新授"是一节课的核心部分，看教师如何分散难点、突出重点，并进行学法指导。

记板书。完整的板书反映了一堂课的知识结构，甚至可以看做是一份微型教案。高水平的板书设计必将使课堂教学大为增色。因此，对板书设计的记录不仅能抓住重点，而且有助于我们对课堂教学的分析与研究。

记主要优缺点。教学中存在的主要优缺点，是听课者感受最深的地方，也是评课的主要话题。将优缺点记录下来，不仅有利于评课，而且有利于我们听课者吸取经验和克服不足之处。

记体会。听课过程中，我们要积极思考，及时记录自己的听课印象。听课结束后，我们可以将自己对本节课的总体感受汇总并记录在末尾处，以便自己在今后教学中借鉴。

七、说课的评价

表4-4为全国反馈教学法研究会设计的一份评价标准，提供给大家以做参考。

表4-4 说课评价表

说课教师：　　　　课题：　　　　年级：

项 目	要 求	各项比例	得分
教材分析和学生情况分析	本课题在知识体系中的地位、作用及知识点、能力点、德育点；学生认知、能力、思维品质等方面的分析	15分	
教学目标	教学目标的确立及依据；实现教学目标的基本思路	20分	
教学内容	教学重点、难点的确认及突出重点、突破难点的策略	15分	
教学过程	组织教学过程的方案；教学环节转换的技巧性设计；情感调控	20分	
教学方法和手段	教学方法的择优、类型、根据及使用价值；教学媒体使用的时机、适度；教法、学法同步及其优化的初步设想	20分	
教学效果预测	学生认知、智力开发、能力培养、思想品德教育、身心发展的预测	10分	
合 计			

（赵景瑞，2000：5，有改动）

第五章 语音教学

第一节 语音教学的理论和目标

一、语音教学的理论

（一）小学英语语音教学原则

1. 示范性原则。

有效的指导和示范，对学生来说就是要注意观察、理解，以便于模仿。

语音教学时，教师首先要示范发音，让学生通过观察教师示范的口型，听教师的示范发音，来感知英语的语音、语调，为学生在语音的表达上提供模仿的榜样。听示范音是模仿发音的先导，听准了才能仿得像，发得准。

做好语音示范，应注意以下几点：

（1）教师的语音示范要做到口型正确，发音清楚准确，语调基本合乎标准。

（2）语音示范原则上由教师承担，也可利用电教设备、直观发音口型图、模型等。

（3）在示范时，教师的角色是"组织者"和"示范表演者"，学生的角色是"被组织者"和"观察、模仿者"，认真听，仔细观察，做到听得清，看得见，仿得像。

（4）教师应站在学生都看得见的位置，也可要求学生用照镜子的方法来观察，对照口型发音。

（5）运用示范方法时，应结合讲解，边示范边讲解应注意的要点和难点，讲解要适时、适量、适度，做到具体、简单、明了。

示范步骤如下：

单音示范—结合单词示范—对比其他音示范—书写到黑板上示范—讲解怎样发音—学生集体模仿—学生单个模仿—教师纠正，练习。

2. 模仿性原则。

在有效的示范和指导的基础上进行模仿是习得语言最有力的手段，对语音教与学来说尤其重要。模仿在心理上是一个随着感知进行再现或尝试的过程，离开了模仿几乎可以说不可能掌握任何语言。小学英语语音教学的目的只在于让小学生学会实际发音，并不要求对每个音做出科学的解释。因此通过简单的模仿能够正确发出的那些音位，使用直接模仿就可以了。对一些较难掌握的音，还需在讲解的基础上，让学生理解发音的部位和有关特点后再进行自觉模仿。利用这个特点来练习发音，是最基本的也是最有效的方法。只有通过模仿，狠抓练习，才能培养学生良好的听音、辨音和发音的能力。

儿童学习发音，是靠模仿来形成反应的，这种最初的反应必须经过多次的重复才能巩固。因此，每学一个新单词的读音都要及时让他们重复练习。通过练习，既提高他们听觉的感受性，使之辨别出语音的细小变化，区别正确的和错误的发音，又能牢固地掌握词的发音。

模仿练习时，应注意以下几点：

（1）模仿应先集体后个别，先低声后高声或高声、低声交替进行。

（2）在听得清、发得准的基础上，借用所学词汇在理解的基础上多次练习。

（3）模仿练习的方式方法要多样化，避免枯燥乏味。对小学生最好运用游戏方法，效果比较好。

（4）教师发现学生模仿练习时出现的缺点，要及时指导，纠正。对于学生错误的发音，不要重复，不要给予强化，以免引起错误的模仿。同时也不能责怪和取笑学生，以免学生害怕而不敢说话。教师要耐心地正面指导，纠正并给予鼓励。

（5）对个别沉默寡言的学生，教师要多和他交流，加强个别指导。

3. 对比性原则。

教师通过对英英、英汉语音系统的对比，使学生体会英语语音的特点，觉察出特点，然后按照读音差异进行教学。这种方法的优点在于让儿童一开始就注意、区别汉语语音和英语语音的差异，形成准确的英语读音，有利于学生正确的模仿。如，可以把新学的英语语音和已学过的相近的或有关的英语语音进行对比；也可对比英语语音和相近的汉语语音，指出两者在发音方法和部位上的细微不同。这样，学生对新的语音就容易掌握和模仿了。比如，用最小派对对比英语单词 will 和 well，听并找出其差异；再如有位老师采用与汉语拼音区别的对照法学习 g，h，w，y，r 这五个辅音字母中的辅音音素（见表 5-1）。

表 5-1

	汉语拼音	英语音素
g	发 g（哥）时，声带不振动，如 ge ge（哥哥）	发 / g /时，声带要振动
h	发 h（喝）时，舌根和软腭发生摩擦	发 / h /时，没有摩擦，很像喘气声
y	在 yao（药）、ye（叶）中 y 的读音与英文字母 y 的读音 / j /不同	y 读 / j /，声带振动，有摩擦
w	发 w（乌）时，（如吴，五）常将上唇轻抵下唇	发 / w /时双唇收圆并稍突出
r	发 r（日）时，舌端向上腭卷起	发 / r /时，舌端向上齿后部卷起，双唇突出

再如利用汉语拼音 zh，ch，sh，r，采用对比法讲授 / t /，/ s /，/ f /，/ v /，然后按照读音差异进行教学。

4. 整体性原则。

小学英语教学中的语音教学的整体性体现在以字母学单词，以单词学句子或以句子学单词，以单词学字母，字母单词一体教学，字母、单词、句子三位一体教学，词汇归类教学等互相渗透，反复循环。

小学英语教学中的语音教学具有全面性，语音知识不仅包括字母、单词、句子，而且包括重音、停顿、连读、爆破、语调、节奏等。在日常交际中，人们所听到的话语不是一个个单个的字母、单词，而是把读音、节奏、语调统一起来的句子。小学英语教学的目的之一是培养学生的英语语感，培养学生对听、说的感性认识，这样就需要小学英语教师在教学时既要练好单音，更要注重在英语语流中练习语音和语调。

语音单项（字母、音标等）本身没有意义，只有将它们有规律地结合起来，和词汇、语法一起作为一个整体才能表示意义。入门阶段的语音教学仅是一个重要的开始，培养语音熟练的工作不可能在语音阶段结束；特别是语音、语调的训练，只能随着语言材料的增加逐渐增加，要学好英语语音、语调，还需在入门阶段以后继续在其他英语教学方面（课文、句型）中不断加强训练，进一步学习语音，使语音、语调更加自然、流畅，逐渐合乎标准。

5. 真实性原则。

小学英语教师自然、真实、流畅的表达会给学生留下一个深刻的印象，而在真实的语言环境中做对话练习，为学生创造一个良好的语言环境，能激发学生英语学习的兴趣，以及他们学习的创造性，从而培养他们真实的语音语调。

而有的老师在教英语语音时，使用的语音和语调不自然，刻意模仿，不是在真实交际中应该使用的语音语调，而是使用唱读或其他形式的语音语调。这就容易使儿童在一开始学习英语时便养成不正确的语音语调习惯。

因此，小学英语教师首先要注意自己语音语调的训练，其次从语音教学开始就注意按照真实的交际形式教儿童读英语、说英语，千万避免那种在小学语文教学中广泛存在的拖着长腔的唱读，这不仅会导致儿童说不好英语，而且会影响他们听力水平的提高。

（王电建，赖红玲，2002：33—37，有改动）

（二）小学英语语音教学的目的

学生学习英语时，应尽量学好语音。一般说来，作为外语来学习英语的学生是不可能学得地道的发音的，除非他们从小就开始学英语。因此，教学小学英语语音应达到以下目的：

1. 连贯性（Consistency）。英语语音应该流畅、自然。如读下列句子：

a. Please listen to me attentively and repeat after me.

b. I was just asking Mike to come here.

2. 可理解性（Intelligibility）。所说的话（发音）应为听众所理解，如：

A：Which city do you like best，Beijing，London and New York?

B：I like London best.

而有些地方的人说话喜欢加上一些元音或辅音，本身的语音不准确，如：

and /ændə/

think /θinkə/

student /stjuːdəntə/

teacher /tiːsə/

这些是在教学中要纠正或避免出现的。

3. 交际性（Communicative efficiency）：语音语调的正确使用有助于传达说话者的表达意图。如：

A：He is a primary student.

B：Primary student? ↗ (I can't believe it.)

A：Yes. ↗ (You don't know it before?)

（三）小学英语语音教学的重要性

作为交际工具的语言首先是有声语言，文字只不过是有声语言的记录符号。语音作为语言存在的物质基础，不仅是语言的本质，也是语言教学的基础。语言丢掉了语音，就成了死的语言，它的交际作用将受到极大的限制。如一个人发音不准，语调不顺，听别人谈话或别人听自己的谈话，都会有困难；相反，如一个人学好了语音，有了正确的发音，流利的语调，就能运用该种语言进行顺利的交际，即能够准确、迅速地听懂别人的说话，也能够自如地表达自己的思想。例如：

1. 不了解英语语音、语调的知识，下面的交际就无法完成。

A：Would you please turn down the radio a little bit?

B：Sorry. ↘ (No，I don't want to.)

B：Sorry? ↗ (Pardon，what did you say?)

B：Sorry. → (A normal apology.)

（王电建，赖红玲，2002：32）

这就是语音语调的问题。

2. 单词的发音也有很大差异。

（1）同一个单词，也有英音和美音之分，如：

dance /dæns/，/dɑːns/；

Saturday /ˈsætədei/，/ˈsætədi/；

（2）同样的字母，发音却不一样，如：

plough/plau/—cough/kɔːf/；

（3）发音一样，字母却不同，如：

plough/plau/—cow/kau/；

（4）同一个单词，词性不同，发音不一样，如：

record /ˈrekɔːd/ n . —— /riˈkɔːd/v.

3. 有时强调的词不同，重音就不一样，如：

<u>Mike</u> will drive to London tomorrow evening. （强调的是 Mike，而不是别人。）

Mike will <u>drive</u> to London tomorrow evening. （强调的是 drive，而不是 walk/go by train/go by plane 等。）

Mike will drive to <u>London</u> tomorrow evening. （强调的是去 London，而不是 Paris。）

Mike will drive to London <u>tomorrow evening</u>. （强调的是 tomorrow evening，而不是 this evening 或者 tomorrow morning。）

因此，学好语音不但有利于正确表达自己的意思和观点，而且有助于学习词汇、语法和发展听、说、读、写等技能。在语言三要素中，词汇和语法都是通过语音这个物质外壳表现出来的。学不好语音，说明语音基本技巧自动化程度不够，它将严重影响以后的教学进度，影响学生的语言能力和学习能力的发展，词汇、语法和听、说、读、写的教学，无不受到阻碍。事实证明：英语语音好的学生，他们能利用单词的拼写规律识记单词，听、说、读方面的能力强。

二、语音教学的目标

英语语音教学是入门阶段英语教学的关键。英语语音是英语的本质，学习英语无不从学其语音开始。英语语音训练要贯彻始终，从一开始就要严格要求，使学生养成良好的语音习惯。而且小学阶段是语音的敏感期，抓住这一时期教给学生正确的语音，就能使学生终身受益；否则，小学阶段错失良机，没有学好语音，就会给初中英语教师留下隐患，另外纠音比从头学习语音更难。

根据《标准》，小学语音教学的二级目标描述如下：

1. 知道错误的发音会影响交际；
2. 知道字母名称的读音；
3. 了解简单的拼读规律；
4. 了解单词有重音；
5. 语音清楚，语调自然。

第二节　语音教学的内容和方法

一、小学英语语音教学的内容

说到语音教学的内容，很多人就会想到 48 个音标和单词的发音。事实上小学英语语音教学的内容不包含音标教学，但包括以下几个方面。

（一）字母的单音教学

对于小学低年级的英语初学者来说，26 个字母是必须会读会写的。因此教学时要把每个字母的读音准确地教会学生朗读（教学时不教音标，也不显示音标）。

A［ei］, B［biː］, C［siː］, D［diː］, E［iː］, F［ef］, G［dʒiː］, H［eitʃ］, I［ai］, J［dʒei］, K［kei］, L［el］, M［em］, N［en］, O［əu］, P［piː］, Q［kjuː］, R［ɑː］, S［es］, T［tiː］, U

［juː］，V［viː］，W［ˈdʌb（ə）ljuː］，X［eks］，Y［wai］，Z［zed］。

（二）单词的拼读教学

小学英语词汇教学中也有四会单词，教学时要教会学生拼读。如：

1. Apple！a—p—p—l—e—／［ˈæpl］／

2. Tiger！t—i—g—e—r—／ˈtaɪgə／

（三）语调

语调在小学英语教学中是很重要的。尽管小学生使用的句子大多是简单句，但学习的问句中也有一般疑问句和特殊疑问句，还有些根据不同的语气来确定语调的。如：

1. Are you Daming? ↗

Yes，I am. ↘

2. Where is the book? ↘

It is on the table. ↘

3. A：How many flowers are there? ↘

B：Thirty-five. ↘

A：Thirty-five? ↗

B：Yes. That's right. ↘

（四）连读

懂得连读，对于英语表达的顺畅、简洁是很有帮助的。这样，句子读起来就很自然、地道。如果不连读，那么读句子时就像是读单词而不是读句子。如：

1. They look at it.

2. The book is in front of the desk.

3. In winter，he walks on the snow.

4. Yes，it is.

在下列情况下都应连读：

■ 当一个单词以辅音结尾，而它后面的词以元音开头时，就可将两词连读。如：

have a look at it，

take it away，

put it on；…

■ 前一个单词以/r/音结尾的，也可和后面以元音开头的单词连读。如：

our own，clear enough。

■ 当前一个单词以元音结尾，而后一个单词以元音开头时，也发生连读，可在两个单词中间加上/r/音。例如：

throw away 可以读为 /θr əu r ə ˈwei/。

■ 不完全爆破在两个辅音相连时，前面一个会发生不完全爆破。例如：active 中的/k/音，not bad 中的/t/音。在理解长句时，掌握不完全爆破的发音规则很关键，对正确抓住细节词很有帮助。

■ 弱读。弱读在英语口语中很常见，例如：have 可以弱化为/hæ/，him 弱化成/im/，for 可弱化为/fɔ/等。尤其是在语速较快时，弱化更容易发生，如 tell him 在快速说出时，可以变为/ˈtelim/。如果不了解这些规律，将会影响理解的程度。

（五）重音

对于单词的重读，一般情况下，单音节的词开头重读；双音节的词如果是名词，开头的音重读，如果是动词，后一个音重读；多音节的词，倒数第三个音节重读。如：

book/buk/；

happy/ˈhæpi/

elephant/ˈelifənt/

对于句子，突出强调的部分要重读。

如本章第一节第 3 点的例子。

（六）停顿

句子的停顿分两种，第一种是标点符号的停顿，第二种是长句中完整的短句和长词组后的停顿，这样是为了把意思表达得更清楚。在小学英语教学中，长句出现的情况少，因此教师应适当提醒学生注意句子的停顿。有时停顿的地方不同，意思也不一样，如：

1. I don't understand，/Sam.

   I don't understand Sam.

2. Seven plus two/times two/equals eighteen.

   (7＋2)×2＝18

   Seven plus/two times two/equals eleven.

   7＋（2×2）＝11

（七）节奏

英语的节奏并不仅指说话的速度快慢，还包含许多小环节，如语调的升降、词语的重音、句子的停顿等。小学英语的节奏主要出现在英语儿歌和童谣中，如：

Two little birds are sitting on the tree.

One is Jack，the other is Joe.

Flies away Jack，flies away Joe.

Flies back Jack，flies back Joe.

Two little fish are swimming in the sea.

One is Jack，the other is Joe.

Swims away Jack，swims away Joe.

Swims back Jack，swims back Joe.

小学英语语音教学的任务不是让小学生学些语音理论，而是教会小学生运用英语语音的基本知识，发展听、说、读、写的基本技能，培养对英语的语言感觉。

二、小学英语语音教学的方法

小学英语语音教学的常用方法有以下几种。

1. 示范—模仿法。

教师运用示范，提出要求，让学生注意观察，认真模仿，对某些难发的音，采用边示范边讲解的方法。

2. 对比启发强化训练法。

所谓对比启发就是教师在课堂上尽力启发学生去找出英语中音与音、字母与字母、单词与单词以及汉、英两种语言之间的联系，然后加强练习，加深理解，巩固记忆。如：有些学生常常把双元音/ai//ei//au/分别读成汉语拼音/ai/（埃）/ei/（诶）/ao/（熬）。对此，及时向学生指出，英语双元音和汉语二合韵母除音长不同外，它们的构成方式也不一样。通过这样的对比，学生就能排除本族语的负迁移，同时也利用它的正迁移作用纠正发音，找出容易混淆的内容，结合读、练，分清异同，通过各种练习，如比赛、分组、对练等强化记忆。

3. 归纳—演绎法。

将符合同一读音规则的语汇归类来进行教学。这些词汇可能是已学过的，也可能是生词。归类通常可以多次重复，将一个单词在元音、辅音、重读音节、非重读音节中多次归类。归类的目的是帮助儿童掌握这些单词的读音，归纳之后再用演绎法操练。例如，教音素/əu/，先让学生说出学过单词中含有音素/əu/的单词如：go，no，rose，goat 等。然后，把元音字母和元音字母组合 o，o-e 和 o-a 归纳为/əu/再写出含有 o，o-e 和 o-a 的单词，要求学生练习发音。另外，对英语单词重音的规则，对英语句子的语调规则进行分类总结，逐个强化训练，一开始就让儿童有良好的重音语感是很关键的。

4. 纠正鼓励法。

教师对小学生发音上的缺点要及时指导、纠正，教给他们正确的发音，要耐心认真地正面诱导，并给予鼓励；不能责怪和取笑学生，不能复述学生的错句，以免强化错误信息；要抓住时机，鼓励表扬，因为"好表扬"是小学生的一个重要心理特点，鼓励是促进学习的重要手段。在教学中教师要随时注意心理效应，要善于发现学生的闪光点并加以肯定，使学生产生一种愉快的情感体验，有效地支持学生奋发向上，最大限度地调动学生的学习积极性，增强克服困难的勇气，增添对学习的兴趣。

5. 拼读法。

要求学生根据读音写出单词、词组或句子。

6. 绕口令练习法。

语音练习往往很枯燥，不易引起学生的兴趣。绕口令这一练习活动旨在练习特定的语音，用语言创造性地开展游戏。适当编排的绕口令是一种目的明确、富有趣味而且很有效的练习材料。绕口令可以用来训练元音、辅音和特殊的语音现象。绕口令是语音辨别区分的好办法，宜用于儿童在基本掌握语音的准确读音之后进行相似音的辨别区分。

用绕口令练习发音，使学生能辨认某些元音发音的（细微）差别。例如：

Peter Piper picked a peck of pickled pepper.

练习辨认元音/e//i/

A big bug bit the back of a big black pig.

练习辨认元音/i//æ/

这种简单的绕口令儿童比较容易掌握，教师可根据本地区儿童语音辨别存在困难较多的语音编写此类绕口令。教师所编写的绕口令应该是能够真实地运用在真实的语境中的，这些绕口令应该尽量用简单而常用的，甚至以后会学到的要求儿童掌握使用的词汇。在编写绕口令时，教师可先决定绕口令的训练目的，利用学生学过的词汇编一些例子，写在黑板上，然后要求学生参与编写，接着要求学生反复、连续朗读，在正确朗读的基础上加快速度。

7. 说唱练习法。

低年级学生特别喜欢唱歌、跳舞，如果把一些教学内容有机地改编成歌曲、口诀，则是一种很好的辅导学习方法，因为歌曲、口诀能加深记忆，只要一哼歌曲就想起来了，这是因为好的节奏和旋律已经和有关教学的歌词被一块儿记住了。童谣、儿歌读起来朗朗上口，文字简练，通俗易懂，易读，节奏感强，有韵味。可通过说唱童谣、儿歌，练习发音、节奏、连读、语调等。如：

Rain，rain，go away.

Peter and Mary want to play.

Rain，rain，go away.

Come again the other day.

也可用唱儿童歌曲的方式来练习发音。现在各种小学英语教材及少儿英语教材中有许多练习发音的歌曲，比如《字母歌》、"AEIOU Song"、"Bingo"等。上面这首儿歌也可用歌唱形式来练习。

8. 游戏练习法。

教师根据实际情况和所教授的内容，设法编排、设计一些游戏活动来进行轻松愉快、积极主动的练习。比如，在教字母时，有的老师没有死板地从头到尾教呀，念呀，背呀，而让学生分别充当 A，

B，C······然后用"Who is A?"，"Who is B?"，"Where is C?"，"Hello，A!"等已学过的句型来提问，学生回答"I'm A."，"I'm B."，"I'm here."，"Hello，B!"这样教起来，学生有兴趣，学得快记得牢。

（王电建，赖红玲，2002：37—40）

三、语音的练习：操练与运用

操练（Drilling）与运用（Practice）是练习语音的两种常用方式。操练是一种对所学单词或句子不断重复的练习活动，目的是为了掌握、巩固新学的内容，而运用是将所学知识付诸实践的活动，如教学 hospital，操练就是不断地重复这个单词，而运用就是结合实际情况，用单词造句，将所学单词运用到实际生活中去。

（一）操练和运用的区别（见表5—2）

表5—2

	操练（Drilling）	运用（Practice）
目的	准确	流利
能帮助学生进行	短期记忆	长期记忆
在练习过程中	教师应该纠正错误	教师不应该纠正错误
练习的方式	只有一种	有很多种
练习时是	很单一的	很有趣的
开始练习时	用简单的练习方式	用复杂的练习方式
练习人数	以多人形式进行	以少数人形式进行

（二）操练时小组活动和全班活动的区别（见表5—3）

表5—3

小组活动	全班活动
对于学生来说他们不会紧张。	教师可以听清学生的表达错误。
所有的学生都能进行操练，但方法比较单一。	可以采用多种有趣的方法进行。
学生出错时，他们可以听到别的同学的正确发音，从而改正自己的发音。	可以使每个学生都很专心地练习。
声音大，可以很好地吸引学生的注意力。	进行竞赛的形式，可以激发学生的集体精神和荣誉感。

（三）进行操练时，可以采用以下方式来组织教学活动

1. 全班。

2. 半个班（或一边）。

3. 小组。

4. 男孩/女孩：班里的男孩为一组，女孩为一组。

5. 排：第一排、第二排等。

6. 列：第一列、第二列等，或一、三、五列等。

7. 个人。

8. 动物：发动物头饰给学生戴上，以此来进行分组，或假设某些同学为一种动物，另一些同学为另一种动物。

9. 植物：（方法与上一种一致）。

10. 高矮个子：把一些高个子组成一组，把一些矮个子组成另一组。

11. 胖瘦个子：（方法与上一种一致）。

12. 衣服的颜色：把穿白色衣服的同学归为一组，红色衣服的同学归为一组等。

（四）一般的操练形式

1. 操练单词的发音。教师解释单词的读音，让学生找/说出发音一样的单词。如：

/ɔ/ dog   spot   box   watch

/ɔ:/ door   wall   sport   board

2. 相同或不同。教师读一些单词，学生听后指出相同或是不同。如：

thick	think
park	part
thick	sick
two	too
thin	sing
thought	sort
thumb	some
mouth	mouse

3. 填空。用所听到的词填空，或选择所听到的图中的词填空。如：

A：Mary went to see the _____.

B：What did you say?

A：I said："Mary went to see the _____."

图 5—1

4. 绕口令。练习朗读绕口令，以熟悉掌握某些词的正确发音。如：

Peter Piper picked a peck of pickled pepper.

Vowel：/i//e/

A big bug bit the back of a big black pig.

Vowel：/i//æ/

5. 英语儿歌和童谣。英语儿歌和童谣由于朗朗上口而为小学生所喜爱。前文提到的童谣可以用不同的主语与动词来进行替换。

Two little dogs are running on the road.

One is Jack，the other is Joe.

Runs away Jack，runs away Joe.

Runs back Jack，runs back Joe.

此外，"Table Number"、"London Bridge Is Falling Down"等儿歌也是很受小学生喜爱的。

Table Number

We are table number one（two…ten），

number one（two…ten），number one（two…ten），

We are table number one（two…ten），

Where is number two?

We are table number two（three…ten），

number two（three…ten），number two（three…ten），

We are table number two（three…ten），

Where is number three?

…

（五）比较复杂的操练形式

1. 添加词语。先给出一个词，然后加上其他词构成一个句子。添加的词语可以是加在前面或者加在后面。如：

I—

I get—

I get up—

I get up at—

I get up at 6.

You

— meet you

— to meet you

— Nice to meet you.

2. 问题接龙。刚学了问句，A问B，B回答后问C，C再问D。如：

A：（ask B）What colour do you like?

B：I like green.（ask C）What colour do you like?

C：I like red.（ask D）What colour do you like?

…

3. 转变练习。教师说一个单词/句子，学生按照要求将其换成另一种表达形式。如：

go—went

I go to school.　— I went to school.

…

4. 替换练习。教师说一个单词，学生按照要求将其扩展。如：

T："Swimming"（or show a picture）

S：I like swimming.

T："Running"（or show the action）

S：I like running.

（Or：reading, skating, singing, …）

5. 扩大练习。教师指出一个同学为中心，该同学向前后左右的同学问问题，然后被问的同学又向另外的同学问问题，将参加练习的人数扩大化。或者第一排/组问第二排/组，依次类推。如：

A：（asks BCDE）Which book do you like best?

B：Little Red Ridding Hood.

C：Snow White.

D：Sleepy Beauty.

E：Three Pigs.

（Then BCDE ask the other Ss.）

...

四、语音教学示例

语音教学活动，是在教师组织指导下以练习语音语调为主要目的的、有规则的活动。它将教学任务与游戏结合起来，寓语音训练于游戏之中，符合小学生的年龄特点，使小学生在轻松愉快的气氛中进行学习，激发学生的学习兴趣，增强学习的主动性和积极性，从而提高学习效率。

语音教学活动是小学生非常喜爱的一种教学形式。这类游戏以练习正确发音、提高辨音能力为目的，形式生动有趣，结构简单。游戏中，可以让小学生着重练习他们感到困难的或容易发错的语音，但每次练习的语音不要过多，以免难点集中，影响效果。一般来说，初学者进行语音训练，可以多用些这类游戏。

示例活动 1（各单元已出现过字母 A 至 L）

活动名称：A is an apple。

活动目的：复习 A 至 L 字母的发音。

活动步骤：

(1) 齐唱字母歌。

(2) 教师把字母 A 至 L 的字母写在黑板上，当教师写字母时，边写边要求学生读出它们的字母音，或边写边领读字母音。

(3) a. 教师让学生看挂图。

b. 教师按顺序指着并说出每张图的名称，学生跟读，也可要求学生说出每张图的名称（因为学生已学过这些单词）。

c. 教师指着每一幅画的名称的第一个字母问，"What's the first letter?"（第一个字母是什么?）让学生自愿回答，教师重复纠正。

d. 教师应提醒学生，英语的字母名称音和音素不同。教师再指着图问，"What's the first sound?"（第一个音是什么?）让学生自愿回答，老师重复纠正。

e. 教师打乱顺序指着图问学生：

"What's this?"

"What's the first letter?"

"What's the first sound?"

学生自愿回答。

(4) 教师把学生分成两大组，一组问，一组答，教师出示字母 A 卡片：

小组 1 问：What's this?

小组 2 答：It's A.

(5) 用同样的方法练习其余字母卡片，然后变换问答形式。

(6) 教师在黑板上写出 A 至 L 中的任何三个字母，给它们标上 1、2、3，说出一个以这三个字母中任何一个字母开头的物品，或者说出三个字母中任何一个字母的音素音，学生举起相应的手指表达数目。

(7) 用同样的方式练习其他的字母。

(8) 教师放歌曲录音，同时挂出预先准备的歌词：

A is an apple	a	a	a
B is a book	b	b	b
C is a coat	c	c	c
D is a dog	d	d	d
E is an egg	e	e	e

F is a flag	f	f	f
G is a goat	g	g	g
H is a hat	h	h	h
I is an "it"	i	i	i
J is a jacket	j	j	j
K is a king	k	k	k
L is a lion	l	l	l

I can sing my A B C. All the way from A to Z.

（9）学生静听一遍歌曲，教师随录音有表情地示唱。

（10）教师按步骤 8 中的节奏示范说唱念歌词，学生模仿，各 2 至 3 遍。

（11）再放录音，教师和学生一起随录音唱 1 至 2 遍。

（12）分组念、唱：小组 1 念一句歌词，小组 2 唱一句歌词，教师每组都参加。

（13）齐说唱一遍，齐演唱一遍。

（王电建，赖红玲，2002：41）

示例活动 2

活动名称：练习 5 个元音字母及 26 个英文字母的游戏。

活动目的：

（1）熟悉 26 个英语字母的读音，以及字母顺序。

（2）掌握 Aa Ee Ii Oo Uu 五个元音字母。

活动准备：

（1）师生共同复习 26 个英文字母，在黑板上写出 5 个元音字母。

（2）宣布游戏规则。

师生共唱 ABC 字母歌，边唱边拍手，当唱到元音字母时不拍手但要举起手，如果继续拍手算犯规，犯规者要求在全班学生面前有节奏地拍手读五遍该元音字母，如：A（拍手）－A（拍手）－AAA（拍手拍手拍手）。

活动过程：

（1）此游戏共做五遍，前两遍师生一起边唱歌边拍手，让学生熟悉游戏规则。

（2）第三遍教师不参与，学生做，速度要适中。

（3）第四遍学生做，速度稍快。

（4）第三遍和第四遍犯规的学生出来在全班同学面前有节奏地拍手读五遍该元音字母。

（5）如果有时间，师生共同来个第五遍，速度越快越好。

活动建议：

（1）师生要先回忆复习 5 个元音字母并写在黑板上。对刚学完字母的小学生来说，也许有的同学对 5 个元音不太熟悉，做此游戏的目的是为了让学生记住 5 个元音字母，在黑板上写出 5 个字母可引起学生的有意注意，再加上后面游戏的巩固可使学生产生趣味记忆，达到良好的记忆效果。

（2）第一、二、五遍教师一定要参与，这样可创造一个和谐、活跃的师生氛围。

（3）此游戏简单易学，可操作性强，适合初学英语的学生做，但操作速度应由慢到快。

示例活动 3

活动名称：Step the mine（碰地雷）

活动目的：记住单词的读音。

活动准备：

（1）在一块小黑板或者一张纸上写上已学过的单词。

（2）为胜利者准备的奖品，可以是教师自做的星星等。

活动步骤：

（1）复习所学的单词：apple，car，sheep，banana，dog，cat，hat，egg，tree，frog 等。

（2）教师设定哪些单词为地雷（一般是元音字母的发音一样的），如"apple，cat，hat"。让学生读两遍这三个单词。

（3）先让全班同学站起来。教师开始教学生读所有的单词（可以不按照单词的顺序教），但当教师读到"地雷（apple，cat，hat）"时，学生不能跟读，跟读的就要坐下不能继续参加比赛。

（4）教师教三遍没有学生出错后，可以另"埋"地雷，如换成"sheep，tree"或者"car，banana"等。然后继续游戏。

（5）最后仍站着的学生为胜。

活动建议：

（1）可让碰了"地雷"的学生上去当老师来教读。

（2）让学生自己"埋"雷。

示例活动 4

活动名称：A Sailor Went to Sea。

活动目的：练习英语节奏。

活动内容：

A Sailor Went to Sea

A sailor went to sea，sea，sea，
· · · · · · ·
拍手 拍手 拍手

To see what he could see see see，
· · · · · · ·
拍手 拍手 拍手

But all that he could see，see，see，
· · · · · · ·
拍手 拍手 拍手

Was the bottom of the deep blue sea，sea，sea.
· · · · · · ·
拍手 拍手 拍手

活动步骤：

孩子们两人一组面对面站立，按上面例句所表示的节奏拍手。拍手规则如下：

第一拍：拍自己的手。

第二拍：拍对方的右手。

第三拍：拍自己的手。

第四拍：拍对方的左手。

第五拍：拍自己的手。

第六拍：拍对方的双手三次。

第七拍：用自己的左手拍对方的右手，用自己的右手拍对方的左手。

活动建议：

教师可根据这首童谣的节奏，灵活替换，只要节奏模式一样即可。如：

My brother went to play，play，play，

With all his friends one day，day，day，

They all went to the park，park，park，

And stayed there until dark，dark，dark.

示例活动 5

活动名称："伦敦桥"。

活动目的：

（1）更好地、准确地复习所学单词的读音；

（2）激发学生拼读单词。

活动准备：将预先准备好的元音字母头饰和辅音字母头饰放在讲桌上。

活动过程：

（1）介绍游戏内容及规则。

（2）活动内容及过程。

让两个学生戴上辅音音标头饰，用手搭起一座"伦敦桥"，让一组戴着元音音标头饰的学生通过，全班同学一起唱："London Bridge is falling down… falling down…"，当唱到句中间时音乐一停，"桥"垮了，谁卡在"桥"里，谁就要把两个辅音和自己的元音拼读出来，或者让全班同学一起拼读。如：pig，bag，…

活动建议：

当学生在桥里时，可先让全班同学齐声读出两个辅音字母及中间的元音字母。每卡一次，变换一下辅音字母，注意辅音字母和元音字母搭配。

（王电建，赖红玲，2002：53）

示例活动 6

活动名称："Bingo"。

活动目的：

（1）通过示范模仿，学习语调的升降及连读；

（2）激发学生的竞争力、集体精神和荣誉感。

活动准备：在黑板上画好"Bingo"的图形（井字形，或九格），并在黑板上写好句型，一式两份（因为是两个小组同时比）。

活动过程：

（1）介绍游戏内容及规则。教师示范，简要讲解，并要求学生学会用符号" ⌒ ""↗""↘"分别标出连读、升调、降调，如：

——Is this a jeep ↗?

——Yes，↘ it is. ↘

（2）活动内容及过程。

每组先确定本组画在"Bingo"的符号，如"○"，"△"等，然后各派出一位代表，先在黑板上标出连读情况，标得对的组可以在"Bingo"上画上本组的符号；换一位同学来标升降调，标得对的组可以在"Bingo"上画上本组的符号；各组再换一位同学读句子，读得对的组可以在"Bingo"上画上本组的符号。再换别的句子和同学重新进行，哪一组先获得三个符号同一条线的就可以大叫"Bingo"获胜。

活动建议：

当学生进行比赛时，可以先定好上去的顺序，如第一组的一二三位同学，第二组的一二三位同学，也可以让他们自己举手做"volunteer"上去。进行比赛时也可以先标升降调，再标连读情况。

五、语音技能训练

1. 以小组为单位进行演练，并按成绩评价表中的各项指标点评；

2. 在附近学校找几个学生，给他们纠音；

3. 写出受当地方言干扰最大的某个或几个音素的教案，以小组为单位演练，然后根据成绩评价表中的各项指标点评。

新课程 小学英语教学理论与实践

六、语音教学的成绩评价表

表 5-4

	指　标	各项比例（%）	得分
1	教师发音准确，语调合乎标准	15	
2	示范的动作学生看得见，声音学生听得清	15	
3	指挥学生操练的密度大，频率高	15	
4	训练方式和手段同交际训练紧密结合	10	
5	训练内容、任务、要求明确，突出难点	15	
6	训练方式能引起学生兴趣，学生积极性高	10	
7	适当纠错，及时反馈训练效果	10	
8	保证学生巩固性强，学生很快形成了运用语音语调知识进行学习的能力	10	
	合　计	100	

第六章 词汇教学

第一节 词汇教学的理论和目标

一、词汇教学的理论

（一）小学英语词汇教学的原则

1. 直观性原则。

小学英语教材中，词汇较少，几乎全是活用词汇。具体地说，是一些常见常用的、可与直接观察到的事物相联系的名词、动词、形容词和人称代词。如：表示周围事物的 table，chair 等；表示常见动作的 walk，run，stand 等；表示人称的 I，you，he，she，they 等；表示事物外在特征的 big，small，round，thin，fat 等；表示颜色的 red，yellow，blue 等；表示人的感觉的 cold，hot，cool 等；表示人对事物评价的 good，excellent 等。小学英语教材大多是生动活泼的口语，有许多形象直观的插图。这样，在小学英语词汇教学中我们可设计各种各样的语言环境，把枯燥的词汇用直观的形式展现出来。带领学生置身其中，吸引学生的注意力，激发他们学习英语的兴趣，促使学生运用英语把客观事物联系起来。

比如，运用色彩鲜明的图片，形象生动的语言以及实物、音像、模型、标本、简笔画等形象性教具来教授英语单词，符合小学生好奇心强、兴趣浓厚和形象思维较发达的特点，能充分调动学生多种感官的参与，使他们在看得见、听得到、摸得着的教学过程中学习单词，发展思维，培养能力，刺激记忆。

词汇的直观教具的选用有以下三方面：

（1）实物直观。

运用实物直观呈现语言项目就要求教师注意就地取材，利用教室的环境，提前准备物品。

（2）形象直观。

主要指运用模型、图片、卡片、简笔画、电教设备等模拟实物的形象来呈现语言项目。

（3）言语、动作直观。

主要指教师运用听、说、唱、做、演、画的才能，通过生动的语言，良好的表情，形象化的动作，吸引学生注意力，并把学生带入活动中，识记语言项目。

2. 情景性原则。

词汇的教学，不是孤立的，应做到词不离句，句不离段，设置情景，借助上下文来教授词汇。根据教材的内容，千方百计地创设语言环境，使学生置身于一定的语言情景之中，生动活泼地进行多种语言练习，始终贯彻听、说、做的原则，以适应小学生活泼好动、模仿力强、记忆力好、听觉灵敏等特点。在情景中教单词，不但可帮助学生理解词义，加强记忆，而且有助于学生把所学单词在交际中恰当地使用。

在创设情景时要避免重形式、轻效果的做法，要不断研究少年儿童的成长特点，在小学的不同阶段所创设的语言情景应有所不同，使教学有声有色，有动有静，有层次感，有愉快感，引导学生记住语言知识。另外，在情景教学中融入游戏教学，也是小学英语词汇教学的一种好形式。

我们常用的创设情景教词汇的方法有：

（1）用情景录音教单词。

如有位教师教 noise（噪音）时，放了上课前所录学生互相讲话声、十字路口的喇叭声、叫卖声等，学生听过录音后，教师向学生提问：

T：What do you hear?

S：噪音。（由此引出英文单词 noise）

T：Some students，cars and other things made the great noise，didn't they?

S：Yes，they did.

（2）用情景对话教单词。

如：教 excuse 时，教师与一位学生先作示范对话，然后让学生两个一组做 pair work 来模仿记忆单词。

T：Excuse me. May I use your book?

S：Yes，here you are.

T：Excuse me. Can you help me?

S：Yes. My pleasure.

（3）用情景造句教单词。

教师可创设文字情景（即教师先给出文字情景，再让学生根据要求改编）或动作情景，由教师示范，学生模仿。

（4）用配插图、做动作、说童谣、唱儿歌、做游戏、列图表、找谐音等愉快活动创设情景教单词。

此类情景创设活动意在愉快的气氛中提高学生的识记、保持、再认和再现效果。

3. 对比性原则。

小学英语词汇中有大量的词汇都有与其意义相对应的词，通过对比、对照的方式把学生容易混淆的词以及内容上联系密切的那些成对的概念找出来，加强单词的识记。根据神经系统的对称规律，当两种性质不同的语言材料同时出现时，会促进大脑皮层的相互诱导，强化"记忆痕迹"，活跃思维活动，形成对比联想，提高单词的认知和记忆效率。小学英语词汇中可用来对比的主要有以下几种形式：

（1）同义词：big—large，small—little。

（2）反义词：tall—short，thin—fat。

（3）对应词：father—son，mother—father。

（4）同音词：son—sun，too—two。

进行这类对比教小学英语词汇时，与其他原则一样都可采用一些直观、形象、生动的方法来对比教学。比如可用实物对比大小、方圆，也可用简笔画来对比词义，解释词义。

（1）词义对比（见图 6—1）。

tall   short   boy   girl   big   small

图 6—1

（2）词义解释（见图 6-2）。

图 6-2

4. 重复性原则。

记忆是以识记、保持、再认和回忆的方式对经验的反映。比如：小学生学习了"car"这个词，要反复地读其音，看其形，练习书写和在各种活动中运用这个词并理解词义，这就是对"car"这个词的识记和保持的过程。以后，儿童看见"car"这个词时，能认出它，这就是再认。如果能够默写出"car"，这就是回忆。识记、保持、再认和回忆是彼此紧密联系的完整过程。在教完学生识记英语单词之后，必须进行保持、再认和回忆，而完成这一过程的最好方法便是重复，反复练习。根据艾宾浩斯（Ebbinghaus Hermann）的遗忘曲线规律：遗忘的进程是不均衡的，在识记后最初的一段时间遗忘得比较快，而后逐渐变慢。因此，在小学英语词汇教学中，要针对人类识记的规律，针对小学生记忆力好，但学得快也忘得快的特点，教师在教完识记单词后，要尽早复习，让学过的单词有计划、系统地复现在教学活动中，提高单词的重复出现率，达到巩固记忆的效果。

（二）小学英语词汇教学的目的

词汇是语言的基本材料，是语言的三要素之一。离开词汇就不可能表达概念，词汇不丰富，也必然影响思想交流。学生掌握的词汇愈多，他们运用语言的能力愈强。因此，词汇教学是小学英语课堂教学的重要一环。

小学英语词汇教学的目的主要是使学生掌握词义、词的搭配和用法。教师在词汇教学中必须通过有情景的句型、课文教学，并结合听、说、读、写等语言实践才能达到。

小学英语教学对词汇的要求分为两类：第一类词汇要求学生听得懂、说得出，并能运用和默写，这就是英语教师常说的"四会"要求，这类词在教材中都有明确的规定。第二类词汇要求达到"二会"，即要求学生会听、会说，而在前面课文中的"二会"词汇在以后的学习中可能就是"四会"词汇。因此，教师不可忽略这类词的教学。此外，教师在词汇教学的同时，必须使学生获得学习和记忆词汇的方法。

（三）词汇教学的意义

从语言学产生的角度来看，在人类语言产生的最初阶段，词汇在语言交际中起着主要的作用，随着交际内容复杂性的增加，语法对话语的组织起着越来越大的作用。从儿童习得母语词汇的过程来看，婴幼儿学习母语是从理解词和说出词开始的。八九个月的孩子，还不会说话，当他们听到成人说"笑一笑"，他们会做出笑的表情。刚开口说话的孩子，通常只能用单音词或叠音词来表达自己的意思，如"妈妈"、"果果"、"吃"、"打"、"抱"、"水"等。可见，词的理解、积累和运用是语言能力的重要组成部分。

虽然说英语学习与母语习得在认知、交际能力、情感和语言环境等方面有很大的差异，但有一点是相同的，英语和母语的学习都是从理解词和说出词开始的。儿童，特别是小学生，学词汇最好从周围日常接触的人和物开始，拼法不宜太难。不应一味追求词汇量，但是对于需要掌握的词汇，应该要求他们发音准确，拼写无误。另外，可以让他们接触一些单词，有些要求能听懂，有些要求能看懂，有些则要求能说出来，根据要求而定。

（王电建，赖红玲，2002：57-63，有改动）

二、词汇教学的目标

如果说语言结构组成了语言的基本骨架，那么词汇就为语言提供了基本的器官和血肉。没有词汇，语言结构就没法表达意义。也就是说，没有词汇，就没有语言，人就不能言语，人类的思维活动就无法完成，因为人与人之间的交流是通过由词构成的句子来实现的。我们说的每一个句子，每一段话都是由一个个词语构成的。一个人要听懂别人的意思，或清楚地表达自己的思想感情，首先必须积累一定量的词汇。

根据《标准》，小学词汇教学的二级目标描述如下：

1. 学习有关本级话题范围的 600～700 个单词和 50 个左右的习惯用语；
2. 了解单词是由字母构成的。

第二节　词汇教学的内容和方法

一、小学英语词汇教学的内容

文字都是音、形、义的结合体，英语单词也不例外。因此，小学英语词汇教学的内容为：

1. 单词的发音，即单词的声音形式。如单词里都有字母 a 的发音：apple，cake，car，banana，again，ate（eat 的过去时）等。
2. 词义，即词的意义，词的内容。如 mum，dad 和 mother，father 的词义及区别。
3. 拼写，即单词的书写形式。如 two，too。
4. 运用。所学的英语单词可构成的词组，或造句，并在听、说、读、写等各项技能中能正确运用。如 in，in the afternoon，in front of 等。

小学英语词汇教学作为中学、大学英语教学的基础阶段，学生在词汇习得方面可能会遇到以下困难：

1. 在语音方面，由于汉语和英语运用的语音符号及组合方式有差异，同一个概念的英语表达会形成记忆上的困难；
2. 书写方面，汉语属于表意文字，英语属于表音文字，在视觉适应和阅读习惯都会造成词汇学习上的困难；
3. 词法方面，不同的构词方法和词的形态变化给学习带来困难。

二、小学英语词汇教学的方法

词汇教学一方面要与语音教学、语法教学、句型教学、课文教学和情景教学相结合，另一方面要在听、说、读、写四项技能中体现出来，充分利用这些教学活动来精讲多练，巩固记忆，使学生在大量的实践活动中掌握、运用英语单词。

不同的教师在教学词汇时会采用不同的方法，但不管采用什么样的方法，大都围绕着呈现单词—操练巩固单词—复习单词的步骤开展各种活动教授单词。在小学英语词汇教学中，需注意以下几点：

1. 利用实物呈现单词；
2. 利用简笔画、图片、地图、模型、多媒体等直观教具来开展教学活动；
3. 利用模仿和形态动作来教单词，如刷牙、打乒乓球等；
4. 利用同义词、反义词来解释单词；
5. 利用上、下词义来解释单词；
6. 利用母语对个别专有名词或抽象名词进行简明翻译；

7. 创设情景，利用童谣、歌曲、游戏教单词；

8. 利用可能出现的错误和容易混淆的词来教单词。

对少年儿童来说，教单词最好通过图画、实物动作或童谣歌曲，因为单词的意义实实在在，直截了当，让儿童明白这些单词的意义，然后在上下文中学习并反复运用。下面介绍用实物教单词、用图画教单词、用动作教单词、用语境教单词及用童谣教单词等，通过这几个方面具体探讨小学英语词汇教学的方法。

（一）直观教学法

直观教学法主要是通过实物、图片、手势、动作、表情等使学生建立形象思维，可大大提高记忆效果，这也是最常用的一种教学手段。

1. 利用实物进行教学。呈现单词最直接的方法之一是把这个单词所代表的实物带到课堂上。比如教 postcard, ruler, pen, pencil, ball，教师就可事先准备好这些单词所代表的实物，在课堂上拿起或指着这些事物说出英文单词，学生重复。然后教师再用这个词套用句型，组成句子。学生掌握了这个词和套用句型之后，还可进行扩展，如指出实物的位置，练习其他单词和句型。用实物法，借助直观教学手段能动员各种感觉器官来感知和认识客观现象，从而帮助理解，加深记忆。无论是教师的讲解或是进行某种能力训练都应尽可能地发挥视觉、听觉、声动觉等多方面的协同作用，使学生在语言和实物、情景之间建立直接的联系，以发展学生的言语能力。如：教 apple 一词时，拿出实物苹果，说："This is an apple. Read after me, apple."这样先不讲它的发音方法和音素组成，而是反复领读 apple 的读音，让学生跟读，接着教师问道："What's this in English?"学生就会脱口而出："It's an apple."此时，教师一边从书包里拿出其他苹果，一边让学生分别说出："two apples, three apples, four apples…"学生在不知不觉中，不仅学会 apple 一词，而且又把有关的单词复习了一遍。然后趁热打铁，启发学生用"apple"一词组成句子，学生非常想尝试，把"apple"套用到以前学过的句型中，比如："The apple is small. The apple is red. I like apples."这样可以帮助学生建立词、音和义之间的联系，加强记忆的效果。

2. 利用挂图、简笔画、课件等多媒体手段进行词汇教学。小的实物可以带到课堂辅助教学，但对于大的实物和没有现有的实物又该怎么办呢？方法之一便是使用图画。图画是展示形象，发展言语、思维、记忆和想象的主要手段。用图画情境，实际上就是把课文内容形象化，课文插图、特意绘制的挂图、剪贴画和简笔画都可以用来再现物体，创设情景。其中剪贴画和简笔画更简单易行，适合小学英语教学。图画可以用来解释词义，如：教师可以通过使用图片，直接在黑板上画简笔画来描述一些像 watermelon, pumpkin 这样一些概念，也可以用来描述像 plane, train 等概念。

用图画辅助教学前，教师要根据教学内容和学生年龄特点恰当地选择和准备好各种图例作直观教具。在运用图画时，教师要配合讲解或谈话，引导学生运用画面所提示的或所展示的内容来辅助语言教学。教师要注意展现适时，应当在使用时才展出图片和直观教具，不要过早地把教具拿出来；否则，会分散学生的注意力，削弱新奇感，降低兴趣。画简笔画时要做到简、快、像，可用寥寥几笔表达丰富的语言信息和概念，这样既活跃了课堂气氛，也利于教师把握课堂秩序，活动多而不乱，适应了少年儿童的心理需要。也可将教材内容用简笔画、符号和文字组成一幅图示，使学生感知强烈，激发兴趣，提高形象思维能力。

使用图画教单词有以下的方法：

（1）让学生看图回忆上节课所学的单词，用英语会话的形式巩固旧知识；

（2）出示图片、简笔画，学习新单词；

（3）教师指图示范，让学生模仿；

（4）教师指图，让学生自己根据图示用英语自由发问，邻座回答或采用师生间问答操练；

（5）听音指图；

（6）听音画图；

（7）看图说话，看图写作。

3. 用动作教单词。兴趣对学习很重要，尤其是对小学生学习英语来说更为重要。对没有真实或缺乏真实语言环境的中国小学生来说，不重视对他们学习英语兴趣的培养，就没法调动他们学习的积极性和主动性。在小学英语课堂上，除了使用实物、图画、简笔画等直观教具，还可以用亲切自然的教态、适当的手势、动作和表情进行教学，这样既可以避免用汉语解释英语，又可创造出一种有利于培养学生语感的语言环境。例如：

教 smile 时面带微笑；

教 surprise 时做惊奇状；

教 happy 时做拍手，轻跳状；

教 catch 时做用手抓握的动作；

教 breathe 时作深呼吸状；

教 stop 时运用学生所熟悉的篮球裁判员常用的暂停动作，左手手心向下，右手食指竖直顶左掌心；

教 disappointed 时，右手轻轻一摆，头稍下垂眉头微皱，伴着轻声叹气，表现失望状；

教 sleep 时，双手掌合并，轻放在右肩上，头微微侧向右边，做睡觉状；

教 telephone 时，左手中间三指弯曲握合，大小指伸直，做连接耳和嘴的动作打电话；

教 bird fly 时两手做飞行状，身体轻摆；

教 fish swim 时，两手合并，伸向前做鱼游状；

教 elephant walk 时弯腰，身体向前微拢，左手轻捏鼻子，右手松弛，垂直向下随两脚前后移动，左右来回摆动，模仿大象走路的笨拙状。

学生在教师的动作和表情中完成领会上述单词的意思。在上课前，教师要注意观察，琢磨一系列手势和动作，注意模仿一些动作的主要特征。讲课时，领着学生一边做动作，一边讲英语。小学生模仿能力强，兴趣浓厚，愿意跟着教师一边做一边说。这样可逐步引导学生脱离课本，摆脱母语的影响，在玩、乐、做中学会新单词。在教英语动词时，也可用全身反应法（total physical response，简写为 TPR）或 teacher says 来练习动词，这是较常用的两种儿童学习英语的动作活动，特别是在儿童不能进行语言输出之前，可以通过动作来表现儿童对输入的语言的理解是否达到内化的程度。这些活动都是根据所学内容来复习或呈现新单词，教师可根据复习或学习内容设计各种 TPR 活动，包括学生跟随歌曲、诗歌和韵句做动作，用动作表演故事，用动作表演两人活动或小组活动，用动作做游戏，听口令做动作等。一般都是教师先示范，学生模仿做，即先接受再表达，先示范后练习：（1）教师通过风趣的表演和解释为连锁动作设置场景；（2）教师说一个指令，做两次动作，学生和教师一起做动作，教师重复指令，让单个或全班学生做动作；（3）教师停止示范，给出指令让全班或单个或全班学生做动作；（4）教师打乱练习内容的顺序，给出指令，学生做动作若干次，同时教师注意每次逐渐加快速度。

（二）创造情景法

轻松愉快地创设语言环境、结合上下文设置情景的教学体现了小学英语教学的特点，符合基础教育的性质和小学生的成长规律，突出了小学英语教育的科学性。在给小学生上英语课时，一定要根据他们的年龄特点和英语知识水平，避免成人化，必须把单词教学与语言情境结合起来开展有趣的教学，在充满语言气氛的环境中才能学得轻松，记得容易。教师应尽量设置一些模拟的、相对真实的语言情景，让学生在这种语言情景中学习单词，形象地记忆单词。

教师教词汇时应尽量避免单调地直接板书单词到黑板上教学生认读，要努力地创造情景，用创造情景法进行词汇教学，把学生置于情景中学习掌握单词。如教学地点名词（如 hospital, station, cinema）时，教师可预先把地点名词分别简单地画在卡片或纸上，同时写上单词，上课时指定几个学生上台拿着。教师说："I want to go to Beijing. Where must I go?"等，引导学生说出生词 station

等，同时请拿着相应单词的画的学生向前跨步展现该词的词形、词义。或者教师设计一个情景，把两组间的过道当做街道，那些拿着画的学生为车站、医院等地点，引导学生在这一特定情景里把单词套入特定的句型中反复联系，直至能灵活运用为止。

（王电建，赖红玲，2002：63—73）

（三）对比教学法

词汇教学的对比教学法可分为三种：一种是近（同）义词对比，一种是反义（相对）词对比，还有同音（异形）词对比。同义词对比：英语中大量的词汇都有与其意义相同或相近的词。利用同（近）义词代换或对比的方法讲授词汇是教学中常用的一种方法，如 glad-happy，enjoy-like 等，可帮助学生"温故而知新"。反义（相对）词对比：对比反义词或相对词有助于学生在学习过程中有联系地记忆。如 high—short，tall—short，"Now the shop is open. It isn't closed."或"It is not very cold. It is warm."这样的对比不仅便于熟记，还能使单词在句中一目了然，帮助学生准确地运用。同音异形词对比：教师在教生词时，可让学生把以前学过的同音词板书出来。如 no—know，week—weak 等，区别这些词书写和意义上的不同，并分别用这些词造句，促使学生深刻记忆，牢固掌握生词的读音、词性、意义、拼写。

（四）词汇归类法

随着学生词汇量的增加，教师可根据单词按照一定的范畴进行组织、归类，帮助学生发现记忆规律，利用词汇组织法帮助学生记忆单词。归类组织法，即根据同类关系来将单词归类，教师先提出一个概括词，让学生将学过的属于这一类的词归集起来。如"fruit：apple，banana，pear"等。这样的归类使分散的单词集中起来，便于联想和回忆。接近组织法，即根据接近联想的原理，将两个以上在空间和时间上很接近的印象联系在一起，这样只要想出一个，便会联想和回忆出与之接近的一种印象来。如想到天体，就会想到 star，sun，earth，moon，进而想到 plane，spaceship，再联想到 astronaut，airman，spaceman 等等。

（五）英汉释义法

这种方法包含英语释义和汉语解释。首先是用英语来解释词汇，锻炼学生用英语想英语的思维能力，如："bank—a place for keeping money"等，这样可以培养学生的英式思维。其次是用汉语解释词义。英语教学中应尽量避免母语的使用。但遇到一些表示抽象概念的词汇时，如 air，traffic 等，用英语解释可能中学生较难接受，此时教师可以直接用汉语解释，这样不仅可以节省课堂时间，而且意思清晰明了。

（六）童谣、歌曲法

低年级学生特别喜欢唱歌、跳舞，如果能借用音乐、舞蹈来学习英语，无疑会引起他们的兴趣，提高教学效果。例如把一些英语单词按节奏、音乐节拍有机地改编成童谣儿歌，就是一种很好的辅导学习方法，因为歌曲能加深记忆。一般来说公式、概念容易忘记，而歌曲却使人终生难忘，只要一哼歌曲，就想起来了，这是因为好的节奏和旋律已经和有关教学的歌词一块儿记住了。

（七）游戏、竞赛法

青少年活泼、好强、好表现，教师应充分利用学生这一特点，努力在英语课堂上为学生创造说和做的机会，使他们处于学习的主人地位。把竞争机制引入课堂，把游戏搬进课堂，不仅拉近了师生间的距离，而且能使学生整个身心处于积极主动的学习状态。词汇教学中常用的游戏方法有"找朋友"、"猜测游戏"、"单词接龙"等；竞赛的形式也有多种，如"看谁举例多"、"看谁最快完成"等。游戏、竞赛可用于词汇教学的各个环节，前面所介绍的几种教法中也可将游戏或竞赛渗透其中，但教师要注意合理控制时间，且要避免只追求趣味而忽略效果。

（八）探索法

直接出示单词教学生发音是大多数教师过去常用的方法，它只注重传授知识本身，也就是我们常说的"认读法"。在词汇教学中可以将它变为"探索法"，让学生自己去发现知识的规律。

下面是一个词汇"bread"的教学实例。

T（teacher）：Do you know how to read it in English? (Showing a picture of bread.)

Ss（students）：No.

T：Please find out the words (that we have learned) with "ea".

Ss：(All the students begin to think and find out the following words：tea, teacher, head, please, meat, …)

T：Now please read them and tell me how to pronounce "ea" in each word.

Ss：tea/ti:/, please/pli:z/, meat/mi:t/, head/hed/, …

T：Oh, wonderful! Now, you know, sometimes we may pronounce "ea" /i:/, but sometimes we may pronounce "ea" /e/. Here "ea" in bread should be pronounced /e/, the same as "head".

S：Ok, we can read it (bread) /bred/.

注：整个过程教师都不要板书音标。

采用"探索法"，可以充分发挥学生学习的自主性和创造性。学生在教师的指导下学会了该单词的读音，掌握了读音规则，还学会了思考以及寻求知识的方法。这种学习不是被动地接受知识，而是通过自主地参与获得探究能力。它是一种"探究式"的学习：它既重视结果又强调知识获得的过程，既关注意义建构又注重应用。因此，它特别有利于素质教育、创新教育的有效实施。

三、词汇教学示例

示例活动 1

活动目的：教 6 个表示颜色的词：red, yellow, green, blue, pink, white。

活动准备：6 个彩色粉笔分别为 red, yellow, green, blue, pink, white。

活动步骤：（T＝teacher S＝student Ss＝students）

（1）教师举起 6 个彩色粉笔依次自问自答：

T：What colour is it? Who knows?

Ss：It's red. (Some students who know how to say will answer.)

T：That's right. Red. Red. ↗ Red. ↘

Ss：Red. ↗ Red. ↘

（2）教师举起一种颜色（如红色），并读该颜色数次，然后叫学生重复，如：

T：Red. ↗ Red. ↘

Ss：Red. ↗ Red. ↘

T：Red. ↗ Red. ↘ It's red.

Ss：Red. ↗ Red. ↘ It's red.

学生重复时，闭上眼睛，边重复边想象红色粉笔和红色。

（3）联系实际：

T：A red chalk.

Ss：A red chalk.

T：It's a red chalk.

Ss：It's a red chalk.

T：A red apple.

Ss：A red apple.

…

（可以叫学生组词和造句。）

（4）用以上方法完成其余颜色的练习。

（5）教师打乱彩笔的次序，然后一个个举起，边举边问问题，学生回答：

T：What colour is it?

Ss：It's blue.

T：Is it green?

Ss：No. No. No, it's blue.

T：Is it white?

Ss：No. No. No, it's blue.

T：Is it blue?

Ss：Yes, that's right. It's blue.

（6）让学生以身边的实物，以同样的方法做 pair work。教师来回走动，纠正错误。

示例活动 2

活动目的：复习交通工具类单词，增强学习的趣味性。

活动准备：写有各种交通工具的单词或画有此类物体的图片。

活动步骤：

（1）老师拿出一副牌，让学生看清牌上的单词 jeep，bus，taxi 等并读出来。

（2）老师抽取任意三张纸牌，再次让学生读出这三张纸牌上的单词。

（3）老师交换纸牌的位置，快速洗牌，然后请学生说出中间的是什么牌。

S1：Bus!

S2：Jeep!

S3：Bus!

S4：Taxi!

S5：Bus!

（4）老师翻开纸牌，揭示答案 bus。（猜对的学生会有一种成就感）

（5）老师请一名学生上来洗牌，当一回魔术师。

（6）老师将纸牌给学生，请他们自由组合进行游戏。

游戏提示：

老师在示范过程中，在调换卡片位置时可以放慢速度，让学生能尝试通过记忆来确定卡片的变换结果，这样有利于学生想象思维的训练和开发，使游戏更有意义。

示例活动 3

活动目的：用简笔画教单词。

活动准备：教堂 church 的简笔画。

活动步骤：

（1）教师先用简笔画表明词义（见图 6-3）：

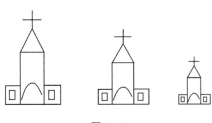

图 6-3

（2）教师示范读音，学生模仿：

示范 1：

T：Church.

Ss：Church.

（3）教师和一位学生示范用句型 there be 和 how many 为 church 创设情景，使用问答法：

示范 2：

T：What's this?

S：It's church.

T：Is there a church in our city?

S：Yes，there is.

（4）再由两人一组的学生模仿操练：

模仿操练：

S1：What's this?

S2：It's church.

S1：Is there a church in our city?

S2：Yes，there is.

S1：How many churches are there in our city?

S2：One church，two churches，three churches，there are three churches in our city.

S1：Are these churches big?

S2：Two churches are big and one is small.

S1：Let's go to the church.

S2：Ok，let's go.

教师应纠正不是 go to the church，应该是 go to school，go to church。

示例活动 4

活动目的：学习和练习动词 listen，open，get，take，give；名词 door，breakfast，sausage，dog；形容词 hungry，little。

活动准备：先复习几遍所学单词，使学生较熟悉时再开始。

活动步骤：

（1）教师边示范边念出含有所学词的句子或短语，单独重复强调句中或短语中的动词、名词、形容词：

I'm having breakfast.（假装坐在桌前，做吃饭状）

Listen!（把手搭在耳朵上，做听话状）

Open the door.（假装开门）

There is a little dog.（模仿小狗叫）

It's hungry.（拍着肚皮，做饥饿状）

Get your sausage.（拿起香肠）

Take a bite.（咬一口香肠）

Give the rest to the dog.（把剩余的香肠给小狗）

（2）教师发出指令和学生一起做：

Good，let's do it together.（教师和学生一起按上面的示范做动作）

I'm having breakfast.

Listen!

Open the door.

There is a little dog.

It's hungry.

Get your sausage.

Take a bite.

Give the rest to the dog.

（3）教师发出指令（若干次），学生做动作，边做边低声重复，注意逐渐加快语速。

（4）教师发出指令，全班、小组、个别做动作，边做边低声重复。

（5）教师边做、边念，学生跟读并做动作。

（6）学生发出指令，教师做动作。教师注意向学生提示句子，以免中断。

（7）教师打乱顺序，并发出指令，和学生一起做动作。

（8）教师打乱顺序，和学生一起边念边做动作。

（9）教师打乱顺序，并发出指令，学生全班、小组、个别做动作。

（10）分组练习，一组发出指令，另外一组做动作。

（11）pair work（两人一组自由练习）。

示例活动 5

活动目的：用手势语教数字。

活动准备：使学生们熟悉表示数字的手势，并懂得用手势表示出来。

活动步骤：

（1）教师示范借用猜拳和汉语常用表示数字的手势（见图 6－4），采用问答法，引出英文数字 one：

图 6－4

T：What's this?

T：It's a finger.

T：How many?

T：One.

（2）操练（每到 one 时，学生和教师都举手用手势表示 1）：

T：What's this?

Ss：It's a finger.

T：How many?

Ss：One.

T：Yes, one, one, one, o-n-e one.

Ss：Yes, one, one, one, o-n-e one.

T：One, one. One finger.

One, one, one, o-n-e, one.

Ss：One, one. One apple.

One, one, one, o-n-e, one.

…

（用学过的名词替换 apple 练习三到四次。）

（3）用步骤 1、2 及下列手势图呈现练习 2~10 的数字。

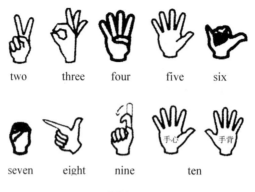

two   three   four   five   six

seven   eight   nine   ten

图 6-5

示例活动 6

活动名称：变魔术，组新词。

活动目的：复习所学单词。

活动准备：准备 26 个英文字母。

活动步骤：

(1) 要求一些学生到讲台上将字母组成一些已学过的单词，如 your，these 等，并展示给全班同学一起读。

(2) 让别的同学到讲台上将刚才的单词变换成别的单词，如 your！you，our；these！he，the，see，set 等。

(3) 全班分成两组。然后猜上面的同学把单词变成了另一个什么单词，猜对了的组就可以加上一颗星或小红旗等。最后星星或小红旗数量最多的组获胜。

示范句型：

S1：What's the word?（The word is "the".）

T1：He.

S1：No.

T1：See.

S1：No.

T1：The.

S1：Yes. That's right.

示例活动 7

活动目的：用熟悉的儿歌曲调自填教学内容，练习形容词 short，tall，fat，thin。

活动准备：先让学生掌握 short，tall，fat，thin，教会所选用的歌曲。

活动步骤：

(1) 选用学生熟悉的儿童英文歌曲（"Happy Song"《幸福歌》的曲调）。

(2) 学生和老师齐唱英文歌曲 "Happy Song"，熟悉该歌曲曲调：

If you are happy and you know it, clap your hands.

If you are happy and you know it, clap your hands.

If you are happy and you know it.

Then you really want to show it.

If you're happy and you know it, clap your hands.

…

(3) 出示已学过的形容词 short，tall，fat，thin。

（4）教师示范用"Happy Song"曲调唱下列歌词：

S1：Are they short?

S2：Yes，they are. Yes，they are.（拍手，拍手）

S1：Are they tall?

S2：No，they aren't. No，they aren't.（拍手，拍手）

S1：Are they short?

S2：Yes，they are.

S1：Are they tall?

S2：No，they aren't.

S1：Are they short?

S2：Yes，they are. Yes，they are.（拍手，拍手）

（5）教师教唱，学生跟唱。

（6）全班分成 A、B 两组，A 组唱问题，B 组唱回答，当唱到 short 和 tall 时，点点头表示："Yes，they are."摆摆头表示："No，they aren't."

（7）让学生唱 fat 和 thin 替换 short 和 tall，唱同一首歌。

示例活动 8

活动目的：用口诀、顺口溜、儿歌记忆单词。

活动准备：相应的英语儿歌和童谣。

活动步骤：

活动（1）

Good better best，

Never let it rest.

Till good is better，

And better best.

活动（2）

Rainy days，sunny days，

Summer time or fall.

Blowy days，snowy days，

Seems I like them all.

活动建议：

这些顺口溜和儿歌不仅会使学生在说、唱、诵中记忆单词，而且可以培养学生的礼貌行为、日常行为，可以鼓励学生要好上加好，激励他们奋发向上。活动（1）还可用来记忆语法中的比较级和最高级。总之，可借用这种形式尽可能地调动各器官协调工作，做到眼到、口到、心到。诵读和说唱一定要出声地读出节奏感。

另外，还有许多儿童英文歌曲都可直接选用来教小学英语中的单词、套语，比如："Please and Thank You"（高年级用），"Row，Row，Row Your Boat"（低、高年级均可用），"Mary Had a Little Lamb"，"Bingo，Table and Chair"等等，教师应注意平时搜集选用。

四、词汇教学技能训练

1. 写一个教授 carry，fetch，bring 和 take 的教案，以小组为单位进行教学，然后根据成绩评价表的各项指标互相评点。

2. 进行"听音查词典"比赛：读一个生词，看谁最先查到；要求发音读得准，词义说得准，造句用法正确。

五、成绩评价表

表 6-1

	指　标	各项比例（%）	得　分
1	明确一堂课词汇教学的要求	20	
2	充分利用直观教学	20	
3	词汇教学不离上下文	20	
4	注意传授单词记忆方法	20	
5	经常检查和巩固所学词汇	20	
	合　计	100	

第七章 语法教学

第一节 语法教学的理论和目标

一、语法教学的理论

（一）小学英语语法教学的原则

1. 交际性原则。

小学英语语法的交际性在于语言呈形象化、交际化。语法能力是交际能力的组成部分，语法不应该在孤立的句子中进行，而应该在交际活动中将零碎的语法点和真实有效的语境结合起来，从视、听、说入手，在听说实践中使学生发现、掌握语言规律。通过设计、创造交际性语言环境，运用幻灯、动作、实物、图片、简笔画、表演对话、手势、表情等，以教学内容为中心，组织真实、半真实的交际活动把语法点和交际性语境结合起来，让学生在贴近生活实践的语言材料中感知、理解和学习语言，在语言交际实践中熟化语言结构，发展言语技能，培养初步的交际能力。

2. 实践性原则。

语言学习，离不开实践和反复练习。以行为主义学习理论为基础的听说法认为，外语学习基本上是一个形成习惯的过程。形成习惯的过程，按行为主义的解释就是，当对刺激的正确反应一直受到奖励，习惯就形成了。其他流派也从不同角度提出了在练习培养言语能力中的作用。因而在教学中特别是语法教学中必须强调语言知识的实践性和练习的多样化。

小学英语语法主要出现在单词、句型、短小文章中，因而语法教学主要是结合这些具体的学习活动，让学生感受、领会、掌握一些基本的语法知识。语法教学要做到精读多练，或适当点拨，反复操练，直到熟练掌握，形成语感，建立一套新的语言习惯。

3. 多样性原则。

纵观各种版本的小学英语教材，我们会发现：小学英语的教学内容基本上是以单词、对话、句型的形式出现，而且每一种感性材料和特定情景都为某一语言项目或语法的学习奠定基础。这就需要教师在进行培养语言交际能力的活动中，设计多种多样的方法，把语法项目巧妙地融入语言活动中去。语法教学的多样性主要体现在为一种语法项目设计多种不同的活动形式，或为多种不同的语法项目设计多种不同的与其相适合的活动方法。比如：可以用对比、图表、口诀、童谣、歌曲、游戏等方法把枯燥的语法规则变成形象、有趣的活动，使学生在轻松愉快的活动中掌握语法知识。

4. 阶段性原则。

小学英语教学着重对学生进行语言基本技能的培养，不是单纯的语言知识的传授，但只练习听说不管语法是不正确的。语法是语言内部规律的总结，学习英语要了解其基本语法。小学英语阶段开展语法教学不是从语法到语法，而是要帮助学生在感性认识的基础上上升到理性认识，最后让学生在理性认识的基础指导之下再进行语言实践。小学英语教学的任务之一便是培养学生对英语语义获得一些感性认识，为初中进一步学习打下基础。小学英语阶段实际上就是对英语知识的感性积累阶段。从这一点上看，小学英语语法教学有最初阶段的特点，应把握这一初级阶段的特点。

（二）小学英语语法教学的目的

从课程标准来看，小学英语教学的任务是培养学生听、说、读、写的基本技能，培养学生对英语学习的浓厚兴趣，通过听、说、唱、做等，帮助学生学会简单的英语对话，能用英语描述日常生活。尽管课程标准对语法没做具体要求，语法在小学阶段仍是不可或缺的。其实，英语作为一种结构性语言，其形式的统一是表达的基础。交际能力的培养也必须以语言能力的发展为依托，没有一定的语言能力很难进行有效交际。小学英语教学中语法虽然不是重点，但必不可少，需要注意的是，其教学方式是有别于高年级语法教学的。

目前我国出版的小学英语教材一般是按结构与功能相结合进行编写的。新标准英语的每个模块中各单元的第一部分 Listen and point 或者 Listen, point and say 或者 Look, listen and learn 等，都围绕一个四会掌握的句型进行操练，而这个句型是第三部分 Look and say 中的重点句型。每个单元的第一部分都安排新的句型，跟在后面的内容所操练的句型要么是巩固运用新句型，要么是在新句型的基础上进行扩展。小学英语中的语法都是安排在句型中呈现和教学的。学生一旦掌握了常用句型之后，就基本上掌握了小学阶段的基础语法。因此，小学英语语法教学的目的是使学生通过学习基本语法，更好掌握句型，运用句型进行听、说、读、写等语言实践活动。

（三）小学英语语法教学的意义

作为入门阶段，小学英语教学的主要任务是通过看、听、说、玩、唱等一系列教学活动，对学生进行听、说、读、写的基本训练，激发学生的学习兴趣，培养良好的学习英语的习惯，并且通过学习一定量的词汇，接触一定量的日常交际用语，培养以听说能力为主的初步交际能力，为初中进一步学习英语打好基础。

在小学英语教学中应该正确把握语法的位置，将语法教学放在以实现真实的交际意图为中心的交际活动中去进行。同时需要注意的是，在小学英语语法教学中，教给儿童语法，不是为了培养他们用语法分析英语语言的能力，不是要他们掌握一系列的语法术语概念，语法教学从属于运用英语能力的培养，是为培养儿童运用英语的能力服务的。语法教学在小学入门阶段只能围绕学生交际能力的培养这一教学目的来进行，不能作为主要教学内容。教师要在大量直观、形象、富有交际性的语言活动中对语法项目的关键之处略作点拨，引导学生通过观察、分析已获得的感性认识，归纳、概括其特点，使语法教学起到画龙点睛的作用，有效地帮助交际任务的实现。语法教学能让儿童对英语语言规则有明确系统的认识，有利于帮助儿童建立起语言规范。

（王电建，赖红玲，2002：89－91，有改动。）

二、语法教学的目标

从小学英语教学的任务来看，似乎只要学生通过听听、说说、唱唱、读读、做做，学会简单的英语对话或用英语进行简单描述日常生活就达到了教学目的，语法教学可有可无。其实不然，语法能力是交际能力的组成部分，语法教学是语言教学必不可缺的内容。事实上，人们在学习和运用语言的过程中，总是自觉或不自觉地学习和运用语法。因而，静态的、封闭的语法知识是在运用中为动态的、开放的、创造性的交际活动服务的，语法是帮助实现交际目的的手段。

根据《标准》，小学英语语法教学的二级目标描述如下：

1. 知道名词有单复数形式；
2. 知道主要人称代词的区别；
3. 知道动词在不同情况下会有形式上的变化；
4. 了解表示时间、地点和位置的介词；
5. 了解英语简单句的基本形式和表意功能。

第二节　语法教学的内容和方法

一、语法教学的内容

（一）词性

1. 部分人称代词的主格、宾格，物主代词。

2. 名词所有格。

3. 部分可数和不可数名词。

4. 冠词 a，an 和 the。

5. 基数词和序数词。

（二）句型

1. 陈述句。如：

（1）This（That）is a＋单数名词等。

（2）I'm（You're，He's，She's）a＋单数名词等。

（3）These（Those，You，They）are＋复数名词等。

2. 疑问句。

（1）一般疑问句。如：Do you like rice?

（2）特殊疑问句。由"How old，how many，what，where，who，when，why"等词引导的特殊疑问句。如：

Where's＋人名（单数名词)?

Where are＋代词（名词）的复数形式?

Who's this（that）＋名词?

还有询问个人情况（姓名、年龄）、天气、时间、颜色等日常用语的问句及答语。

3. 否定句。

4. 祈使句的肯定式。

5. 问候语和请求。

二、小学英语语法教学的方法

在小学入门阶段，英语语法主要体现在各种套语、句型以及为这些套语、句型而设计的活动中。因而语法是在语境和语用中，为交际教语法。教师应设计一系列含有语法点的交际活动，使语法点与交际性语境结合起来，通过交际性练习让学生在真实和半真实的语言环境中掌握语法规则。但在小学英语语法教学中是该明确地告诉学生"Now, let's study the grammar—past tense"，还是该让他们在不知不觉中理解、掌握，下面我们就来谈谈显性语法教学和隐性语法教学。

· 有关显性、隐性语法教学的研究

显性语法教学是指对语法进行直接讲解，而隐性语法教学则指所学材料包含语法概念，或所做训练为语法训练，但并不给学生明确语法概念，如学生可以正确使用 I，me 和 my，但不一定清楚主格、宾格、所有格以及主语、宾语和定语等语法概念。如果进行这些语法概念方面的讲解，或采用演绎的方式进行语法训练则是显性语法教学。教学实践证明，在小学阶段不应进行语法概念的显性讲解，而应采用隐性教学，使学生能在活动中不知不觉地快乐地接受新知识。

· 学习风格与显、隐性教学的关系

学习者的个性差别会导致学习者学习风格的不同，其中有视觉型、听觉型、动觉型，也有经验

型、分析型等。有的喜欢显性的教学方式，有的喜欢隐性的教学方式。一般儿童以经验型居多，成人以分析型居多。在开展语法教学时，教师应充分考虑学生的年龄因素，教学手段的使用尽可能地适合学生的学习风格。在小学英语的语法教学中，教师应尽可能地采用经验型的以动觉为主的教学方式，即隐性教学方式。

· 对语法教学的启示

研究表明，对语法知识的了解可以促进语言的习得过程，最佳的教学方式就是显性教学与隐性教学的结合。由于学习者的年龄不同，认知能力有别，学习风格也不同，因此教学应根据学生的具体情况选择相应的教学方式。教学研究发现，语法教学应采用以隐性教学为主，显性教学为辅的教学方式。但是，在小学英语阶段我们应该采用隐性的教学手段，淡化语法意识和语法概念，不要让学生有学习语法的感觉。

（王笃勤，2003：106）

小学英语语法教学的方法大致可以分为：

（一）演绎法

演绎法在小学英语语法教学法中和它本身的定义是一样的，指的是先把语法概念、规则、表达形式都呈现给学生，并通过具体的例子与学生之前学过的语法作比较，进行解释、说明，使学生接触、了解新语法、新的语言表达方式，然后再通过具体的练习进行巩固、掌握。这种教学能节省学生学习复杂的语法规则的时间，同时也由于其一开始就教给学生准确的表达方式，故有助于提高学生考试时的自信心。如教现在进行时：

概念：表示现在正在进行的动作或所处的状态。

规则：1. 由系动词 be 加动词的 -ing 形式构成。

2. 动词的现在分词变化形式：

……

表现形式：be singing，be talking，be running，…

但小学英语语法教学中一般采用隐性语法教学，因此教师在教语法时应采用如隐性的呈现与讲解。因此，在小学英语语法教学中一般不提倡使用演绎法。

（二）归纳法

归纳法指的是教师让学生在课文里找出相应的表达形式，或先展示给学生含有所学语法的句子，并给出提示引导学生，要求学生自己找出并解释该语法的表达形式、规则及其用法。如果教师所给的例子多而且很典型的话，相对于演绎法而言，用归纳法所学会的语法能给学生留下更深刻的印象，因为由他们自己所发现的东西更利于记忆。如教现在进行时：

教师举例：

I am talking.

You are listening to me.

She is singing.

He is making a cake.

They are running.

…

学生总结：

……

（三）引导发现法

引导发现法是演绎法和归纳法的综合体，也是显性语法教学和隐性语法教学结合体。引导发现法也是由教师引导学生自己去发现语法规则，其发现的过程是由教师的细心引导和语法规则的显性展示和教学来进行的。如教现在进行时：

T：Now，let's study a new expression，means somebody is doing something.

Eg. I am talking.

You are listening to me.

She is singing.

He is making a cake.

They are running.

…

（The teacher explains.）

The students make the conclusion：

…

（四）比较法

比较法是教师将学生已学过的语法知识与现在所学的语法知识进行比较，得出结论，从而使学生更好地掌握现在所学的语法知识。也可以要求学生自己进行比较。如一般现在时与一般过去时的比较：

He goes to school every day.

He went to school yesterday.

从而得出：

表 7—1

时　态	谓语动词	时间状语
一般现在时	动词原形（或第三人称单数）	表示现在的时间
一般过去时	动词过去式	表示过去的时间

（五）图画法

图画法是利用图画创设情景进行语法教学的一种方式。如可以利用图画练习方位介词，there be 句型，可以运用图画练习现在进行时等。操作方式可以是：

（1）展示图片，示范如何操作；

（2）学生个体活动；

（3）小组共享；

（4）提问小组或个人；

（5）归纳语法使用规律。

三、语法教学示例

示例活动 1

活动目的：练习/复习现在进行时。

活动准备：学生站起来，教师用要求掌握的语法点 be（am，is，are）＋doing 说 right 或 wrong 句子。学生跟着重复 right 句子，而在听到 wrong 句子时保持沉默，出了错的学生则坐下来，注意听。

活动步骤：

（1）教师提出要求，并示范一次游戏规则；

（2）游戏开始。

T：I'm a teacher. I'm teaching.

Ss：You are a teacher. You are teaching.

T：（Good）You are students. You are standing and you are listening.

Ss：（变换人称）We are students. We are standing and we are listening.

T：（Excellent）（指着两个站着的学生）They are sitting and they are reading.

Ss：（保持沉默，有几个学生重复，教师请这几个学生坐下，注意听）

T：（指着一个坐下的穿红衣服的女同学）She is sitting and she is wearing a red coat.

Ss：（重复）

T：（指着一个穿黄衣服的男同学说）He are wearing a red coat and he are having breakfast.

S：（保持沉默）

活动建议：

此游戏可用于已学过的任何语法点和单词。

示例活动 2

活动目的：用语法表格复习已学过的名词以及句型 "How many…do you have?"

活动准备：准备好一个 4×4 的格子，教师把要求掌握的、要进行练习的问句句型作为标题写上。在格子最上方的方格里画上或写上任何一个可以在问句中进行替代的名词，复印这个表格，给学生每人一份。让每个学生在有 "X" 的方格下面的方格里写上自己的名字，再让每个学生把自己的格子给旁边的同学，让他在同一栏的下一格写上自己的名字。再重复一下这一过程。让学生们再给一次格子（学生手里不能有写着自己名字的格子），然后学生对有名字在格子里的同学提问，问题中要用到最上方格子里写着的项目，并把同学的回答在恰当的格子里记录下来（见表7-2）。

填写
传递 } 过程

教师

学生

过程

1 2 3 4

学生1 填 ——传递——> 学生2 填 ——传递——> 学生3 填 ——传递——> 学生3 问

活动步骤：

学习内容：How many _____ do you have?

复习内容：各类名词及其单复数。

How many _____ do you have?

表 7-2

X	pen，pencils	bowl candle	(fish, sun, tree, apple)
Tom	three trees		
Mei Mei	seven pencils		
Li Ming			five apples

Mary：Excuse me，Tom. How many trees do you have?

Tom：I have three trees.

Mary：Excuse me，Mei Mei. How many pencils do you have?

Mei Mei：I have seven pencils.

Mary：Excuse me，Li Ming. How many apples do you have?

Li Ming：I have five apples.

活动建议：

此游戏也可在两人之间互相问答，这样利于更多学生开口讲英语。

示例活动3

活动目的：训练所学句型"What is this?"及其回答。

活动准备：先确定各种动物的叫声，如 dog 为"Wou wou wou"，cat 为"Miao miao miao"，还有 duck，bear，tiger 等的声音。

活动步骤：

（1）教师先教唱儿歌"What is this?"：

What is this?

What is this?

It's a dog.

It's a dog.

Wou wou wou.

Wou wou wou.

（2）教师提出要求，并示范一次，即将词汇"dog"换成"cat"，动物所叫的声音也作出相应的改变。如：

What is this?

What is this?

It's a cat.

It's a cat.

Miao miao miao.

Miao miao miao.

（3）将全班分成两组或四组进行比赛。教师指哪一个动物，该组学生就要把儿歌换成相应的动物名称及其叫声。

活动建议：

此活动可用于已学过的单词及其灵活搭配相应的拟声词或相关动词。如：

What is this?

What is this?

It's a book.

It's a book.

Read read read.

Read read read.

示例活动4

活动目的：人称代词与系动词 be、助动词 have 的搭配。

活动准备：复习人称代词与系动词的搭配，并制作出相应表格。

活动内容：

（1）陈述句与一般疑问句句式的比较：

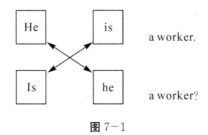

图 7-1

（2）"to be" 与 "to have" 的用法：

表 7-3

人称代词	搭配词	
I	am	have
we, you, they	are	
he, she, it	is	has

活动建议：

表 7-3 很明确地对知识进行比较和归纳。另外，由于表格强调内容的一致性，因此表格只能列举英语语法知识的基本内容。表 7-3 可结合语法教学活动一起练习助动词 be 的用法，也可结合下面这首儿童英文歌曲 "Table and Chair" 练习 have/has 的用法。

Table and Chair

I have a table in my little bedroom.

My little table has a little chair.

I have a table in my little bedroom.

My little table has a little chair.

示例活动 5

活动目的：使用图片教名词复数的构成规则。

活动准备：book, pencil, bird 等实物图片。

活动步骤：

（1）使用图片（大量单数实物名词图片），教师采用句型 "What's this/that?" 提问学生，边问答边把单词写在左边。

（2）使用图片（复数实物名词图片），教师采用句型 "What are these/those?" 提问学生，边回答边把单词竖行写在右边。

What's this/that? What are these/those?

one book ——→ two books

one pencil ——→ three pencils

one apple ——→ four apples

one bird ——→ six birds

one bus ——→ seven buses

one box ——→ eight boxes

（3）师生共同归纳名词复数的构成，一般都是在名词后面直接加 s，要求记住 boxes 和 buses 两个特殊词。

活动建议：

因为直观，很快就能建立复数的概念，而且口头说得出，规则变容易了，学生就不会对语法规则感到困难，教师应多设计类似的活动。

示例活动 6

活动目的：复习词汇和方位介词的使用。

活动准备：根据学生数目准备相应数量的词汇卡片，如 ball, box, on, in, under, in front of, above 等。

活动步骤：

（1）教师要求学生两两成对，进行对话组图练习。

（2）图片要有两份，一份是完成排列的 ball 与 box 位置的图片，交与学生 A，另一份是剪开的图片，交与学生 B；

(3) 要求学生 B 通过询问 A 把图片组合在一起。

B：Where is the ball in Picture 1?

A：It's on the box.

B：Where is the ball in Picture 2?

A：It's under the box.

…

活动建议：

该活动可用来复习巩固图片表达的各种词汇。图片可以是一个表示房子与周围环境位置的场景，也可以是一幅风景画等。

示例活动 7

活动目的：教学名词性物主代词和形容词性物主代词。

活动准备：将学生手中的一些物品收起来放到讲台上。

活动步骤：

(1) 教师邀请学生到讲台来把物品发下去。

(2) 为保证该活动的顺利开展，教师应交代活动的规则，最好先示范一下，如：

T：Now，look. What's this?

Ss：A pencil.

T：Yes，this is a pencil. But whose pencil is it? Tom，is it yours?

Tom：No，it is not mine. I think it is Jim's.

T：Is it yours，Jim?

Jim：Yes，it is mine.

T：Here you are.

Jim：Thank you，Ms. Chen.

(3) 学生轮流到前面来拿东西找主人，每次每个同学只能拿一件东西，以保证能有多个同学得到问的机会。

(4) 活动中教师要鼓励学生进行配合，对学生的回答给予应有的认可。

活动建议：

应从全班不同的位置将不同学生的不同物品拿到讲台，可以是 book, pencil, pencil box, eraser, red scarf 等。

示例活动 8

活动目的：用于学习祈使句或各种语言交际功能。

活动准备：写上表示各种指令或问题的小纸条。

活动步骤：

(1) 将所学内容写成一张张小纸条，每张纸条上写一个指令，比如：

Tell Jack to stand up.

Ask Li Ping to borrow you his pen.

Invite Tom to your birthday party.

(2) 学生从教师手中抽出一张纸条，然后按纸条上的指令行事：

A：Li Ping, can I borrow your pen?

Li：Yes. Here you are.

A：Thank you.

…

（3）该活动可以一个学生一个学生地进行，争取大部分同学都能有抽纸条的机会。

活动建议：

小纸条里的各种指令或问题都是在教室里可以执行或回答的，内容应和学生的生活密切相关，使学生都乐于执行或回答。

另外，还可广泛利用图片、实物、动作、简笔画、童谣、歌曲、游戏等直观手段，吸引学生的注意力，促使学生用英语和客观事物直接联系，形象化、交际化地呈现语法。目前，在儿童英语和小学英语语法教学中还存在以下几个问题：

（1）强调语法概念，侧重语法知识的孤立训练，忽视从语言的运用上去讲解语法知识，从运用能力的培养上去要求儿童；

（2）语法教学中使用的例句缺乏真实语境，不能用真实的语境进行真实的语用功能表达。

四、语法教学技能训练

写一个"一般现在进行时"的教案，以小组为单位进行教学，然后进行点评。

五、语法教学成绩评价表

表 7-4　语法教学成绩评价表

指 标		各项比例（%）	得分
1	明确语法教学的目的	10	
2	教学方法得当	20	
3	讲、练结合，以练为主	10	
4	讲、练的针对性强	20	
5	举例具有代表性与针对性	10	
6	讲规则时言简意赅	10	
7	注意了与相近语法现象的区别	10	
8	善于创造情景	10	
合　计		100	

第八章 听、说、读、写的教学

　　听、说、读、写是人们运用语言进行交际活动必不可少的四项基本言语技能，小学英语教学从入门阶段就应以听说为先导，全面发展学生的听、说、读、写技能，这不仅符合小学英语教学的目的和任务，也符合语言学习的规律。

　　我们知道：语言的学习过程是一个有序的过程，表现为信息的输入和输出，必须以一定量的信息输入为前提，即说写这样表达性的言语活动必须以听读这样吸收性言语活动为基础。此后这四种言语技能的发展相互融合，互为提高。小学英语教学也必须遵循这样的规律。开始时让学生尽量多听，然后模仿、跟读、朗读。具体到教授字母、单词、词组、语音、语调、句型和语法时，老师则必须在教学中实现听、说、读、写的相互转化，相互结合，以全面发展学生的四项基本言语技能。如教句型时，教师的示范、放录音，学生的静听都属听的技能教学；学生跟读、朗诵、模仿则属读的技能教学；利用真实或半真实的情景模拟交际，属于说的活动；抄写、默写、听写又属于写的活动。这些活动环节在一节课里不断反复交替出现，从总体上保证了全面的综合性要求的同时，又一个方面一个方面地巩固、把关，使学生最终实现听、说、读、写的四会技能的培养，掌握小学阶段的语音、词汇、句型、语法基本知识。

　　听、说、读、写技能的训练既是英语教学的目的，也是教学赖以进行的手段。在英语教学中，听、说、读、写四个方面的训练相辅相成，互相促进，但并不意味着每节课都要在这四个方面平均用力。小学生活泼好动，模仿力强。根据这一阶段的年龄特点，起始阶段的教学要从听说入手，培养学生的听说能力有助于学习书面语，可以调动学生学习的积极性，培养学习英语的兴趣，也有助于打好语音基础。起始阶段以后，在继续发展听说能力的同时，要重视培养读写能力，使听、说、读、写四项技能全面发展。听、说、读、写交替训练，在不同阶段应有所侧重，这符合学习语言的自然规律和顺序，也可调动学生多种感官，使学生在动耳、动口、用眼、动手的趣味活动中培养对英语的感性认识，养成良好的学习习惯，获得听、说、读、写的基本技能，为初中进一步学习英语奠定良好的基础。

第一节 听的教学

一、课标要求

　　小学英语教学的重要任务之一是培养小学生会听、会说的能力。会听，即能分辨出说话人发音的正误，能察觉出说话人在语音、语调上的变化特点，能听懂别人说的话，能抓住别人说的大意和要点，通过对方的口气、表情听出对方所要表达的真实意思，而不是只停留在对字面的理解上。会说，即说话人的语音语调要准确无误，用词恰当，句子结构正确，使对方能听懂，能理解，从而达到交际的目的。

　　《标准》要求小学生应掌握下列听的技能：

　　1. 能在图片、图像、手势的帮助下，听懂简单的话语或录音材料；

2. 能听懂简单的配图小故事；

3. 能听懂课堂活动中简单的提问；

4. 能听懂常用指令和要求并作出适当的反应。

二、存在的问题

很多小学英语教师花大量的时间和精力进行听力理解练习，但效果并不理想，其中的主要原因之一是在听的教学策略上存在一些误区。

（一）听力材料不当，内容过难或过多

在进行听的选材上，由于教学资源的匮乏，部分教师对于听力训练的内容难以找到恰当的材料，只要是与所学知识相关的内容就拿来训练学生的听力，没有顾及学生现有的知识水平，或为了快速提高学生的听力水平，扩大学生的知识面，特意找些难度较大的听力材料训练学生的听力，从而造成听力材料过难过多的现象，以及学生害怕英语听力训练的不良后果。

（二）听力训练时逐词逐句、词词句句过关

由于有些学生掌握的词汇和句式有限，没有形成一定的英语语感，所以当听一段英语对话或叙述时，即使会的单词也不一定能全听懂。因此在听力训练时，教师总担心学生听不懂。训练学生听一个简单的句子，在学生听了一遍磁带之后，教师又一个词一个词慢速重复，然后再播放一次磁带，以便学生对每个单词都清楚，以为这样才能使他们了解句子的意思。对于训练听小短文时也这样句句过关。结果养成了学生不良的听力习惯，以后每次听力也会词词句句过关，哪怕有个不重要的单词没听清楚，也会认为自己不了解所听的内容。由此及彼，阅读时学生也会采用这种不良的方法进行阅读。

（三）听说分开

部分教师只是为教听力而训练听力，在听力训练过程中只听不说，手做口不动，只是机械地根据所听的内容做选择或填空问答题，有时由于枯燥单调而容易使学生在听力的过程中走神，以至于降低听力质量。而听的最终目的是说，只听不说最后也会使学生学成"哑巴英语"。

（四）听力训练一定要用录音机或多媒体进行

上课时，学生只要一看到实习生放录音或者叫他们看多媒体播放的片子，就知道要进行听力训练了。因为教师往往会说上一句："Now, let's listen."或者："Listen to the tape and fill in the blanks."有些学生本来对听力就不感兴趣，看到录音机就想睡觉，或者由于画面太精彩，令学生只顾着看画面而忘记听里面对话的内容，从而达不到训练的目的。

（五）听力训练时只是反复地听、机械地做

在做听力训练时，教师只是让学生机械地进行听力练习和做题，遇到学生听不懂的情况时，总是让学生反复地多听。其实，反复听并不能解决理解困难的问题。研究表明，如果某个语言材料听两三遍还听不懂，就说明该材料超过了学生的能力限度，或者语言材料中包含的知识大多数是学生还不了解的知识。在这种情况下，即使再听无数遍也不一定有任何进展。也就是说，假如造成理解困难的是某个生单词，那么无论学生听多少遍，如果没有教师的指导，都不可能"听"出这个词的意思。

（六）先读后听，或听读同时进行

有些教师在进行听力训练时，担心学生听不懂，就在听录音之前让学生读一遍录音原文。或者听一遍之后，由于没有听懂，就让学生阅读录音原文，甚至一边听一边读（看）原文。其实，一般情况下听者不应该阅读录音原文，因为这样会大大降低听力材料的难度，降低听力训练的效果，达不到听力训练的目的。如果确实需要，也应该在学生听 2～3 遍录音之后再读录音原文，以使他们明白自己哪里没听清楚，下次听的时候要注意。另外，现在很多教材都提供课文的录音，有些教师让学生听课文录音时，看着课文听。其实，这种做法不利于听力技能的提高，因为学习者大部分注意力集中在读（看）课文上，而不是听录音上。而一边听一边读的目的应该是纠音。

（七）没有注意培养学生的听力技巧或良好的听力习惯

有些教师在给学生练习听力时，只听那些能听得懂的材料，一遇到听不大懂的内容就放弃，或马上告诉学生答案；有些教师在进行听力训练时让学生边听边看，导致学生碰到听不懂的材料时，会急着找听力原文来阅读或者马上对答案，没有注意培养学生听的习惯。或者在面对面的谈话中，有的学生只注意自己怎么说，而不注意听别人讲话。别人讲话时，他们仍然在思考下一步自己说什么，而不是集中精力去听，学生这样做实际上错过了练习听的机会。

三、解决方法

方法 1

持积极向上的教学态度，有信心提高学生的听力水平。一个没有信心的教师会认为："我的学生听力很差，如果我上课多说英语他们就会听不懂，所以我要多说中文以便他们能听懂我的意思。"可这样做的后果是——学生在课堂很少听到英文，导致他们的英语听力越来越差。一个有信心的教师则这样想："我的学生听力很差，因此我觉得他们需要更多的听力练习，因此我在课堂尽可能多说简单的英语，那样他们在课堂就能听到很多英语，所以他们的英语听力水平就得到提高。"后者的教学效果明显可知。因此，在听力训练和要求上应由易到难，循序渐进，帮助学生树立自信。在学习的起始阶段，可进行识别单词、词组和句子的听力训练，或用慢速英语听一些情节相似、语句大量重复的故事，并根据学生的需要作适当的重复。然后，逐步让学生听正常语速讲的各种对话与叙述，并将所听材料编成连线、判断、选择、排序、回答问题等多种练习形式。这样层层递进，使学生听力水平呈螺旋式上升。

方法 2

所选听力材料恰当，符合"二语习得"规律。美国语言学家克拉申（Krashen）在 20 世纪 80 年代初提出了著名且颇有争议的二语习得模式——"监察模式"，主张"可理解输入"。Krashen 把当前的语言知识状态定义为 i+1。这里的 1 就是当前语言知识与下一阶段语言知识之间的距离。只有当学习者接触到属于 i+1 水平的语言材料时，才能对学习者的语言发展产生积极作用。语言输入的作用就是激活大脑中的习得机制，而激活的条件就是恰当的可理解的语言输入。而习得语言以倾听策略为主。因此，听力语料（内容、长度、难度）要以学生能听懂基本内容为前提，既要考虑到学生的现有语言能力，又要考虑到语料本身是否与教学对象的心理和生理发展水平相适应，有利于学生语言能力的进一步发展。语料的选编要立足于教材内容，根据教学目标和重点，对课文内容进行替换和改写，语料分为精听与泛听，或对课外语言材料进行必要的扩、缩、增、删，对语言表达方式进行科学的分解或合成处理，使之更接近学生的认知水平。

方法 3

采用任务型听力训练，有的放矢。薛基汉（Skehan）（2003）认为，在培养语言运用能力方面，任务型语言教学是目前最有效的途径。任务型语言教学就是指基于任务的一种教学途径，学生在教师的指导下开展各种各样的语言运用活动，在运用语言的过程之中接触语言、理解语言和学习语言。在任务型听力训练中，学生一般都需要完成一个具体的任务。根据所设计的任务给学生播放听力材料，让学生带着目的去听并完成英语课堂任务，对于提高学生的听力水平可谓一个行之有效的方法。

（1）在学生听材料之前，给他们布置相关的听力任务。这些任务可能是关于短文主题的，或者辨别对错的。学生带着听力任务去听思想不容易开小差，而且懂得听力的重点。如给学生听下列短文：

A bus came at the first stop and 14 people got on. At the next stop, 8 got off and 14 got on. At the next stop nobody was waiting, but 3 people got off. 6 people got off and 2 got on at the next stop. At the final stop everyone got off.

如果没有相关的问题，学生听的时候会觉得不知所云。但在听之前首先给学生提出问题："How many bus stops were there?"那么学生即使只听一遍，他们也懂得根据问题而侧重听的内容。因此，把听力材料分为精听与泛听，让学生有的放矢。

（2）给出听力内容的关键词有助于学生的听力理解。给学生听配图小故事或短文时，如果听力材料中出现学生没学过的单词，先教学生一些重要的关键词（新单词），以便减少听力障碍，帮助他们完成听力任务，如"Three Pigs"中的"Mr. Wolf，straw，wood，brick"。同时相关的背景介绍也能很好地引入或解释新单词。

（3）适当减低听力难度。听力内容过长时，学生会觉得很难听懂，难以完成听力任务。教师可以根据内容将其分为几个部分，中间设一定的停顿，以便学生有时间思考并且检查答案，同时将问题简单化，或把一个问题分成几个小问题。降低了难度，学生较容易完成听力任务。同一个内容，采取的方法不同，也会带来不同的教学效果。

方法4

设计多类型的听力活动，使学生动起来。非智力因素的利用，能激发学生的学习兴趣，从而达到教学目的。如可根据教学内容设计训练听力的游戏："听与做"，即按照指令做动作，如"Simon said"等；"听与画"，让学生把听到的画出来，如画图、画表情等；"听与说"，将听到的内容重复出来，如传单词、句子、复述故事等；"听与写"，可以是听写单词、句子，或者找不同等；唱英文歌曲，如"Do-Re-Mi"；也可以创造情景让学生进行对话练习，如"询问信息"等。

方法5

视听说结合。语言教学中的听，实质上是理解和吸收口头信息的交际能力。语言的学习过程是一个有序的过程，表现为信息的输入和输出，即必须以一定量的信息输入为前提。一般说来，学生的理解能力往往高于他们的表达能力。听的过程中可以让学生大声跟着说、读，形成辨音能力，因此听的过程和说的过程往往交织在一起，形成一个轻松、活跃的氛围。学生喜欢看童话、动画、科幻等电视电影，因为这种活动本身吸引他们。因此，在教学中，教师可以选择、利用和课堂教学内容关系密切、水平相当的多媒体创设情境，引发学生直接兴趣，让学生观察、模仿、扮演，视听说结合。如教学"自我介绍"的表达形式，可以播放《音乐之声》中七个孩子出场时两次自我介绍的那一部分电影片断，通过让学生观看，模仿影片中自我介绍的语言、动作和表情，并补充相应内容，训练学生的听说能力。

方法6

培养学生良好的听力技巧和听力习惯。英语课程的任务是："激发和培养学生英语学习的兴趣，使学生树立自信心，养成良好的学习习惯和形成有效的学习策略。"因此，教师应培养学生良好的学习习惯，由他们的性格、动机、态度来决定他们的学习风格、学习策略、学习结果，而不是由教学制度、教学评估方式来决定。

（1）培养学生良好的听力技巧。①在日常对话中，培养学生听的意识。如在两个学生对话结束之后，问别的学生相应的问题，使学生听英语时都下意识地去听。②遇到学生听不懂的情况，从其他角度寻求解决方法。不要马上告诉学生答案，更不要让学生读原文。如听力材料过长时，可以根据问题在适当的地方停顿，提醒学生怎样抓住关键词来听，从而完成听力任务。③培养学生猜词技巧。听力材料属于有声信息，让学生根据语气、语调、停顿来判断说话者想表达的意思。如学生听到"happy，angry，scare"这三个词，scare是学生刚接触的，但学生可以根据教师的表情猜出scare的意思。另外，说话者的语气、语调的变化还可以帮助学生把握说话内容的重点。④适应各种听力题型。现在很多听力材料都采用选择题的形式，这种活动侧重检测听的结果，而非听的过程，因此并不是练习学生听力的有效方法。教师应该让学生尝试其他强调听的过程的练习活动，如一边听一边填空、做笔记或如"方法1"所提到的根据听的内容进行连线、判断、选择、排序、回答问题等多种形式的练习活动。另外，知识的积累有利于学生的理解，如果所听材料为学生接触过的知识，那么他们就能正确理解听力内容。

（2）培养学生良好的听力习惯。①使学生处于英语氛围中。教师上课时尽量使用课堂英语，让学生处于听英语的环境中，同时有意识地引导学生说英语，培养学生良好的听说习惯。②下意识地听英语。看英文原声电影、卡通时，有意识地听里面人物的对话，而非看中文字幕。英文原声影片的对白，最能提高学生的听力，很多英语自学者也都是通过英文原声影片来提高自己的英文水平。③专注于所听到的英语。在师生或生生面对面的谈话中，或听别人说英语时，要专注地听，并尽可能正确地回答。

四、小学英语听的教学活动示例

示例活动 1

活动名称：Listen and point。

教学目的：巩固或复习所学过的单词。

活动准备：

全班先读一遍水果类单词：apple, pear, orange, banana, grape 等。

教学步骤：

（1）将水果卡片发给学生（每桌一份）。

（2）教师读出水果名称。

（3）学生根据所听到的名称把水果指出来，并比较同桌之间谁的速度快。

活动建议：

（1）可以把图片贴到黑板上，让两个学生上去做示范。

（2）如果是一张卡片一种水果的话可叫学生把卡片举起来，更能激发学生兴趣。

（3）教师可以加快速度，采用淘汰赛的形式赛出本班冠军。

（4）这种活动可用于巩固或复习同类单词，如动物类、天气类等。

示例活动 2

活动名称：Listen and act。

教学目的：巩固或复习所学过英文表达。

活动准备：

复习表示红绿灯的英文表达：Red is STOP. Yellow is WAIT. Green is GO.

教学步骤：

（1）教师首先做示范，如用"机器人动作（一只手在前一只手在后，不动）"表示"Red is STOP"，用"双手交叉在前（身体原地有节奏地上下动）"表示"Yellow is WAIT"，最后用"原地快跑"表示"Green is GO"。

（2）学生一起发口令，教师做动作。

（3）教师发口令，学生做动作。

（4）让一个学生对一组同学发口令，让他们做动作，比比看哪组做得又快又整齐。

活动建议：

可以将全班分成六人或八人组，让学生自己设计动作，找时间比赛，评出本班"最佳动作设计"及"最佳表演"。

示例活动 3

活动名称：Listen and draw。

教学目的：巩固或复习所学过的单词。

活动准备：

表示介词 on, under, in front of, between, beside 等方位的图片和单词，另准备四幅难度相当的可以用所学介词描述的画，如一幅图为："There is a table in the picture. Two apples are on the table. A football is under the table . There is a chair beside the table. A boy is standing in front of the table. "

教学步骤：

（1）用图片复习介词。

（2）将全班分为四组，每组派一名代表到黑板画图。

（3）教师拿出事先准备好的画，让该组的同学描述给代表在黑板画出，每人描述一句。

（4）教师计时，并根据画的准确程度评出冠军。

活动建议：

（1）准备的四幅画程度一致，学生用来描述画面内容的句子数量也要一致。

（2）可以让两个学生同时在黑板上画，这样更容易决出胜负。

示例活动 4

活动名称：Passing words/sentences。

教学目的：巩固或复习所学过的单词或句子。

活动准备：写有单词或句子的纸条。

教学步骤：

（1）把学生以竖排或横排的形式分成小组。

（2）教师把写有单词或句子的纸条拿着给每组的第一位或最后一位学生看，只许学生看并记住，不许写下来。

（3）教师说开始，学生就开始把单词或句子告诉后一位同学，传的速度最快且正确的小组获胜。

活动建议：

（1）每组最后一位同学听到传话后要马上站起来并大声将句子说出，最快的为胜。

（2）也可以要求最后一位同学到黑板将句子写出来，又快又准的为胜。

示例活动 5

活动名称：Draw the expression（画表情）。

教学目的：巩固或复习所学的表示感情的单词。

活动准备：

教师在黑板上画出人头若干，并要求学生在练习本上画同样数量的圆形人头（见图 8-1）。

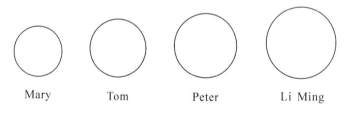

图 8-1

教学步骤：

（1）教师放录音，学生静听。

（录音：Mary is angry. Tom is happy. Peter is crying. Li Ming is laughing. ）

（2）教师范读，学生静听。

（3）在学生静听若干次之后，教师要求按录音画不同人的表情。

（4）教师检查，并将黑板上的画按正确的画法给出，让学生自己检查听的效果。

活动建议：

（1）让两个学生到黑板前画，看谁画得又准又好。

（2）评出全班冠军。

100

（3）让学生当小老师，自己设定各个图像的表情，到讲台前要求同学们画。

示例活动 6

活动名称：Colour the pictures（涂色）。

教学目的：巩固或复习所学的表示颜色的单词。

活动准备：

教师准备画有花、树、房子和月亮的卡片，或者叫学生预先在练习本上画好图画。

教学步骤：

(1) 教师说出句子：

Yellow　It's a yellow moon.

Red　It's a red house.

Blue　It's a blue flower.

Green　It's a green tree.

(2) 学生根据所听的内容给物体涂上相应的颜色。

(3) 教师检查，并将图片涂上相应的颜色。

活动建议：

(1) 评出全班冠军。

(2) 让学生当小老师，根据其本人设计，到讲台要求同学们涂色。

五、听力教学技能训练

1. 选定新课标小学英语课本中一段对话作为听力训练内容，以小组为单位分别进行试讲训练，然后点评。

2. 选择一篇小短文进行听写训练，以小组为单位进行点评。

第二节　说的教学

一、课标要求

培养学生会说的能力是小学英语教学的重要任务之一。小学英语说的教学在很大程度上反映在语音教学方面。本书第五章提到，小学英语语音教学的内容包括字母的单音教学、单词的拼读教学、语调、连读、重音、停顿等，如果一个人发音不准，语调不顺，听别人谈话或别人听自己的谈话，都会有困难；相反，如果一个人学好了语音，有了正确的发音，流利的语调，就能运用该种语言进行顺利的交际，既能够准确、迅速地听懂别人的说话，也能够自如地表达自己的思想。

《标准》要求小学生应掌握下列说的技能：

1. 能在口头表达中做到发音清楚，语调达意；

2. 能就所熟悉的个人和家庭情况进行简短对话；

3. 能恰当地运用一些最常用的日常套语，如问候、告别、致谢、致歉等；

4. 能在教师的帮助下讲述简单的小故事。

二、存在的问题

（一）把英语口语交际课变成英语"背书课"

英语口语交际课一般按照"提出话题—讨论、准备—指名表达"的环节进行。在指名表达环节时，被叫学生站在自己的座位上表达。在这种情况下，表达者要么背对着倾听者"交际"，要么对着倾听者的背"交际"，即使学生上台面向大家表达，也仅是"表达"而已，没能在应有的特定情境下进行交际礼仪展示及必要的身体、情态辅助语言的运用（这是口语交际的独特优势），更没有倾听者的应答训练。这使原本贴近生活、轻松活泼的口语交际课变成了课堂气氛浓重、紧张严肃的"背书课"。

（二）话题教学目标不明确

有的教师在实际教学操作中局限于学生对语言表层信息的吸收、理解和操练，满足于学生对交际用语的熟练掌握，而忽略了培养学生运用所学功能用语谈论某一话题的能力，学生的语言能力没有得到发展。

（三）用汉语语境代替英语语境

有的教师在教英语口语时，使用的语音和语调不自然，刻意模仿，不是在真实交际中应该使用的语音语调，而是唱读或其他形式的语音语调；读数字、单词等如读古文那样故意把语音语调拉长。这就容易使儿童在一开始学习英语时就养成不正确的语音语调习惯，没有体现英语口语的真实性，说话时不是在说句子，而是在读单词。如唱读：

This-is-my-book.

What-time-is-it-? It-is-se-ven.

（四）过于依赖教材进行教学，缺乏针对性和灵活性

教师在教学对话时，一般都是按照教材内容顺序按部就班地教，比如简单的日常用语"Good Morning. Hello, How are you?"，问答："What's this? It's a book."等。教师在教学时，也是叫学生背对话，而没有灵活地根据对象的变化而作出称呼、物体等相应的变化，造成学生对于所学内容的死记硬背，不能对所学的英语知识灵活地运用。这样的教学往往会削弱学生的学习积极性，降低他们的学习兴趣。

（五）把英语口语课变成英语"写话课"

在英语口语课堂教学中，有的教师用半节课的时间进行英语口语训练，剩下的半节课要求小学生将要表达的内容用笔写下来，以写代说，将英语口语课上成了英语"写话课"。问及原因，原来"口语交际"一般没有考查，即使有，也不会"口试"，而是在英语试卷上提出一个话题，让学生围绕这个话题写一段。所以教师也就以"写话"来应付这个"笔试"。

（六）没有注意帮助学生克服语言焦虑，形成新的"聋哑英语"

小学生普遍对口语交际有焦虑情绪，表现为退缩、紧张等，缺乏真正的兴趣爱好。因此，语言焦虑与语言表达成反比，语言焦虑越大，语言表达越不流畅。有的小学生表明当众发言不自在，害怕自己不如别人，担心被别人耻笑。值得注意的是：持续的焦虑态度使其产生消极、厌倦的情绪，从而形成了恶性循环。交际时，很多小学生表现出紧张、胆怯，不愿或不敢交际；表达时结结巴巴，口头英语不规范；夹着方言或词不达意，语无伦次，望着别处或用手绞着衣角，不知所措，倾听时表现出的是漫不经心或干脆不听。英语口语训练时，又因为没有良好的语言环境和氛围，加上害怕说英语出错而不敢开口说英语，从而形成新的"聋哑英语"。

三、解决方法

方法1

从最常用的日常用语开始着手教，让小学生对英语有个初步的接触，在进一步认识、熟悉之后再进行口语交际。这就如把一个小学生置身于一个陌生的环境，如果有人带他去，让他对该环境有所了解、熟悉之后再把他单独留下。和一下子就把他单独留下相比，前者更能使他适应。因此，和中文交友相联系，从学生熟悉的生活实际出发进行引导能使学生更容易接受。如：

Good morning!

What's your name? My name is…Nice to meet you.

How old are you? I'm…

方法 2

模拟与角色扮演。学生根据对话内容，采用小组形式，分角色扮演。表演的内容可以是课本上的情景对话，或是由课本上的话题拓展的对话，或是自己设计的同一话题情景对话；一些有趣的故事也可由学生改编成人物对话，然后分角色模拟表演。模拟表演的运用，拓宽了课堂教学的视野，使学生将外语学习与社会各方面的实际生活联系起来，弥补了学生不能经常走出课堂到社会上去学习的某些缺陷。

方法 3

小组辩论。辩论多指 4 人活动，学生就某一话题发表自己的不同见解，组织小组辩论。学生 4 人一组分别称呼自己喜欢的名字，辩论的内容可以是同学们身边的熟悉话题。学生首先分组讨论，整理自己的观点，然后分组进行辩论。教学实践表明，英语课堂小组辩论气氛十分热烈、活跃。

方法 4

故事改编。以课本上的故事情节为基础，鼓励学生从不同的角度去大胆改编故事，拓展学生的发散思维能力。教学中同学们思维活跃，想法独特，畅所欲言，会给出故事的多种结局。教学中教师有意识地提出一些开放性的问题，启发学生从不同的途径、角度探讨问题。这种上课方式会使学生感到轻松自如，思维能力得到很好的发挥。

方法 5

选用英语童谣或歌曲进行教学能很好地培养学生的语音、语调、语感，激发学生的学习兴趣。例如，学习水果类单词时可以采用歌曲 "Apple Round"："Apple round, apple red, apple juice, apple sweet. Apple, apple, I love you. Apple sweet，I love to eat." 歌曲的表演可以采取接龙唱、小组唱、对唱和表演唱等不同形式。选择那些能灵活采用各种方式表演且富有童趣的英语歌曲进行口语教学，不仅能培养学生的韵律感，还能提高课堂教学效率。例如，"One Two Three Four Five Song"："One, two, three, four, five, six, seven, eight, nine, ten.（按照数字伸手指）Stand up.（站起来）Clap, clap, clap（拍三下手）. Point to the window, point to the door, point to the ceiling, point to the floor.（根据歌词指向窗、门、天花板、地板）One, two, three, four, five, six, seven, eight, nine, ten.（按照数字伸手指）Sit down.（坐下）Clap, clap, clap.（拍三下手）"。

四、小学英语说的教学活动示例

示例活动 1

活动名称：Greetings。

教学目的：培养学生的交际意识及礼貌用语。

活动准备：复习所学的问候用语。

教学步骤：

（1）把学生分成二人、三人或四人小组。

（2）可以把情景设置为早上、中午、晚上或在路上偶遇，然后向对方进行问候；或者假设为初次见面的三人之间的互相介绍，也可以是电话问候等。

（3）评出发音准确、语言得体、表情丰富的问候冠军。

活动建议：

提醒学生问候时应有的表情和所采用的语调。

示例活动 2

活动名称：What time is it，Mr. Wolf?

教学目的：掌握所学的时间表达。

活动准备：wolf 的头饰或帽子，并确定 Mr. Wolf 说到几点时开始抓人。

教学步骤：

（1）把学生以小组形式分组。

（2）每个小组指定一个学生戴 wolf 头饰扮演 wolf，其他同学在一定距离时手牵手围成一个圈。

（3）学生们开始朝同一个方向一边走一边问 wolf："What time is it, Mr. Wolf?"

（4）当 Mr. Wolf 说到 "It's five/ten…" 这些约定时间时，Mr. Wolf 就可以立刻抓人。接着，被抓到的学生来扮演 Mr. Wolf。

活动建议：

（1）可以在户外或活动室内进行。

（2）可以用 Mr. Dog，Mr. Tiger，Mr. Cow 等来代替 Mr. Wolf，也可以约定一个特别的时间，如 thirty，每说到半点就抓人。

示例活动 3

活动名称：Shop assistants and customers。

教学目的：能根据特定的情景使用相关的用语。

活动准备：待出售的书、文具、玩具等。

教学步骤：

（1）教师把相关用语写于黑板，或全班复习一遍：Can I help you? How much is it? Which one do you like?

（2）把学生分成四个小组，每个小组都有人数相当的顾客与售货员。

（3）教师说开始，第一轮买卖进行。五分钟后顾客与服务员身份互换，进行第二轮买卖。

（4）教师对学生的表达与行为进行总结。

活动建议：

应先确定买卖物品的统一价格。

示例活动 4

活动名称：Look and say。

教学目的：能根据所看到的同学表演的动作问问题并回答。

活动准备：在黑板上写上 singing/swimming/running/playing basketball。

教学步骤：

（1）教师先演示游泳的动作，问学生："What am I doing?" 学生回答："You are swimming."

（2）教师邀请一个学生到讲台做动作，问："What is he doing? He is…"

（3）学生互相之间进行对话练习，看着做动作的同学问："What is he doing?" 另一个同学回答。

（4）教师邀请几组同学到讲台表演并进行问答。

活动建议：

可以让学生自己设计动作，提问并回答。

示例活动 5

活动名称：替换练习（学习表示颜色的单词）。

教学目的：熟悉掌握所学的词汇，并通过有节奏的问答表达、替换。

活动准备：各种颜色的彩纸。

教学步骤：

（1）教师先教会学生有节奏地朗读儿歌：

Colours, Colours are not the same.

（拍手）（拍手）（拍手）（拍手）

Colours, colours are not the same.

（拍手）（拍手）（拍手）（拍手）

What's your colour?

My colour is red/green/yellow/blue…

（2）教师邀请五位（人数不定）学生到讲台，每人发一种颜色的彩纸。

（3）下面的学生拍手有节奏地读儿歌并提问，上面的学生根据所拿彩纸的颜色一个一个按顺序回答。

（4）换另一组同学，或者学生在下面同桌之间做会话练习。

活动建议：

可以采用比赛的形式，由教师拿彩色纸，学生抢答。

示例活动 6

活动名称：捉迷藏。

教学目的：培养学生听说能力以及使用方位词的能力。

活动准备：蒙眼睛的丝巾或带子。

教学步骤：

（1）教师选出一名学生作为主猜者，用丝巾蒙住他的眼睛，并请他背对同学们。

（2）请一名学生悄悄地躲在门背后。

（3）请主猜者转过身来，老师和其他同学一起问："Where is…?"这名学生小声回答："I'm here."

（4）主猜者听到他的声音后，问："Is he behind the teacher?"

其他同学一起回答："No!"

问："Is he in front of the window?"

答："No，no. You will try."

问："Is he behind the door?"

答："Yes，yes. You are great!"

（5）换另一位同学。

活动建议：

开展第二轮游戏时，也已经同时请两位或三位学生同时蒙住眼睛，进行猜测。

示例活动 7

活动名称：玩具总动员。

教学目的：培养学生描述东西大小、颜色、形状的能力。

活动准备：让学生把自己喜欢的玩具用不透明的袋子装好拿来教室，在课堂进行描述。

教学步骤：

（1）教师先拿出自己带来的玩具进行逐句描述：

It's an animal.

Its ears are long.

Its eyes are red.

…

直到学生能猜出 rabbit 为止。

（2）让猜中的学生用英语描述自己手中的玩具，让其他学生猜。

（3）其他没有猜中的学生或没有机会上去的学生和同桌互猜并交换玩具。

活动建议：

描述的时候一有学生举手就停下，猜对的就换人，猜错的就继续。如果学生仍猜不出，教师应帮助描述的学生改进描述语言，以尽量接近谜底。

五、技能训练

1. 分角色分小组组织一次对话朗读比赛。

2. 写一个对话练习的教案，在组内进行试教。每组再推选出一名代表在班内展示教学。

3. 进行一场顾客与售货员买卖商品的小品竞赛。

第三节　读的教学

一、课标要求

小学阅读不同于中学和大学阅读，其对阅读水平的要求很低，主要是培养良好的阅读习惯，培养学生对阅读的兴趣，同时使其掌握基本的阅读技巧。根据人们对影响阅读因素的研究，自动解码能力的培养是阅读能力提高的关键，而小学阶段正是训练词语自动解码能力的关键时期。教师应该抓住这一时机，使学生养成见其形式知其意思的能力。

《标准》要求小学生应掌握下列读的技能：

1. 能认读所学词语；

2. 能根据拼读的规律读出简单的单词；

3. 能读懂教材中简短的要求或指令；

4. 能看懂问候卡等所表达的简单信息；

5. 能借助图片读懂简单的故事或小短文，并养成按意群阅读的习惯；

6. 能正确朗读所学故事或短文。

二、存在的问题

（一）阅读部分

1. 阅读材料过分依赖教材，内容单一。小学生阅读的材料大部分来源于他们学习的英语课本，而英语课本的编订又不能及时满足当前小学生的兴趣需要，很多阅读材料已经过时，或只从教育者的角度考虑。因此，学生对阅读也是应付式地完成任务，长此以往导致学生视野狭窄，阅读速度慢，理解能力弱。

2. 阅读材料难度不符合小学生水平。目前小学生的阅读材料或生词过多，或语言结构太复杂，学生不能流畅地阅读。小学生的词汇量比较少，对句子结构等英语语法知识还没有太多接触，如果一篇阅读材料的生词过多或句子结构太复杂，将影响学生阅读的兴趣与信心，无法培养交际性阅读能力。

3. 忽视阅读技能技巧的训练。由于"以教师为中心"的传统思想仍然根深蒂固，又因应试教育的影响、小学生的自主学习能力的薄弱、课堂时间有限等等，教师们不愿意花太多时间在技能训练上，而是直截了当地让学生进行阅读，然后做阅读练习，最后给出练习的答案。阅读流于形式，为阅读而阅读，学生根本没时间去分析阅读资料，阅读的过程也显得枯燥无味，学生的交际能力没有很好地得到培养和发展。

4. 阅读重点在词句操练上，忽视对语篇的整体理解。在小学英语课堂中，词句的学习占了很大的比重，各种活动、游戏基本上都是以词句的学习巩固为中心，而对课文的学习则显得蜻蜓点水、浮光掠影，导致学生"只见树木，不见森林"。有的因过分注重语言知识的讲解而割裂了语篇，影响学生对完整语篇的感知和理解，使其阅读能力得不到应有的发展。

5. 注重阅读练习与结果的反馈，忽视阅读过程的指导。对学生的阅读方式和过程采取放任态度，在让学生阅读后，匆匆将检测性的问答和练习抛出，注重阅读结果的反馈，缺少对学生阅读过程的关注，导致学生阅读效率低下，阅读兴趣滑坡。

6. 只注重对课文意思的理解，不注重文化背景的渗透。表现为注重语篇含义的获得以及处理整个篇章的能力，譬如疏通语言点，串讲课文，从字里行间或细枝末节上捕捉隐含意义，以及弄清段落间的关系，概括课文大意等，一味凸显语言的知识性使我们的英语课堂失去了许多情趣和精彩。

（二）朗读部分

1. 没有体现小学英语教学中的语音教学的真实性。小学阶段是学生对语音最敏感的时期，抓住此时解决语音问题正合时宜，否则小学阶段失此良机，学生没学好语音，会给中学教师带来很多纠音的困难。但有些教师对于语音教学的目的认识还很不够，为教语音而教语音的现象普遍存在，忽视了语音的交际性功能。在进行语音教学时，孤立地进行语音朗读训练，认为多读几遍学生就会了，有的甚至鼓励学生给音标或单词注音。因此很多学生在发音时根本不运用学过的发音方法和规则，只知鹦鹉学舌式地跟读，记忆单词不是根据发音，而是靠一个一个字母的死记硬背。虽然"最小对立体"的训练可以有效地帮助学生区分不同发音，但是这种机械练习过于单调且无意义，学生的遗忘率也高，而且容易将所学的单词混淆，降低学生课堂学习效率。就如教颜色 red, green, yellow,… 每个单词都读几遍，表面上学生都会读了，但把各种颜色混在一起，随便拿起一个叫学生说出其颜色，结果表明还是有很多学生不会说。将音素与字母、单词分开进行的这种孤立教学方法是行不通的。教字母时没能将字母、单词及音素联系起来教学，互相之间没有适当的知识联系与扩展。实践表明，这种拔苗助长的做法是完全不切实际的。

2. 语音教学的各个环节相互脱节，缺乏整体性和连贯性。小学英语语音教学的内容可包括以下几个方面：字母和音标的单音教学，单词的拼读教学，语调、连读、重音、意群停顿和节奏等语调、语流教学。小学英语语音教学的任务不是让小学生学些语音理论，而是教会小学生运用英语语音的基本知识，发展听、说、读、写的基本技能，培养对英语的语言感觉。然而有的老师在教英语语音时，没能为学生呈现真实的英语语境，使用的语音和语调不自然，刻意模仿，用唱读或其他形式的语音语调，读字母、单词、句型等如读古文那样故意把语音语调拉长。这就容易使儿童在一开始学习英语时就养成不正确的语音语调习惯，如唱读："This-is-my-book. ／What-time-is-it-? ／ It-is-se-ven."其实这可以说不是在说句子，而是在读单词。

3. 过于依赖教材进行教学，缺乏针对性和灵活性。教师在教学字母、单词的读音时，一般都是按照教材内容顺序按部就班地教，但一些众所周知的内容没必要花同样的时间去教。比如，水果 apple 和 banana，动物 monkey，dog 和 cat，以及简单的日常用语 "Good Morning. Hello. How are you?"等，在教师没有教之前，学生大都已经会说、会读。对于这些内容，如果教师仍是从头到尾地按照教材教下去，就会削弱学生的学习积极性，降低他们的学习兴趣。

4. 选用的英文歌曲不够恰当，表现形式比较单一。英语歌曲能很好地培养学生的语音、语调、语感，激发学生的学习兴趣。然而，当前小学英语课堂教学中选用的一些歌曲并不恰当。这种不恰当首先表现在有些教师往往采用中英文结合的歌谣，有些歌谣甚至只有一两个英语单词。这些歌谣读起来虽然韵律、节奏感都很强，但会使学生在学习英语时对汉语产生依赖。如教学歌谣"苹果苹果 apple，香蕉香蕉 banana"后，学生看到实物苹果时，首先想到汉语"苹果"，然后才想到单词 apple，这无形中浪费了学生的智力和时间，造成学生的学习障碍，不利于培养学生的英语语感。

三、解决方法

（一）阅读部分

方法 1

从学生的生活实际入手，引入话题。教师首先应明确交际的专题和教学目标，将之与学生的生活实际巧妙联结，通过问答、介绍、对话的形式来激活学生原有的经验储备，使之在积极、主动、活跃的思维状态下进入有意义的学习。如《牛津小学英语》6B Unit 2 More exercises 是一篇谈论运动的课文，语言项目包括跑步、跳高、跳远、游泳等运动名称和副词比较级的句型。针对这一学生熟悉的话题，教师可以用问题直接导入学习："Who is good at PE? Who can jump? Who cam jump higher,

Tom or Jack? …"让学生在说说、做做、比比中初步感知语言。仍以本册教材 Lesson 20 一课为例。该课通过中外两个孩子的对话，介绍了纽约四季的气候特点，教师可以引导学生以谈论家乡的气候为切入点开始课文的学习："What's the weather like here in spring? What about autumn here? Which season do you like best? My friend Lily wants to go to New York next week. She wants to know something about the weather in New York. What's the season now in New York? How about the weather there? Please look at the screen…"有了生活经验为基础，学生的认知过程充满感受，语言输出就自然而达意。

方法 2

分步进行语言项目训练。教师将课文中的重点词汇（达到"四会"要求）功能句等语言项目分步进行机械操练、意义操练和交际性操练。

（1）借助图片、实物、教具等进行单词认读。通过形式多样的机械操练使学生掌握正确的语音、语调。常用的游戏有摸物说词、看口型或表演猜词、拷贝不走样、听音传话、图片快速闪动、听指令做动作等，力求多种感官协调互动，使学生学得活泼扎实有效，牢固掌握词汇。

（2）将新的语言功能句呈现给学生，分层设计小任务予以训练。这一环节要注意的是：句型的呈现要借助情景的创设而进行，以便让学生明晰语言意义及使用场合；要将活泼有趣的形式与有效的语言实践有机结合；任务的设计要有较强的目标性、序列性和整体性。如围绕 Asking the way 这个主题中的句型 "Excuse me, can you tell me the way to…?" 以及应答句，教者可设置如下场景：利用课桌和标牌在教室前方模拟设置街道和十字路口，让学生在其中走走说说，以增强对下列短语和句子的感知："go along the street, turn left/right at the first/second/third crossing, in front of, next to…" 在学生熟练掌握的基础上设计以下任务：①听对话录音，在所给的交通线路图片上标出某一特定地点的位置；②根据提供的地点图片，回答问题；③看城市交通图，听录音，猜猜"他在哪里"；④根据画面情景，用所学的句型编对话。以上任务从听、做、说、猜、编等维度精心设计，由易渐难，形成了一个环环相扣、层层递进的有机整体。

方法 3

从视听入手，整体感知语言材料。"以问题推动学习，以任务贯穿课堂"是教师进行阅读教学设计时应牢牢把握的一条准则。首先借助课文主题图画、投影或多媒体课件呈现对话内容，使学生对语言背景有形象、直观的感性认识；让学生看图，带着问题听录音，发展听力理解的水平和能力，并对全文大意有整体的把握；以排序、选择、判断、连线等较为简单的检测方式帮助学生理清文章脉络。

方法 4

具体了解语篇内容，加强过程指导。通过多层次、多角度读的操练，如自由读、默读、个别读、齐读、小组读、分角色读、接龙读等以及师生、生生互动问答、对话，引导学生多开口、多表达，加强对学生语言文字感受力的培养，同时通过完成填空、填表、画图或回答问题等稍为复杂的任务的方式帮助学生深入理解语篇内容。教师不仅要关注学生阅读反馈的结果，更要关注学生的阅读过程，如是否有疲劳、倦怠的心理，是否有指读、唱读等不良习惯，学生用什么方式阅读或表达，通过什么途径去获取有价值的信息和资料，怎样与他人合作，相互间的分工、协调以及合作的状态和效率如何等。对于这些动态式学习，教师要适时地予以指导调控，纠偏导正，使学生形成良好的学习态度、学习习惯和学习策略。

方法 5

以语篇为单位综合训练，强化综合语言能力。

（1）用不同的方式复述课文，包括填空复述，把课文主题图分解成连环画看图复述，根据段落大意复述等。

（2）学生根据各自掌握的情况，自选一个段落或全篇，和同伴合作，把它表演出来。

（3）让学生进行接龙传话，把对话变成一篇短文，再写下来。

（4）完成教材中的相关练习，口头汇报。如听、说、演、编、写等技能训练全方位展开，基础性、层次性和拓展性相结合，不仅训练学生的阅读感知力和阅读鉴赏力，而且培养学生的阅读迁移力和阅读再造力，全面提高其综合运用课文知识的能力，并为下一环节实践型任务的顺利实施作铺垫。

方法6

实现训练型任务向实践型任务的过渡，培养语言运用能力。语言学习的最终目的在于正确熟练地运用。结合语言项目和生活实际设计任务，让学生运用所学语言自主交流，沟通信息，或去分析、解决实际问题，在完成任务的过程中，将所学语言内化为自己的语用能力。如所阅读的文章为介绍英国笔友 Tom 的个人信息，教师可因此设计一些创造型任务：让学生转换角色，假设自己是 Tom，根据课文内容进行自我介绍，并表达自己想交一个中国笔友的愿望。再变换人称，向自己父母介绍 Tom；给 Tom 写封信，介绍自己。这一系列任务促使学生从文本阅读者转化为语言实践者和活动参与者。在完成任务的过程中，教师除了关注学生的语言运用情况以外，也应该注重对学生语言交际策略的指导，这样的指导对学生真实的语言活动具有很大意义。

方法7

培养文化意识，拓展阅读空间。语言具有丰富的文化内涵，英语学习中有许多跨文化交际的因素，这些因素在很大程度上影响学生对英语的学习和使用，因此通过文化背景的渗透来培养文化意识有助于学生真正学好、用好目标语，这也是教师在英语教学中的一个重要任务。现行各版本的小学英语教材有不少涉及生活方式、传统习俗等的文化背景，如主要英语国家的国旗和首都、重要节日、重要标志物等，教师在教学过程中应通过语言介绍或生动的音像、图片资料向学生展示异国文化的风采，并引导学生利用课外时间去搜寻更多的相关信息。根据课程标准的要求，阅读能力的培养应"源"于课内，"流"向课外。即以课堂教学为轴心展开外延性拓展，将阅读的触角伸向更广阔的空间。通过经常性的阅读积累，巩固、扩大词汇量，提高学生的阅读速度和理解的准确度，逐步形成良好的语感以及阅读习惯和能力。为辅助课堂教学，教师可选择或编写学生感兴趣的、与课文主题相关、与学生知识水平相当的可读性课外阅读材料让学生阅读，体裁可以更为广泛，包括诗歌、童谣、谜语、对话、书信、故事、剧本等，实行教师推荐和学生自选相结合。教师应重点提供一些典型语篇，通过导读让学生掌握一定的方法和技巧，在此基础上，鼓励学生定时定量阅读，并使用自己喜爱的方式，如笔记式阅读、讨论式阅读、合作互动式阅读，使阅读更具个性和自主性。教师为了检查和评价学生的阅读质量，可在班级定期开展阅读交流汇报活动，以学生喜闻乐见的朗读、演讲、表演、比赛等形式展示成果，使学生在享受阅读所带来的乐趣的同时进一步增强课外阅读的兴趣。

（二）朗读部分

方法1

（1）通过教师的示范，营造良好的英语语境。教师正确、优美的语音语调以及流畅的表达会给学生创造一个良好的语言环境，有利于学生提高听的能力，形成准确的发音。读课文时教师应避免拖着长腔的唱读。教师还可以创设情景进行示范表演。例如，教学表示"请求"的表达时，教师可以用下面的表达形式进行示范，并告诉学生：对于同一个问题，如果回答的语调不一样，含义就不一样；同一个句子，停顿不同，意思有时会有差异。例如：

①A：Would you like to see a film with me?

B：OK？↗（I want to，but…）

B：OK．→（Yes，I do．）

②Li Ping said，"My brother is out．"

"Li Ping，"said my brother，"is out．"

（2）让学生运用课堂上学过的词汇和句子进行情景对话，这种让学生读英语、说英语的做法可以收到事半功倍的效果。

（3）通过播放标准发音的录音带或 VCD 创设语境。录音带、VCD 中声情并茂的范读以及画面和声音相结合的方式更容易激发学生的想象力，使其仿佛身临其境。

（4）采用极具韵律感的 rap 或类似 rap 风格的说唱形式也是营造英语语境的一种有效手段。以"Three Little Teddy Bears"为例，three，Teddy，jumping，one，bump，Jenny，doctor 都可以读成重音，如果结合音乐的节拍（二拍子）与恰当的节奏，并以说唱的形式进行表演和练习，学生就能在轻松、愉悦的英语语境中练习语音。

THREE LITTLE TEDDY BEARS

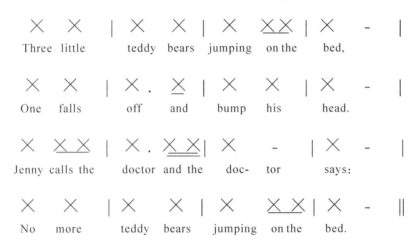

方法 2

（1）"以点带面"和"以面带点"。

语音教学应是以字母带单词，以单词学句子或以句子学单词，以单词带字母，字母、音素、单词三位一体进行教学。小学英语教学的目的之一是培养学生的英语语感，即对听、说的感性认识。这就需要教师在教学时既要指导学生练好单音，又要注重帮助学生在英语语流中练习语音和语调，把语音、单词与实物结合起来，在学生头脑中形成一个整体印象，而不是孤立地教学发音。例如，在教学 nose 这个单词时，教师可以手指鼻子，嘴里读 nose，充分调动学生的视觉、听觉器官，以使其达到最佳状态。

（2）把单词置于句子中进行练习。

联系上下文进行练习可以帮助学生理解语音与意义之间的关系，增强学生的交际意识。比如，在进行 mouse / mouth 的对比练习时，可以将其放在句子中进行操练。例如，教师说："Tom has a big mouth / mouse."然后让学生做出不同的回答，可以是口头回答，也可以采用绘画的方式。这种联系性极强的教学活动不仅可以有效地帮助学生快速理解单词及句子的含义，还能有效地提高语音教学效率。

（3）采用直接认读的方法进行语音教学。

由于英语的发音往往不是由单个字母表示，字母与音标之间不是一对一的关系，因此在语音教学中应注意培养学生直接认读的能力。例如，在英国幼儿英语教学中诸如 like，going，this，that，come，go，play，swim，mum，dad 等都是按照整体形状直接认读的，在中国的小学英语教学中，也可以采用这种方式。

方法 3

教师在教学中应充分考虑学生原有的英语水平和个体差异，新知识的传授必须与学生个体的知识经验、背景、词汇、概念等相联系，使旧知识成为接受新知识的基础。在讲授新的知识点时，要采用能激起学生的学习动机、适合学生的过去经验和现有能力，并能使新知识点纳入学生的认知结构的方法。这就要求教师了解学生的年龄特征与英语水平，清楚学生已有的知识水平和能力，并以此为依据进行教学。同时教师要恰当选择教学材料，教学内容力求少而精，并能用生动的例子使所教授的内容与学生的已有经验联系起来，以促进学生对材料的理解。在上课之前教师可以让学生自己说一说他们已知道的英文表达。例如，在进行字母教学时，教师可以问学生：你们知道哪些英文字母？学生会给出各种各样的回答：我会读 CCTV，那是中央电视台；我会读 J，Q，K，因为我们打的扑克牌有这些字母；我会读 ABO，那是我们的血型；我会读 WTO，我爸爸经常在家谈到中国已加入了 WTO；我会读 VCD，我家就有一台 VCD；我会读 MP3，因为现在流行 MP3······这样的活动还可以调动学生学习的积极性，启发他们的思维，让他们养成把身边的英语与所学的知识联系起来的好习惯。

方法 4

教师可以从最常用的日常用语入手，对小学生进行语言输入，使他们对英语有个初步的感知，因为从学生熟悉的生活实际出发进行引导，学生更容易接受。这就如把一个小学生置身于一个陌生的环境，如果有人带他去，让他对该环境有所了解、熟悉之后再把他单独留下，和一下子就把他单独留下相比，前者更能使他适应。因此，和中文交友相联系，从学生熟悉的生活实际出发进行引导能使学生更容易接受。如运用下面的日常用语：Good morning! / What's your name? / My name is…/Nice to meet you. /How old are you? / I'm…

方法 5

（1）选用英语童谣或歌曲进行教学，培养学生的英语语感，激发学生学习英语的兴趣。例如，学习动物类单词时可以采用歌谣"Three Little Teddy Bears"，然后将"Teddy Bears"换成"monkeys"，"tigers"等。

（2）歌曲的表演可以采取接龙唱、小组唱、对唱和表演唱等不同形式。选择那些能灵活采用各种方式表演且富有童趣的英语歌曲进行语音教学，不仅能培养学生的韵律感，还能提高课堂教学效率。例如英文儿歌 Table Number（歌曲如下）：

TABLE　NUMBER

四、小学英语读的教学活动示例

示例活动 1

活动名称：匹配游戏（Matching）。

教学目的：训练学生词汇认读能力。

活动准备：根据课文或对话内容准备一些图片和词汇短语卡片。

活动步骤：

（1）将学生分成四人或六人组。

（2）将图片和词汇搞混，发给各组。

（3）让学生将相应的图片和词汇边读边匹配。

（4）匹配好的小组派代表站起来朗读匹配好的词汇，用时最少并正确的小组获胜。

如表示动作的词汇 walking，thinking，smiling 等以及相应图片，或者表示物品的词汇 note，table，box，door 等以及相应图片。

活动建议：也可以利用幻灯或多媒体将图片和词汇混乱展示。

示例活动 2

活动名称：阅读绘画。

教学目的：训练学生阅读理解的能力。

活动准备：预先写好对学生的绘画要求。

活动步骤：

（1）教师利用幻灯或多媒体展示绘画要求，如让学生画一个场景。

（2）让学生阅读绘图要求，然后根据阅读提示画画。

（3）学生说出自己所画为何物，并对自己所画之物进行描述。

There is a desk in the middle of the room.

There are two apples on the desk.

There are two cats under the desk.

There is a chair beside the desk.

There is a boy standing in front of the desk.

活动建议：

（1）可以分成四个小组，每组阅读一个要求，然后根据要求画画，看哪组画得又快又好。

（2）可以让每组派两个代表，一个读出要求另一个画，看哪组画得正确美观而用时又短。

示例活动 3

活动名称：儿歌诵读比赛。

教学目的：训练学生正确的朗读能力。

活动准备：印发儿歌 "Three Little Monkeys"。

Three little monkeys jumping on the bed.

One falls off and bumps his head.

Jenny calls the doctor and the doctor said：

No more monkeys jumping on the bed.

Two little monkeys jumping on the bed.

One falls off and bumps his head.

Jenny calls the doctor and the doctor said：

No more monkeys jumping on the bed.

活动步骤：

（1）将儿歌分发给学生。

（2）给学生两分钟准备。

（3）让敢于站起来读儿歌的学生到讲台朗读。

（4）由全班同学一起投票评出朗读明星。（标准：发音准确，朗读流利，仪表大方，能配上相应的动作）

（5）全班一起有节奏、有表情地朗读，并配上相应的动作。

活动建议：

可以分成四个小组，每组阅读一段，或按要求替换单词再读，看哪组完成得最好。

示例活动 4

活动名称：儿歌接力赛。

教学目的：训练学生正确的朗读能力和应变能力。

活动准备：教学儿歌"Apple. Apple. Where is the apple?"

Apple. Apple. Where is the apple?

I'm here. I'm here.

Orange. Orange. Where is the orange?

I'm here. I'm here.

Pear. Pear. Where is the pear?

I'm here. I'm here.

Banana. Banana. Where is the banana?

...

活动步骤：

(1) 将儿歌抄在黑板上教给学生。只抄和教前三句即可。

(2) 教会学生将句子中的名词变换，如将 orange 换成 pear。

(3) 示范做一次。如第一组是 apple，第二组是 pear，第三组是 banana。第一组问第三组"Banana. Banana. Where is the banana?"第三组回答："I'm here. I'm here. Pear. Pear. Where is the pear?"第二组回答："I'm here. I'm here. Apple. Apple. Where is the apple?"这样就可以轮流问下去。

(4) 活动开始。看哪组回答得又快又好，而且问的问题统一、音调整齐。因为一个组，有的学生可能想问"Where is the pear?"但有些又想问"Where is the banana?"

活动建议：

(1) 可以将名词变换，如换成动物的名称 tiger，lion，monkey，panda 等。这样就可以熟练表达和提问。

(2) 注意如何将本组的思想统一，使大家问的对象一致。如可以让一个学生举水果或动物的画，表示全组要问图片中的物体"Where is the ...?"

五、技能训练

1. 选择一首小学英语童谣，比一下看谁朗读得最好。

2. 选择一篇小短文，写出阅读教学的教案，分小组试讲，然后点评。

第四节 写的教学

一、课标要求

就写作的层次而言，写作可以分为单词写作、句子写作、段落写作、文章写作；就活动而言，写作可以有抄写、完成句子、改写、缩写、平行写作和创作等。写作的层次性说明了不同写作阶段的教学内容和重点。中学写作教学以段落写作、记叙文写作和应用文写作教学为主，大学写作教学以说明文和议论文教学为主。小学英语教学以听说为主，阅读和写作都不是教学的主要目标。因此，写作教学应该以单词、句子写作为重点。在句子写作层面上，教师应适当突出写作的交际性，如问候语的写作等。

《标准》要求小学生应掌握下列写的技能：

1. 能模仿范例写句子；

2. 能写出简单的问候语；

3. 能根据要求为图片、实物等写出简短的标题或描述；

4. 能基本正确地使用大小写字母和标点符号。

二、存在的问题

（一）书写教学

1. 教师在教学中所使用的四线三格书写格子的宽度偏宽或偏窄。有些教师在教学字母书写时，没有预先准备规范的四线三格书写纸或预先画在黑板上，而是教学时自己随手画在黑板上，使得书写格式偏大或偏小，有时甚至歪歪斜斜。

2. 教师示范板书不够规范，书写时身体又挡住了学生的视线，因而学生不能看清教师的书写顺序和写法。有时教师在黑板上书写时没侧着身子，使得学生看不到教师书写的笔画顺序，加上教师自己本身书法不好，书写时不美观，而这些教师平时又不练，对书写也不重视，导致所教的学生书写不规范，也不重视书写。

3. 讲解有关书写的要领时，没有强调字母书写的笔顺和方法、笔画占格情况等，因而学生不能正确模仿和操练。教师在课堂上讲解如何书写时，虽然书写顺序等方面都正确，但如果讲解时没有突出强调书写的笔画顺序、书写的方法、书写的占格情况，说明英文字母与汉语拼音书写的差别，有些学生没注意观察，就会按照汉语拼音的写法去写英文字母，那样也是错误的。

4. 学生练习书写时没作课堂巡视，只辅导个别学生。无论教师讲解书写多好多到位，但还是有学生会开小差，不注意听就不懂得怎么写。所以教师讲解时也要注意是哪些学生没有认真听，辅导时就应该全方位巡查，有的放矢。

5. 教师在开始教字母书写时，没有要求学生使用铅笔，部分学生使用圆珠笔或钢笔书写。学生刚开始练习写字母时如果用圆珠笔或钢笔书写，那么写错的地方就不能修改，或者学生懒于修改，有时又为了书面的整洁而不进行修改，这样一来就很难写出书写规范的漂亮的英文字母。

6. 没注意培养学生良好的书写习惯。学生书写时各有各的方式方法，但很多都不符合规范，如书写不规格，坐姿不正确，握笔姿势不恰当，甚至目视距离也不对（眼睛到练习本的距离太近或太远）等，有时教师在学生练习书写时对于这些不正确的行为没有提出批评指正，剔除学生的不良习惯。

（二）写作教学

1. 注重听说教学，忽视写作训练。很多教师认为小学阶段只要能听懂、会说就行了，无暇顾及写作这一费时费力的教学，因此都重视听、说的训练，对写的内容安排很少，且缺乏相应的指导，甚至对学生是否能写作都持怀疑态度，学生也无法达到二级目标中要求的对图片或实物作出描述，更谈不上在写作上进行拓展和延伸。

2. 只以直接模仿来教学句子书写。虽然小学生的直接模仿能力很强，也喜欢直接模仿，但如果只以直接模仿来教学句型，会制约学生的阅读理解能力。因此，在注重口语表达能力的同时，也要兼顾到学生的阅读理解能力，也就是要适当采用以思维为线、情境为主的方法来教学句型。每一个有实际意义的词都要让学生明白其意义，然后加以操练，最后让学生在理解的基础上达到融会贯通。

3. 写作训练从写日记开始。有些教师认为写日记是一种很好的写作练习方法，这在某种程度上是正确的，但如果学生刚开始写作练习就叫他们写日记，那是超出他们能力范围的。因为学生刚刚开始学写字母、单词，进行简单的造句，没有经过进一步写短文的训练做基础，会感到无从下手，所写的日记大部分都是抄袭的，这样就会产生"欺骗行为"。因此，作为教师应考虑学生的认知规律以及实际应用能力，按照实际情况进行相应的练习。

4. 写作训练与日常生活脱节。教师对学生进行写作训练，一般都是按照课本的要求去进行，令学生觉得写作单调，无话可写，以至于产生厌写情绪。其实教师可以灵活操作，一开始可以引导、启发学生先写自己身边熟悉的人和物，有意识地在开始阶段先学习大量的形容词，从形象的到抽象的，如 big, small 等。这些在日常生活中用来描述人或物的词，在课堂教学或游戏中反复出现，用它们随机地去表达意思，可以是个体描述，也可以是小组竞赛，这样他们才会有话可说，有内容可写。

三、解决方法

（一）书写教学

首先，要清楚英文书写的基本规则：

1. 按照字母的笔顺和字母在三格中应占的位置书写。

2. 每个字母都稍向左斜，斜度要一致，大约 5 度左右。

3. 大写字母要一样高，统一不顶第一线或统一顶第一线都是可接受的。所有的大写字母都写在第一和第二格中。

4. 小写字母 i 和 j 的点都在第一格中间。

5. 小写字母 a，c，e，m，n，o，r，s，u，v，w，x，z 写满中间一格，顶第二、三线，但注意不要写出格外。

6. 小写字母 b，d，h，k，l 的竖占上两格，上端顶第一线，其他部分则只写在中间一格中，满格，注意不要写出格外。

7. 小写字母 g 和 j 的下端抵第四线。小写字母 p，q，y 的上端在第二格，下端抵第四线。

8. 小写字母 f 的上端在第一格，但不顶线，横写在第二线上，下端抵第四线。小写字母 t 的上端只到第一格中间，短横写在第二线上。

其次，英语字母与汉语拼音字母在书写形式上都是采用四线三格纸，在字形上有许多相似之处，而中国学生往往在拼音字母的书写上又有比较扎实的基础，因此教师在教学过程中要帮助学生找出两者的不同：

1. 格式不同，写法相似。

有些英语字母的书写笔画与汉语拼音字母的书写笔画很相似。但英语字母 d，p，t 与汉语拼音字母 d，p，t 在四线三格纸上所占的位置却不同，英语字母 d 上端顶第一线，汉语拼音字母 d 上端近第一线，英语字母 p 下端抵第四线，汉语拼音字母 p 下端在第三格中间，英语字母 t 的横线紧贴在第二线上，汉语拼音字母 t 的横线在第二线下（见图 8—2）。

图 8—2

2. 外观相像，写法不同。

有些英语字母与汉语拼音字母从字形上看很相像，写出的字母在四线三格纸上所占的位置也相同，但英语字母与汉语拼音字母毕竟是两种不同的语系，因而在书写时应突出英语字母的倾斜度及汉语拼音字母的直角度和饱满度，这样，学生就不难区别两种字母（见图 8—3）。

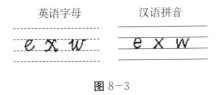

图 8—3

3. 外观一样，写法不同。

有些英语字母与汉语拼音字母在四线三格纸上所占的位置相同，字形也很相似，但在写法上却截然不同，英语字母 a，u，m，n，w 往往一笔写成，而与之相似的汉语拼音字母 a，u，m，n，w 却需要两笔，甚至三笔写成（见图 8—4）。

图 8—4

4. 外观不同，写法不同。

有些英语字母与汉语拼音字母在外观上有点相似，但英语字母与汉语拼音字母在字形上是有差别的，而且在四线三格纸上所处的位置也不同，因而学生在学习英语书写的初期要仔细比较，避免两者之间混淆（见图 8—5）。

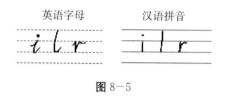

图 8—5

5. 格式不同，写法不同。

有些英语字母与汉语拼音字母不仅在写法上不同（英语字母 b，f，g，h，q 书写时仅 f 用两笔，其他一笔就能完成，而与之相似的汉语拼音字母却都需要两笔），而且在四线三格纸上所占的位置也不同，英语字母 b，h 上端顶第一线，而汉语拼音字母 b，h 上端近第一线，英语字母 g，q 下端近第四线，而汉语拼音字母 g，q 下端在第三格中间，英语字母 f 占三格，而汉语拼音字母 f 只占两格（见图 8—6）。

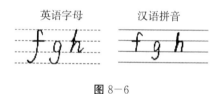

图 8—6

6. 外观不同，笔划不同。

有些英语大写字母与汉语拼音大写字母在外观及写法上有明显的不同，英语大写字母 G 是由一笔完成，I 由三笔完成，R 由两笔完成，而汉语拼音字母 G 的写法是 C—G，I 由一笔写成，R 的写法是 I—P—R，两者摆在一起就更明显了（见图 8—7）。

图 8—7

最后，要懂得汉语拼音字母书写规范化在小学一、二年级已练习很多，学生都有较牢固的基础，但值得注意的是，英语书写规范化同汉语拼音字母的书写一样，在开始阶段就应严格要求学生在四线三格纸上练习，因此书写时要求学生注意如下几点：

1. 作业要留边，左边约两厘米，右边可稍窄。

2. 按照字母的笔顺和字母在四线三格纸中应占的位置书写。

3. 字母斜度要一致，约为 5 度，大写字母通常占上中两格，字母上下两端一般要顶格（见图 8—8）。

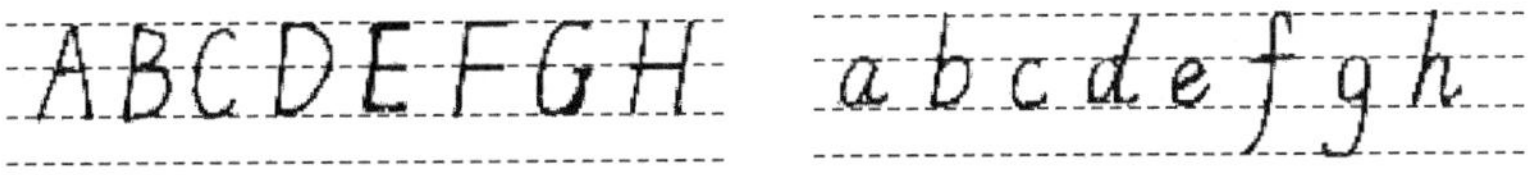

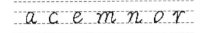

图 8-8

4. 小写字母写在中间的一格里都不出格（见图 8-9）。

图 8-9

5. 小写字母的上端顶第一线，下端抵第三线。

6. i，j 上面注意打点，f，t 上面注意加横。i，j 上的点都在第一格中间（见图 8-10）。

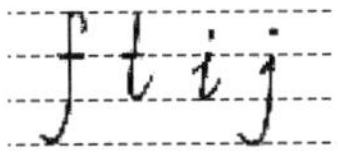

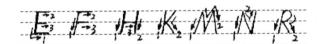

图 8-10

7. 小写字母 f 的横线紧贴在第二线下，小写字母 t 的横线紧贴在第二线上。

8. 小写字母 f 的上端顶第一线，小写字母 j 的上端在第一格中间，下端抵第四线，小写字母 f 比 j 要高，g，p，q，y 抵第四线。

9. 大写字母 E，F，H，K，M，N，R 书写时要注意笔画先后顺序（见图 8-11）。

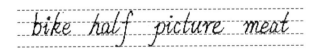

图 8-11

10. 字母不论是否连写，间隔要均匀、适当，不要凑得过紧，也不要离得太远。

11. 单词之间必须有适当的距离，一般来说以空出小写字母的宽度为宜（见图 8-12）。

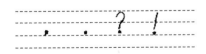

图 8-12

12. 句首第一个字母一律大写，句末要有标点，陈述句加句号"."（要强调为实心圆点），疑问句加问号"?"，感叹句加感叹号"!"，问号、感叹号大致与大写字母同样高低（见图 8-13）。

图 8-13

（蓝卫红，1998：127-131，有改动）

（二）写作教学

1. 依托图表，完成写作。小学生初学写作，教师应设计阶梯式的任务，给学生一根学习的拐杖，让学生沿着坡道渐渐而上。因此设计图表，通过采访填写，让学生在教师设计下一步步完成任务，是一种行之有效的写作训练方式。如本节的"示例活动1"。

2. 根据对话，改成故事。《牛津英语》教材中，有许多以对话展开的小故事，教师可以让学生朗读和表演。但仅限于此，学生的思维还是被禁锢在书本上。也许书本上的内容能倒背如流，一遇到实际情况，便无所适从，不知如何表达、描述，培养出来的还是"哑巴"英语。因此为了使学生能够学有所用，学了能用，教师可以让学生把对话改成故事。

3. 创编对话，完成写作。学生每学完一篇课文，让各小组根据课文内容来创编情景，表演对话，教师给出课本中新授的主要词和句，让学生围绕这些词句在符合生活情景的情况下自由表达，然后在学生充分练说的基础上，把练说的话编成对话写下来。学生在充分创编对话之后，作为对口头表达的延伸将之写成叙述文。学生有了对话基础，脑海中储存了一定语境的词组和句型，就比较有信心完成书面写作。这样循序渐进的教学过程，教学目的比较明确，教学任务比较清楚，学生的书面表达能力得到了很大的提高。

4. 依据主题，拓展写作。现行的小学英语教材多数是以情景单元为主题安排的。在学习完表示身体部位的词 eye，ear，nose，hair，face，leg，skin 和一些表示颜色的词后，让学生进行口头人物描述，再进行笔头书写。教师要让学生利用学过的语言知识充实文章，使文章显得自然和富有生活气息。不会的单词可以查找字典，也可以请家长帮助，甚至可以写中文，让老师帮助翻译。这种夹中夹英的写法，降低了难度，不会使学生望而生畏。这些都是小学生英文写作中常见的现象，教师应多加以指导并及时纠正。这种以任务为教学的策略，使学生为了完成一项真实的任务进行学习，在学习的过程中进行探究、回忆、思考、整理、合作（师生间、生生间、父母和子女间）、交往，并最终完成这项任务，直接培养了学生运用英语进行表达的能力。学生在学习过程中也获得了积极的情感体验，为初中进一步学习英语打下扎实的基础。

四、小学英语写作教学活动示例

示例活动1

活动名称：Do a survey—What's your pet?

教学目的：通过采访填写表格。

活动准备：准备三个表格。

表一

Student's name	
What's his/her pet?	
What's his/her pet's colour?	
What's the pet's name?	

表二

What's your pet?	
Name	
Colour	
Is it big or small?	
Why do you like it?	

表三

What's your pet?	
Draw your pet and colour it.	

活动步骤：

（1）采访别人填表一。

（2）根据自我情况填表二。

（3）画图填表三。

示例活动 2

活动名称：根据所给单词写句子。

教学目的：让生活走进课堂，使学生根据生活实际运用所给单词尽可能多地写出句子。

活动准备：在黑板是写上 big，small，tall，short，fat，thin，strong，slim，pretty，handsome，kind，polite 等词。

活动步骤：

（1）全班读黑板上的单词，弄清楚它们之间的联系。

（2）让学生根据生活实际写出相应的句子，越多越好。

My father is tall and strong.

My mother is short but she is pretty.

His/her grandpa is kind.

（3）将学生所写句子贴出展示。

示例活动 3

活动名称：配图写作。

教学目的：训练学生的句子写作能力。

活动准备：根据所学内容制作相关图片或选择与课文内容有关的幻灯片。

活动步骤：

（1）展示图片或幻灯片。

（2）要求学生根据图片内容回答所示行为。

（3）学生根据图片用完整句子描述行为，然后写到相应的图片旁。

示例活动 4

活动名称：故事重组。

教学目的：培养学生编故事的能力。

活动准备：故事图片。

活动步骤：

（1）展示故事图片（图片所展示的为一个完整的故事）。

（2）展示介绍图片的句子（前后顺序是打乱的）。

（3）学生根据图片，将打乱的句子重新组合成一个完整的故事。

（4）让学生根据正确的顺序讲述故事。

五、技能训练

1. 以小组为单位演练示例活动 1～4，然后用成绩评价表点评。

2. 写一篇组织学生进行写作训练的教案，然后以小组为单位演练。

第九章　教学辅助

第一节　板　书

一、板书的意义

板书是指教师在课堂黑板上对教学内容进行高度概括，提纲挈领地反映教学内容的书面语言。备课中精心设计的写在黑板正中的部分叫正板书；为了防止或弥补学生听不清或听不懂，作为正板书的补充或注脚而随时写在黑板两侧的部分叫副板书。板书可以更深刻、全面地揭示教学内容，体现知识结构和讲与练的程序；使学生听觉和视觉结合，理解更准确、迅速，记忆更牢固，还可以启发、引导和调节学生的思维。小学英语板书设计一般都辅以生动有趣的图片，以吸引学生的注意力，增加趣味性。另外，即使是板书，如果为了节省上课时间，板书的内容可以预先写好，上课时可按板书设计直接粘贴到黑板上。这样既可以节省时间，又可以避免上课时匆忙板书的不美观，还可以培养学生正确书写的良好习惯。

二、板书的原则

1. 目的性——与课堂教学内容密切相关，体现教学内容和教学目的。

2. 针对性——针对教学重点和难点，针对学生的实际水平。

3. 概括性——抓住重点和关键词、短语、句子，提纲挈领。

4. 条理性——体现知识之间的联系和对比关系，线索清楚分明，整齐、清晰、醒目。切忌随心所欲，内容混杂不清。

5. 计划性——正板书、副板书、字母与字母、词与词、句与句、行与行之间的距离恰当，布局合理。

6. 灵活性——形式多样，富有色彩感。

7. 示范性——书写工整、正确、规范，对养成学生良好的书写习惯和学习习惯有潜移默化的教育作用。

8. 协调性——边演示讲解边板书，体态动作协调。

三、板书的形式和方法

1. 提纲式板书——对一节课的教学内容，经过分析和综合，按顺序归纳出几个要点，将其列出。

2. 表格式板书——呈现句型结构，分析课文或为了组织学生进行操练等，表格也可以多种多样。如：

（1）呈现句型的运用（见表9-1）：

表 9-1

This/That is { tall. short.	
These/Those monkeys are { thin. fat.	

（2）描述一天所做的事情（见表 9-2）：

Daming：

表 9-2

7:00	get up
8:00	go to school
12:00	have lunch
4:30	go home
6:00	watch TV
9:00	go to bed

例如：I get up at seven o'clock.

I go to school at eight o'clock.

（Unit 1，Module 5，Book 2.《新标准英语》）

3．图示式板书——用文字、数字、线条、关系框图等将分散的相关知识或内容进行分析，归纳和推理，或提示某语言项目系统中的若干要素及其联系。

如图 9-1：

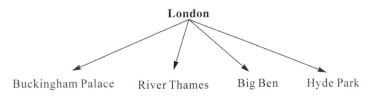

图 9-1 （Unit 2，Module 2，Book 4.）

4．并列式板书——人物之间的对比，事物特征的对比，语言材料的对比，用并列式的板书，可帮助学生加深理解和记忆。如：讲述"Beijing is bigger than Tianjin"这一课时可采用并列式板书：

（1）The Changjiang River—longer—The Yellow River.

（2）Mount Qomolangma— higher—Mount Tai.

（3）The Great Wall—older—The Summer Palace.

（4）Beijing—bigger—Tianjin.

（Unit 2，Module 5，Book 4.）

为了将所涉及的各个方面综合地反映在板书里，或将零散孤立的语言材料串联和并联在一起，形成系统，还可以用放射式、循环式等多种形式的板书。

四、板书举例

示例 1：整理一篇板书

下面是一篇课文教学的板书。这篇课文是叙述一个人在某时间以前售出货物的情况。过去完成时是本课教学的重点和难点。请先讨论这篇板书的优缺点，再在一张白纸上设计出自己的板书（见图 9-2、表 9-3）。

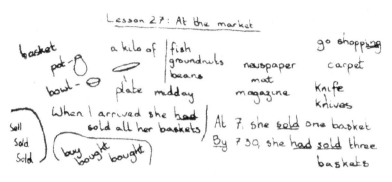

图 9—2

表 9—3

Basket Mat Pot Plate Bowl Magazine Carpet Midday	Lesson 27 At the Market At 7:00, she sold one basket. By 7:30 she had sold three baskets. When I arrived, she had sold all her baskets.	sell—sold buy—bought knife—knives fish a kilo of groundnuts beans

示例 2：板书与教态、口头语言协调

板书内容：He was playing basketball.

Was he playing basketball?

The teacher stands sideways in front of the blackboard, half facing the blackboard and half facing the class while writing on the Bb. In this way, the students can see what the teacher is writing and the teacher can see the students. （教师站在黑板前的侧边，半面向黑板，半面向学生。这样学生可以看得见教师写在黑板上的内容，教师也可以看得到学生，如图 9—3 所示）

T：（Talks aloud while writing）Look—he—was—playing—basketball（板书）. Now, can you make a question?

Ss：Yes. Was he playing basketball?

T：Yes. Look. Was—he—playing（don't forget "ing"，可采用彩色粉笔突出 ing 形式）—basketball?（板书）

图 9—3

示例 3：图示式板书

T：Look. This is a picture of a family. The man is Mr. Green (Writes "Mr. Green" on the Bb). The woman is Mrs. Green (writes "Mrs. Green") on the Bb. Who is the boy? It's Jim (writes

"Jim" on the Bb). The girl's name is Kate (writes "Kate" on the Bb).

  Mr. Green Mrs. Green

   Jim   Kate

  T：Mr. Green is Jim's father. Now，please read after me，father.　(Writes "Father" over "Mr. Green")

  Ss：Father.

  T：Lin Tao，repeat it.

  Lin Tao：Father.

  T：Good. What about Mrs. Green? She is Jim's mother. Read after me，class! Mother.

(Writes "Mother" over "Mrs. Green").

  Ss：Mother.

  T：Xiao Hai.

  Xiao Hai：Mother.

  T：Row 5.

  Row 5：Mother.

  T：Good. Now，who is Jim? He is Mr. Green's son (writes "son" before "Jim"). Now，who is Kate? She is Mr. Green's daughter. Look，d-a-u-g-h-t-e-r，daughter. (Writes "daughter" before "Kate"). Read after me，class，daughter.

  Ss：Daughter.

  T：Team 4.

  Team 4：Daughter.

  T：Li Yuzhen.

  Li Yuzhen：Daughter.

  T：Good. Jim is Mr. Green's son. Kate is Mr. Green's daughter. Jim is Kate's brother. Look，b-r-o-t-h-e-r，brother. (Writes "Kate's brother" under "Son-Jim"). And Kate is Jim's sister. Look，s-i-s-t-e-r，sister. (Writes "Jim's sister" under "Daughter—Kate"). Read after me，please. Sister.

  Ss：Sister.

  T：Team 1.

  Team 1：Sister.

  T：Brother. Row 6.

  Row 6：Brother.

The final layout is as the following：

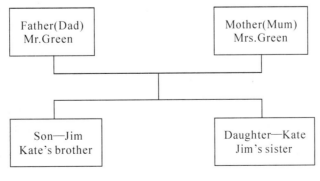

图 9—4

五、评价表

下面的评价表可帮助教师检查板书情况（见表9-4）。

表9-4

	指　标	各项比例（%）	得　分
1	突出了教学重点和难点	20	
2	提纲挈领，概括性强	10	
3	清晰，醒目，有条理性	15	
4	布局合理，不拥挤，不松散	15	
5	根据教学内容及其内在联系，设计灵活	15	
6	书写工整，正确，规范，不潦草	10	
7	与口头语言、教态协调	15	
	合　计	100	

（肖惜，2002：112-113）

第二节　教　态

一、教态培养的意义

教态是教师在学生心目中的整体形象，包括教师的仪容、风度、神色、情绪、表情、姿势、动作、举止、手势、目光等，是教学艺术性的重要表现。教师可以通过教态向学生传达信息和传授知识，感染学生的情绪，增强知识讲解的效果，开发学生非智力因素，影响学生的修养。良好的教态能体现教师的人格修养、气质和整体素质。

二、教态的原则和要求

教态的主要原则是：知识水平与人格形象高度统一；生理素质、健康状况与文化修养统一；教学过程、步骤、方法和手段统一；视、听、动协调，适当模仿与发自内心的体验一致以及教师个性与行为的整体育人效应统一。其基本要求如下：

1. 着装整洁，端庄；
2. 目光亲切，表情轻松，态度和蔼；
3. 举止文雅，精神饱满；
4. 面向全班学生，与学生视线交流的时间不低于60%；
5. 善于用不同的眼光表情达意；
6. 根据教学需要，表现出发自内心的情感；
7. 身姿、手势、一举一动都要表达出对学生的喜爱、关心、信任和期待；
8. 位移幅度和频率适中，并根据教学内容与演示、讲解、板书等活动协调；
9. 各种动作从容、敏捷、准确；
10. 没有不必要的动作，遇乱不急，受挫不躁。

三、教态的基础

（一）知识形象和人格形象

教师的知识形象是教师所具备的社会、科学及专业知识和技能的外在表现，其人格形象则是教师行为和思想品德修养所形成的优良品质的物化。"学高为师，身正为范"准确地说明了知识形象、人格形象与教态的辩证统一关系。离开知识形象和人格形象，教师将不成其为教师。

（二）生理素质与文化修养

生理素质是教师工作能力、活力和灵气赖以生存的基础，它很大程度上决定教态的质量。文化修养是指一定的文化、文学艺术、哲理等在心情和精神上的沉淀和积累。只有二者的结合统一才能形成最佳教态。

（三）动机、自我意识与养成矫正训练

师范生强烈的学习训练和模仿动机是形成良好教态的重要前提，而自觉地克服不良的身姿、手势等习惯则是教师不断优化自己教态的良策。

四、良好教态的基本构成

（一）服装

整洁、大方、朴素、端庄。教室里女教师忌穿过于暴露的衣服和拖鞋，男教师忌穿背心、短裤、拖鞋。

（二）面部表情

1. 目光亲切，保持与全班学生视线交流时间达到60%，不要过多地注视某部分学生，而使另一部分学生感觉被冷落、忽视。在教学过程中用眼神表示肯定、否定。要做到肯定中有期待，否定中有鼓励，亲切中有严肃，容忍中有警告。

2. 含蓄地微笑，轻声笑，不宜咧嘴大笑以及嘻嘻哈哈和断断续续地嘿嘿笑。

3. 喜怒哀乐不宜表露太过，课堂上不能对学生有冷面孔、恶面孔、淡面孔。

（三）身姿

1. 进——走进教室上讲台时，胸部挺直，头部平正，端庄大方，温文尔雅，精神饱满，欢快而严肃，可亲又可敬，无形的威风才能压得住课堂阵脚。

2. 站——站稳、挺直，手不乱动，腿不乱抖，双手不撑讲台，也不插在裤兜里。

3. 位移——讲述、演示、板书、朗读、与学生进行语言交流应是一个流畅的动态过程。

①讲述、演示时位移一般以讲台为中心，幅度不宜过大，频率不宜过高；否则会造成课堂气氛忙乱的感觉。定位少移也使课堂气氛过于沉闷，呆滞。

②板书（写、画）时，取笔、转身、移动、书写移行、收笔等都要根据自己的身高、手臂长度和板书内容，确定起始线和往返线的高度和长度。

③操作电教设备和教具时，开、关、暂停、张贴等动作都要求从容、敏捷、准确。

（四）手势

手势要靠小臂和手的活动来完成。主要的动作有：

1. 点——指点黑板的词句或挂图上的物件，或向学生发出指令。

2. 划——比划，模拟再现空间形状和形式。

3. 压——表示缩短、挤压，两手手心相对；表示安静、暂停，两手手心向下压。

4. 抬——手心向上，示意学生齐声读或站立。

5. 挥——表示气愤、决心、果断、誓言时，一般采用圆弧形动作。这些手势应该在柔慢中隐含刚劲，徐缓中渗透坚定。直线动作、圆弧形动作、快动作、慢动作、大动作、小动作等随着教学整体发展而适度地变化，并与语言、表情、身姿等有机配合。

五、教态举例

示例1：英语第一节课

T：（走进教室，上讲台，面含微笑，环视全班学生）

Monitor：起立！

T：No.（伸直双手向下压，示意全班学生坐下。下讲台，走近班长，同时伸手，掌心向上抬起，示意起立和跟读。）Stand up.

Monitor：Stand up.

T：Stand up.

Monitor：Stand up.

T：（再走上讲台，环视全班，将目光落在班长身上，伸手示意班长再说一遍。）

Monitor：Stand up.

T：（伸出双手，手心向上抬，示意全班学生起立。等全班学生起立后，环视全班学生。）Good morning, class.

Ss：Good morning, Ms…

T：Sit down, please.

（双手手心向下压，示意全班学生坐下。如此演示以上活动两次。）

T：My name is Li Ping. You can call me "Ms Li".

（同时用手指自己，取粉笔，转身在黑板上写"Li Ping"，再转身面向全体学生。）

My name is Li Ping.（走下讲台，手伸向一学生。）What's your name?

（转身走向黑板写"What is your name?"，静候学生回答。学生借助手势、表情和板书上的问号、连贯的话语，立即可以理解，并作出反应。）

S1：Daming.

T：Good. You are Daming. Hello, Daming.

（与之握手后，转身在黑板上写"Daming"，以同样过程与几个学生反复演示几遍。）

示例2：演示现在进行时

T：Look, what am I doing?（作拍照的动作。）

Ss：You are taking pictures.

T：Yes. I am taking pictures.（取粉笔在黑板上写"I am taking pictures."）

Now, what am I doing?（打太极拳。）

Ss：You are doing Taijiquan.

T：Yes. I am doing Taijiquan.（板书）

如此分别演示 I am rowing a boat. I am playing a toy train. I am writing a letter.

第三节　英语童谣和歌曲

一、英语童谣和歌曲教学的意义和作用

人类在漫长的历史过程中，随着语言的产生和发展形成了一个精细而复杂的发声器官，不仅能说话，而且会唱歌。唱歌是人类自然的愿望，是人类表达自己喜、怒、哀、乐各种复杂感情的有力手段。唱歌、念童谣在儿童生活中也同样有着极重要的意义，也是儿童表达自己喜悦、兴奋、激动的一种方法，是他们显露自己能力的心理状态的反映。人们总对童年时一些充满情趣、合辙押韵、朗朗上

口的歌谣记忆犹新，如"丢手绢"、"读书郎"、"小画家"等，这些童谣和儿歌天真活泼，节奏感强，积极向上，富有教育性和知识性，正合少年儿童的心理与口味。可以说，童谣和儿歌是孩子的亲密伙伴，有孩子的地方总能听见那欢乐、柔嫩、清脆的天真童声。

　　童谣和儿童歌曲作为一种辅助教学手段在小学英语教学中占有重要的地位。童谣是符合儿童年龄特点的，有韵脚、有意境、有节奏、充满童趣、朗朗上口的一种说唱形式。儿童歌曲比童谣更具音乐性。说歌谣、唱歌曲对儿童语言发展所起的作用是不可低估的。音乐和节奏是儿童学习语言的重要组成部分。一般来说，歌词容易记牢。一首好的歌词往往是一首好的儿歌，尤其是少儿歌曲的歌词更像是一首上口的童谣。儿童在学唱歌的过程中，最先学会的是歌词。也就是说，儿童在学习歌曲的同时就学习了一首好的儿歌，无形中词汇量、艺术性语言就能有所增加。同样，没有曲调但节奏鲜明的童谣也是训练儿童语言节奏感的绝佳材料。在小学英语教学中，使用英文童谣和歌曲教授英语，符合小学生的年龄特点，有利于他们学习英语。音乐与语言二者都有句子、韵、重音和重复。曲调中有些强弱快慢的变化就是来自于人们的语言，经常说唱英文童谣、儿歌能使小学生对英语的重音、节奏、句子的结构等加强掌握与理解，如善于辨别英语的发音，掌握其重音、节奏、语句、语调等，因为唱歌时要求吐字清楚，这对培养小学生正确发音有很大帮助。学习英文童谣和歌曲除了能帮助儿童学习英语语音和节奏，也可以学习、巩固语法与词汇，而最重要的是能提高英语学习的兴趣，让学生在拍拍手，说说童谣，唱唱歌，做做游戏中不知不觉地打好学习英语的基础。

二、英语教学中童谣与歌曲的选择

　　念英语童谣、唱英文歌是学习英语行之有效的好办法。那么如何选择儿童感兴趣的、富有教育意义的、适合儿童说唱的、对英语教学有一定辅助作用的英语童谣和歌曲呢？

　　（一）内容应有趣并为小学生所理解

　　小学生在小学虽说有了一定的母语基础，完成了母语的掌握过程，但对英文还处于低幼儿阶段。用英文理解事物的能力在低年级的学生中几乎没有，到中高年级也还不多。因此，英文童谣或歌曲使用的单词应生动形象，歌词在语言上不宜太深，最好浅显易懂，要能听得清楚，为小学生所理解；否则，他们只会机械地发出声音，并不知其含意，也就难以引起相应的心理活动。

　　英语童谣或歌曲的内容，一般应选择讲述动植物、自然现象、日常用语、问候、道歉、交通工具、身体的各个部分、节日等，这些都是儿童日常能接触到的、能随时使用的感兴趣的内容。他们对一些押韵的句子、象声词，甚至一些无意义的音节（如：wah，wah，wah，moo，moo，click，click）也感兴趣。

　　另外，歌词内容的选择不但要注意不同年龄儿童的兴趣爱好、理解能力和语言发展程度等，更要注意如何在他们已有的水平的基础上，稍向前发展一步。歌词中适当地有几个新词汇，这对儿童英语的学习也能起促进作用。如在初学英语时，老师应根据所讲授的内容选择"Hello"，"How Do You Do"等歌曲，先用说唱（chant）的形式，再用演唱（sing）形式来学习。到了中高阶段可选择"Mary Had a Little Lamb"，"Head，Shoulders，Knees and Toes"等歌曲。

　　（二）歌词内容能用动作表现

　　在念童谣、唱儿歌时，童谣和歌曲都有一定的韵律和节奏，适合一边唱一边用动作表现出歌词的含意。这种边唱边做动作的方式有助于他们记忆歌词，促进动作的协调，增强节奏感，培养他们表演交际的能力。因此，为小学生选择的英语童谣和歌曲最好是能用动作表达的。至于如何表达，除了老师作某些必要的示范启发外，可以让学生自己动脑筋，想想怎样做动作，这对发展学生的想象力，培养其创造力都有一定的好处。比如，教数字歌曲《十个小婴儿》（"Ten Little Babies"）时，可以让学生和老师一起用手势来表演。老师在讲台前边唱边做，学生在座位上举起手模仿老师的动作并说唱，和老师一起完成教唱，气氛相当活跃，学生兴趣极其浓厚，效果极佳。

（三）应多选用歌词为第一人称的童谣、歌曲

第一人称的童谣、歌曲多半是以自己为主体来讲述某些内容，小学生对这样的词曲会感到亲切，好像就是自己在讲些或做些什么事，感情表达上也显得自然、真实。如《桌子和椅子》（"Table and Chair"）这首歌里唱到 "I have a table in my little bedroom. My little table has a little chair" 歌曲内容简单，形象生动，容易理解，再配上相应的表演动作，小学生很感兴趣。

（四）歌词要有重复，有发展的余地

歌词适当的重复，会使小学生感到熟悉，也便于记忆。重复可以是一首歌词中有几处相同的地方。如："Mary had a little lamb, little lamb, little lamb. Mary had a little lamb, its fleece was white as snow." 这首歌中 little lamb 就重复了好几次。重复也可表现在一首有几段歌词的歌曲，各段歌词间都有相同的地方。如 "Bingo" 一歌中，各段除了每一段用一次拍手代替 "Bingo" 中的一个字母外，其余歌词和曲调完全一样。如第一、第二段歌词为：

There was a farmer with a dog.

And Bingo was his name.

O! B—I—N—G—O, B—I—N—G—O, B—I—N—G—O.

And Bingo was his name.

There was a farmer with a dog.

And Bingo was his name.

O!（拍手）—I—N—G—O,（拍手）—I—N—G—O,（拍手）—I—N—G—O.

O! And Bingo was his name.

…

其余几段只需每段用一次拍手代替后面的字母即可，到最后一段 "Bingo" 这五个字母的拼写就会全部用拍手的动作代替。又如："I Bought Me a Cow" 一歌中，每段歌词只需改一改动物名称及叫声：

I bought me a cow and the cow pleased me.

I feel my cow under the tree.

Cow goes moo，moo…

I bought me a duck and the duck pleased me.

Duck goes quack，quack…

I bought me a sheep…

Sheep goes baa，baa…

这样的歌，不仅有重复，而且还可以根据学生经验和生活常识不断增加新的段数（如 a pig…pig goes griffy, griffy…；a dog…, dog goes bow—wow, bow—woo…），有发展的余地，教师可启发学生自己想出要增添的新词，这样既激发了学生的积极性，又能培养创造性。

（五）根据教材自编自填说唱词或歌词

比如：在学习了句型 "What's this？" 以后，可选择所学句型编成有节奏的说唱形式，让学生按一定的音乐节奏说唱：

What's this?　　　　　　　　What's this?

It's a book.　　　　　　　　It's a dog.

Yes! Yes! Yes!　　　　　　 No! No! No!

It's a book,　　　　　　　　It's not a dog.

It's a book.　　　　　　　　It's not a dog.

在说唱熟练之后，再用所学其他内容替换相关部分：

What's this?　　　　　　　　What's this? A ball?

What's this?　　　　　　　　Yes! Yes! Yes!

It's a ball，ball，ball.

Yes！ Yes！ Yes！　　　　　　　What's this？ A doll？

It's a ball，ball，ball.　　　　　　　No！ No！ No！

也可将说唱熟练后的单词、句型套编到下面的曲子中，如：

What's This？

That？

　　　　　　This

What's？

　　　　　　That

1=F　4/4

(0　0　0　0｜0　0　0　0‖3-1-｜3 43 5 ·3｜2 3432｜1 i 0)｜

‖：3　-　　1　-　　｜3·　　　3　　5-　｜

(男中)What's　　this？　(童合)It's　　a　　house.
(男中)What's　　this？　(童合)It's　　a　　bike.
(男中)What's　　this？　(童合)It's　　a　　sheep.

2　-　　7　-　　2·　　2　　4-　｜

(男中)What's　　this？　(童合)It's　　a　　house.
(男中)What's　　this？　(童合)It's　　a　　bag.
(男中)What's　　this？　(童合)It's　　a　　ship.

（六）其他方面的选择

小学英语童谣、歌曲不宜太长，应比较简单、短小，旋律动听，节奏明快，词曲结合自然，易于上口，内容与形式统一，有一定的艺术性。选择时要避免内容单一化，应广泛挑选各种题材、性质的歌曲，贴近生活，适合交际，能促进认知的发展。

三、英语童谣与歌曲的教法

同样的教材内容，有的老师教学时学生感兴趣，能理解，学得快，记得牢，唱得好，而有的老师教学时极其平淡，甚至效果较差。小学英语的教学目的是初步培养学生对英语的感性认识，培养学生的语感，在讲、练、说、唱、玩、画中完成英语的学习过程。现在大多数小学英语教材中都有说唱（chant）和歌唱两种形式来辅助教学。下面简单介绍一下两种形式在小学英语教学中的具体教法，采用时，必须结合所学内容和学生的实际水平来举一反三，灵活运用，并创造性地予以发展。

（一）事先欣赏

有些自编、自填的童谣和歌曲在未正式教说、教唱之前，可以在一节课结束前先说唱给学生听，让学生在欣赏的过程中，脑子里有个初步的印象。有的童谣和歌曲已录有磁带，可以在一节课结束前、课间或课外活动时放给学生听。

（二）解释歌词

在正式教说、教唱之前，歌词中总会有个别新词或难懂的句子，因此，必要的解释还是不可少的。解释歌词这一环节应进行得生动、灵活、简短，有艺术性，而不是枯燥、呆板、冗长、机械地照本宣科式地讲解，或让学生一遍又一遍地反复背诵。

（三）示范说、唱

小学生善于模仿，教师的示范说、唱应有正确的发音，清楚的吐字，准确的语调、旋律和节奏，适当的表情、动作等。说唱主要用于一些自编的童谣和未谱曲的童谣，这种形式要求用抑扬顿挫、富有节奏、生动的语调把歌词说唱出来，也可用于先说后唱、在能吟调的基础上学唱的儿歌。歌唱用于根据已有曲调自填词的歌曲或已有原歌曲的演唱。示范说、唱，原则上由教师承担，也可用录音、录像代替。

（四）教说、唱

1. 运用动作教说、唱。

把童谣、歌曲的内容用体态动作或表情表现出来，边说边唱边做动作。

例如：前面"第五章 语音教学"里提到的下面这首童谣可用于小学高年级教一般现在时、现在正在进行时和复习几个动词短语、介词短语。

Two little birds are sitting on the tree.
One is Jack，the other is Joe.
Flies away Jack，flies away Joe.
Flies back Jack，flies back Joe.

Two little fish are swimming in the sea.
One is Jack，the other is Joe.
Swims away Jack，swims away Joe.
Swims back Jack，swims back Joe.

Two little elephants are walking in the forest.
One is Jack，the other is Joe.
Walks away Jack，walks away Joe.
Walks back Jack，walks back Joe.

教师边说边做动作，学生跟着学。如第一段把两手举起，并放两侧，竖起大拇指，表示两只小鸟，分别按节拍向中间平移到"are sitting on the tree"的时候，两手合会。然后举起右手，抖动竖起的大拇指，同时说"One is Jack"，放下右手，举起左手做同样的动作，同时说"the other is Joe"，接着两手在两侧舒展摆动做小鸟飞行的动作，同时脚步随着节拍说"flies away Jack，flies away Joe…"，前后稍做走动状，边做边说唱。

歌词的第二段也是随着节奏做两只小鱼游泳的动作：直立身体，前身微微向前弯拢，一只手横立在前，一只手横立在后，跟着节拍左右做鱼尾摆动动作。

第三段模仿小象的行走动作：弯腰成90度，左手轻捏鼻子，右手垂直随着说唱的节拍左右摆动，同时两脚前后走动，表现出小象很笨拙的样子。

用这种边说唱边做动作的方法教学能使学生在说、唱、玩中学到知识，而且课堂气氛活跃，师生在说、唱、动中完成教与学的任务。

2. 运用教具教说、唱。

为了调动学生学习的积极性，引起他们的兴趣，以及帮助他们对歌词内容的理解，加强节奏感，在教说唱时，根据年龄的不同而适当使用一些能活动的教具，恰当地讲述有关内容。比如：用看图说话的形式介绍、表达歌谣内容，教下面这首歌谣。

Walk，walk，walk，
A little bear is walking.
A little bear is walking.

Swim，swim，swim，
A big bear is swimming.
A big bear is swimming.

Little bear，little bear，
What are you doing?
I am walking.
I am walking.

Big bear，big bear，
What are you doing?
I am swimming.
I am swimming.

这首童谣是根据课文内容的讲授需要而设计的，教唱时教师不用逐句解释，只是让学生边看图片边听老师说唱，先让学生感受韵律、节奏和语感，然后和老师一起练习说唱。说唱一定要注意语调、节奏的变化，以便听起来抑扬顿挫。说唱熟练后，可继续填唱下面这首歌，以加强巩固。

What Are You Doing?

1=D   4/4

(1 · 3   5 1 | 6 i̇ 6   5 - | 4 · 5̲ 3 1   2 2 1 0) |

‖: 1 · 3̲   5   1 | 6   i̇ 6   5   - |
What   are you   do   ing?

4 · 5̲   3   1 | 2   2   1   0 |
We are   draw- ing   We're draw-ing.

5 5   4 4 | 3   5 3̲   2   - |
3 3   2 2   1   3̲ 1̲   7̣
What   are   you   draw -ing?

5 5   4 4 | 3   5 3̲   2   - |
3 3   2 2   1   3̲ 1̲   7̣   - |
What   are   you   draw -ing?

1 · 3̲   5   1 | 6   i̇ 6   5   - |
I am draw- ing   a   big ea- gle,

4 · 5̲   3   1̲ 1̲ | 2̲ 2̲ 2   1   0 :‖
He is draw- ing a fun- ny mon- key.

3. 运用简笔画教下面这首歌谣。

My hair is on my head.
My head is on my neck.

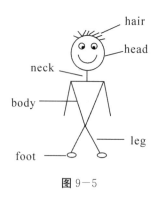

图 9—5

My neck is on my body.

My body is on my legs.

My legs are on my feet.

My feet are on the ground.

在教这首童谣时，教师可以边画边示范说唱，让学生跟着说唱，学生学得有兴趣，接受得也快。

另外，教学中常用的录音机、幻灯、贴绒、磁性教具、木偶等都可在教说唱时运用。在运用教具时应力求简单，易于操作，能活动，有利于节奏感的培养，如用图画，内容应简单有助于小学生理解歌词。

（五）形式多样，复习巩固

在每次教说唱完成新内容后，及时的复习可以巩固记忆，避免遗忘。复习应在愉快、有兴趣的情境下进行，避免单调的重复练习。要多动脑筋，想办法采用各种吸引小学生的方法达到预想的目的。

1. 复习的形式。

复习的形式可有跟唱、模仿唱、齐唱、领唱、部分轮唱、对唱、表演唱、说唱等，可灵活选用。

2. 复习的时间。

复习的时间一般应安排在课前、课开始时、课结束前、课外活动进行。

3. 复习的方法。

· 边唱边表演。

· 边用教具边唱歌。

· 用游戏的方法。

· 用接唱的方法。

· 扮演歌曲中的角色，增加有节奏的说白。

· 边说边唱边用手拍节奏。

第四节　简笔画

一、教学简笔画概论

（一）什么是教学简笔画

所谓教学简笔画，是用简单的线条所勾画的辅助板书与语言生动形象地说明教学内容的简单图画。教学简笔画是一种值得推广的直观教学手段，是小学英语教师必备的基本功。作为一种教学辅助手段，教学简笔画可以起到教学语言，甚至示范、教具演示、挂图所起不到的作用。教师借助于教学简笔画，把学生引入教学的情景与故事内容的情节之中，使学生有身临其境之感，调节教学气氛，唤起学生的注意和情趣，可以使课堂教学做到"动"与"静"的互相转化，进一步地调动学生的积极性。教学简笔画时教师事先展现挂图，其效果更为突出，不至于使学生受其眼花缭乱的干扰，特别是它可使那些稍纵即逝的过程通过画面予以再现，能够展现教学的过程，便于学生抓住教师的思路。教学简笔画，可多途径地培养学生的能力，陶冶学生的情操。

（二）教学简笔画的特点和基本要求

简笔画教学通过简洁、形象的画面创造情景，表现语言中的单词、短语、句型和课文，帮助学生进行听说练习。它与一般绘画不同，它不在"写实"而在"表意"，只是一种符号式的、服务于教学、作用于教学的绘画，其特点与基本要求有以下几方面（见表9-5）。

表9-5

特点	基 本 要 求
简洁性	做到简而快，单线勾勒，不涂明暗，一笔画成，避免重笔与修饰，一目了然，省时、省力、省料。
形象性	做到笔画简练，形象突出，能够抓住事物的最基本特征，增强记忆，发展兴趣，简练描述过程。
启发性	启发思维，体验传情达意，培养学生的审美能力。
调控性	做到"动"与"静"的结合，调节课堂教学，活跃课堂气氛，激发学生学习情趣。

二、教学简笔画的基本训练和基本技法

简笔画，顾名思义，它的一切特点均体现在"简"字上。这无疑给我们掌握它提供了极大的方便。对于简笔画来说，只要能体现物体特征，越简单越好，绘画速度也就越快，越能有效辅助课堂教学。在小学英语教学中，教学简笔画只是用来告诉学生："是什么？"、"在干什么？"以及"在哪里？"等，带有一定的看图识字、看图说话的作用。所以，我们在小学英语教学中所使用的简笔画，实际上只是某物体或某事情的图形标志、图形符号。

（一）基本功训练

学习简笔画通常训练的程序是：先练线条，后勾基本图形，再练画图像。

1. 基本线条的画法。

简笔画的用线，主要有粗细、曲直两大类。

粗细线条若用粉笔作画，细线可用粉笔细端，粗线用粗端，若再粗可将粉笔的两端口加工一下，若要涂黑，可将粉笔折断。

曲直线条可包括有：直线，弧线，波纹线，螺旋线，旋转线，弹簧线，不规则线等。如图9-6所示：

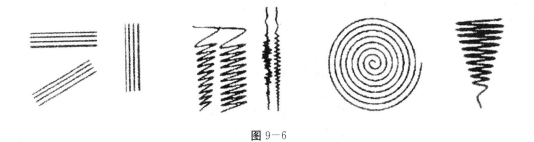

图9-6

2. 基本的图形画法。

在各类简笔画中，都离不开一些基本图形。这些图形不角即方，不方即圆，不圆即椭。基本功的训练除掌握基本线条的画法以外，还需掌握基本图形的画法。简笔画基本功的训练，必须从这些基本图形练起，如图9-7所示：

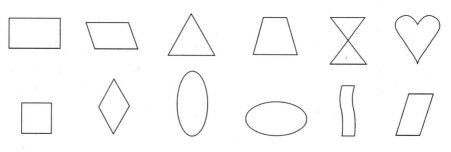

图 9-7

基本图形应用示例，如图 9-8 所示：

图 9-8

（二）基本技法

1. 人体教学简笔画的基本技法。

（1）线杆法。

按头—躯—下肢—上肢顺序画。

画法：

• 头部用圆圈表示，男女区别主要以发型和衣裙来区分，如图 9-9 所示：

图 9-9

• 四肢活动，主要用关节的曲直来表示，如图 9-10 所示：

图 9-10

（2）角胸法。

角胸法画人体，是圆头、角胸、线杆肢。方法易于掌握，简单易学，更为直观。

画法：

将线杆法中的直线胸变化为各种三角线，其他方面同线杆法。如图 9-11 所示：

图 9-11

（3）方身法。

画法：

方身法是以方形、矩形、梯形等及其变形为人身，其他方面同线杆法，如图 9-12 所示：

图 9-12

（4）圆身法。

画法：

圆身法画人体，是圆头、圆身、线杆四肢，它以椭圆取代了角身、方身，其他方面同以上各种画法，如图 9-13 所示：

图 9-13

2. 面部教学简笔画基本画法。

人的面部表情的画法主要是眉、眼、嘴的变化，作画程序先画脸盘—眉—鼻—嘴—头发与胡须。

画法：

先画一圆形，如图 9-14a。

把圆形目测分成三等块，如图 9-14b。

上线画眼，下线画嘴，中间画鼻子，如图 9-14c。

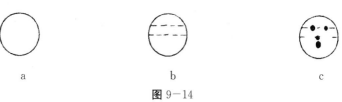

a   b   c

图 9-14

最后添加头发，如图 9-15 所示：

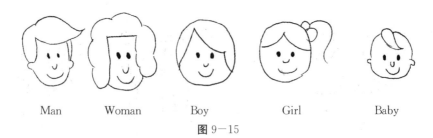

Man　　Woman　　Boy　　Girl　　Baby

图 9—15

另外，儿童面部的画法是把一圆形横分成两半，五官画在下半部，如图 9—16 所示：

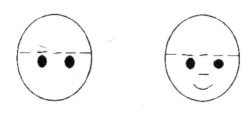

图 9—16

还可将人的五官某一部位突出，生动、幽默地体现人的面部表情，如图 9—17 所示：

图 9—17

3. 其他类教学简笔画的基本画法。

此类教学简笔画主要采取点、线、面相结合勾勒出物象的轮廓线、动态线。作画要求外形简单，轮廓清晰，特点明确，一目了然，不要添加一些不必要的细节修饰，如动物的牙齿、脚趾等。如图 9—18所示：

图 9—18

（1）动物类简笔画法分解示例，如图 9—19 所示：

图 9-19

（2）水果类简笔画法分解示例，如图 9-20 所示：

图 9-20

（3）植物类简笔画法分解示例，如图 9-21 所示：

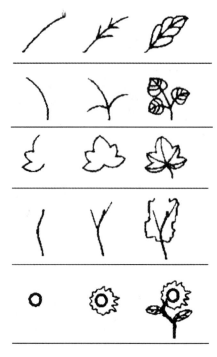

图 9—21

三、教学简笔画在小学英语教学中的应用

小学英语教学中，因为少年儿童难以集中注意力，要使他们在 45 分钟内专心于某项活动，教师就要用活动的方法吸引他们的注意。简笔画线条简单，生动活泼，具体形象，趣味性强，使用方便，可以集中学生的注意力，提高学习效率，而且，在教学中使用简笔画可以减少母语的干扰，减少使用翻译法。

（一）简笔画教学应注意的事项

1. 简笔画画法要快、简，迅速几笔勾勒出人和物的基本特征，不求细节。

2. 边画边对正在画的图画提问，如：What's this? Where is he? What's he doing? 等。

3. 先画大特征，再画小特征，比如画人物，先画头和身体，再画眼睛和嘴。

4. 现成的，不用多画。

5. 抽象的内容不易画。

6. 不能用一幅说明的，可用几幅，如图 9—22 所示：

They are reading

They are working

图 9—22

7. 在教学中，如有很多内容要做简笔画时，应有所选择，一部分可在课前画成小卡通片，一部分当堂作画，卡通片可用橡皮泥粘上，互相映衬。

（二）具体应用

1. 学习新词。

用简笔画代替各种实物和客观现象，比如名词、动词、形容词、介词短语。这样省力，简单，清楚地表示其词义。

2. 词义对比，如图 9—23 所示：

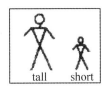

图 9—23

3. 词义解释，如图 9—24 所示：

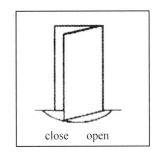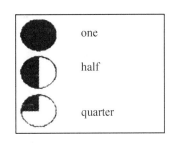

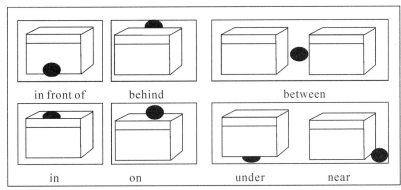

图 9—24

4. 教句型和语法。

语法教学、句型和词汇教学应该成为一个统一体，教单词离不开句子，并在句型的反复操作中才能掌握词的含义和用法，句型练习又有助于掌握语法规则，简笔画为句型操练提供了情景，如图 9—25、9—26 所示：

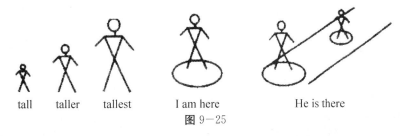

图 9—25

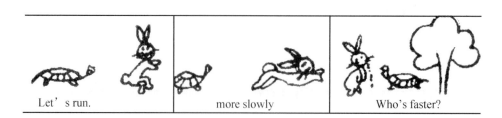

图 9—26

5. 教课文。

小学英语中课文短而且简单，可借用简笔画形象、生动地讲解课文，做到以图识词，以词带句，以句学词，相互学词，相互渗透。在教新单词时，穿插旧句型，把新单词引入旧句型中，成为一个整体。另外，新单词教后，教师可以适当改变一下各物的位置，操练的内容就更多了，更为丰富多彩，学生不至于感到枯燥、乏味，单词的覆盖率更广。如图 9—27 所示。

引言：There's a football match this afternoon. It's between Class One and our Class—Class Two. The match begins at three.

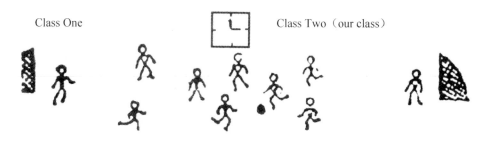

图 9—27

6. 借用简笔画趣味教学。

图 9—28 的画法：

（1）字母 Y 构成鼻子；

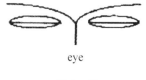

图 9—28

（2）两侧字母 E 组成双眼；

（3）整个图案表形 eye，也表意"眼睛"。

图 9—29 的画法：

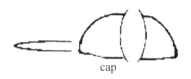

图 9—29

（1）字母 C 构成帽檐；

（2）字母 A 和 P 构成帽边；

（3）整个图案表形 cap，也表意帽子。

图 9-30 的画法：

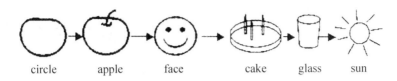

circle　　apple　　face　　cake　　glass　　sun

图 9-30

（1）先在黑板上画一个 "O"，边画边问："What is it?"

（2）学生会说出以下词汇：an apple, an egg, a face, a glass, a sun, a cake, a candle。

（3）教师根据学生的猜词，边重复边添加几笔特征线条，勾勒出学生所说的词汇图。

图 9-31 的画法：

（1）先画一面部头像 Li Ming，再画一面部头像，旁边结合 "'s" 表 Li Ming's，最后画一个面部头像 Li Hua。

（2）将三个头像用单词连成一句话。Li Hua is Li Ming's sister.

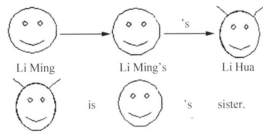

Li Ming　　　　Li Ming's　　　　Li Hua

　　　　is　　　　　　　　　's　　　　sister.

Li Hua is Li Ming's sister.

图 9-31

另外，还可以将单词融于图中，或者在句子中插入图画。如图 9-32 所示：

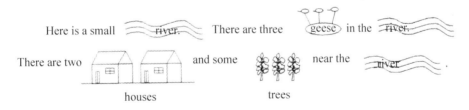

Here is a small　　river.　　There are three　geese　in the　river.

There are two　　　　　　and some　　　　near the　river.

houses　　　　　　trees

图 9-32

简笔画教学简单易学，而且人人都能学会，并能得心应手。如果运用得体，可起事半功倍的效果。如何运用，视教材内容而定，而且要注意变换形式，把简笔画和童谣、游戏、动作表演等形式交叉结合起来，才会使学生在不断变化的兴趣中学好英语。

（王电建，赖红玲，2002：119-135，节选）

第十章　课堂管理

第一节　课堂指令

让学生对自己所要参与的活动有一个清楚的认识，了解自己在活动中的角色和任务是成功开展活动的前提。这就要求教师交代指令要清楚，尤其是当学生初次接触某种活动的时候，如果指令给予不当，任务交代不清，就会给教学的组织带来很大不便。

一、指令给予应遵循的原则

1. 语言应尽可能简洁明了，容易理解。
2. 指令交代的时间不可太短，亦不可太长，以保证学生清楚为原则。
3. 解释活动时配以演示。
4. 为确保学生清楚活动的内容与方式，教师可抽查提问学生，看学生是否真正明白。
5. 必要的情况下可用母语布置活动、解释游戏规则等，或者先做示范。
6. 交代指令前必须保证学生都已将注意力集中到教师的身上。在混乱状态下，或当学生正忙于手中之事时，或当学生私自交谈时，教师不宜发布指令。

二、交代活动时教师的注意事项

1. 注意新旧知识的衔接。
2. 交代活动的方式。
3. 交代活动的目的。
4. 交代活动的操作步骤。
5. 交代反馈的要求。
6. 检查学生的理解（对指令的理解）。
7. 交代活动的时间。
8. 让学生清楚活动如何开始。
9. 监控学生活动。
10. 终止指令要清楚，同时教师要对学生的活动做出适当的评价，评价要有利于学生建立自信、发现问题并且改进不足。
11. 最后要留给学生提问的时间。

（王笃勤，2003：148－149）

三、示例

示例1

T：Let's play a game：Passing letters. That is, pass a letter to the front by writing it on his/her back. And it's a competition between groups. Clear?

Ss：No.

T：Daming and Li Ping，come here. Stand on a line. One by one. Now，I write "A" on Daming's back. Daming，do you know?

D：Yes.

T：So，write it on Li Ping's back.

T：OK. (Write "A" on Li Ping's back.)

T：(To the class) Now，are you clear?

Ss：Yes.

T：Great. Now，let's do it. The group which spends the lest time and writes the correct letter on the Bb will be the winner（花时间最短而答案又正确的组为胜）.

说明：发指令要简短。当学生不了解时，可以先做个示范，并用母语解释规则。

示例 2

T：Now，Let's play a guessing game. One student comes here，facing to the Bb. (with body language) And I will show you a picture. For example，it is a cat (show the picture to the whole class). Then the student turn to face you，and guess the thing on the picture by asking you questions with "Is it a…?" e. g. Is it a cat/dog? And the whole class answer with "Yes，it is." or " No，it isn't." Understand?

说明：解释活动时配以演示，注意运用所学新知识，交代了活动的目的、操作步骤及其他学生的反馈要求。

第二节　活动组织

课堂活动的互动模式是影响课堂组织效果的另一因素。互动模式是否得当，运作是否合理等都会直接影响课堂组织的效果。因此，教师有必要了解各种互动模式的优缺点，根据教学目的和学生的心理需要选择适当的操作方式。

一、活动的组织形式

课堂活动的互动方式一般分为四种：班级活动（whole class work）、小组活动（group work）、同伴活动（pair work）和个人活动（individual work）。不同的互动形式对学生的参与要求不同，为了保证学习的发生，教师应该尽可能多地给学生提供参与的机会。所以，教师不管采用什么方式都应该尽可能地让学生多多参与。需要注意的是，全班活动并不意味着教师的独角戏，教师同样应该注意启发学生，尽可能减少自己的说话时间，增加学生活动时间。

相比之下，小组活动和对子活动有助于促进学生参与。不仅如此，小组活动还有助于培养学生的集体意识和合作精神，增强学生的社会责任感。小组的分配方式也各有不同，可以根据座次位置进行分组，让学生自组小组，将优秀生与差学生编为一组。这几种方式各有利弊，教师应根据活动的目的选择适当的分组方式，并且不时地改变组合。但是，小组不可太大，以 4 到 6 人为宜。

在自主模式研究中，人们还发展了一种"组间同质，组内异质"的分组方式，借以促进组内的合作和组间的竞争：小组之内互帮互学，相互监控；小组之间你追我赶，形成竞争气氛。大量的研究表明，这种固定的学习小组有利于培养学生的社会适应性、善于听取别人意见的品质以及自主性和独立性，还能为学生提供更多的锻炼机会，促进学生的全面发展。研究还表明，互惠合作小组学习有利于遏止学生两极分化。

二、活动的类型

不同的学者对活动类型分法不同，有的依据任务在活动中对语言材料的处理方式不同，将活动分为展示型、理解型、应用型、判断型、巩固型；有的根据活动中学生承担的角色不同将活动分为信息沟（Generation gap）、角色扮演（Role play）、任务型（Task-based）等；有的则根据活动在课堂管理中所起的作用不同，把活动分为"驱动型"（Stirring）和"稳定型"（Settling）。

不同类型的活动所适用的学习任务和课型不同，所适用的组织方式也不相同。一般说来，适用于班级整体组织形式的活动有：讲故事、听做活动、听重复活动、语言展示活动、阅读检查或语言巩固练习等。适合于同伴形式的活动有：同伴阅读、角色扮演、信息沟、流程卡对话、问答练习等。适合小组形式的活动有：讨论、采访、远距离听写、传话游戏、表演等。适合个人形式的活动有：抄写、朗读、完成句子练习、看图说话等。

（王笃勤，2003：149－151）

第三节　座次摆放

一、座次摆放原则

教室是课堂学习活动发生的环境。一般说来，教室的位置都是固定的，所有的学科上课的座位摆放都一致，特别是大班教学。然而，随着教学环境的好转，部分学校有条件以小班的形式进行课堂教学。在上课过程中，学生要参与大量的活动，随着活动的变化来回走动，这就涉及教室空间的利用问题。因此，教师在授课之前应该很好地安排教室，以保证活动的秩序，减少干扰。就教室的布置和座次的安排而言，一般应注意以下几点：

（一）教室的布置、座次的摆放应与教学目标相吻合

教室内的物质环境、人文环境等一切都是为教学服务的，教室的布置和座次的摆放应能满足教学目标的要求，如果是展示、表演、演讲等，座次的摆放应能方便学生看到主要展示区域。

（二）保证学生有充足的流通空间

课堂活动中教师要穿行于学生之中，以便监控、指导、提供帮助，学生同样需要来回走动。因此，座次的安排应该能提供畅通的流动空间。

（三）保证教师能够观察到每个同学

教学管理的一个重要任务就是对课堂活动的监控。如果教师不能看到所有的学生，就很难清楚哪些同学需要帮助，哪些同学在开小差等等。这不仅与座次的排列有关，同样也同教师的站位有关。有的教师习惯于站在教室的一个角落，这样就很难监控所有同学。一般说来，教师应该站在教室的中部。

（四）保证学生能看到教学展示

幻灯、投影、多媒体软件等是现代课堂教学的常用展示工具。座次的摆放应该能保证所有的同学都能轻松地看到展示内容。但是，有很多教室中投影仪的位置是固定的，为了给教师留出板书的黑板空间，投影仪常被置于教室的左前角。这样一来，靠右的同学就很难看清楚教师展示的内容。在这种情况下，教师应注意调整学生的座次。

二、常见座次摆放设计

各学校的教室物质环境不同，有的桌椅是固定的，有的是可以移动的。固定的座次不利于同伴活动和小组活动的开展，但活动的桌椅如果摆放不合适同样不利于活动的组织。下面是在桌椅可以移动的条件下常见的几种座次摆放模式：

1.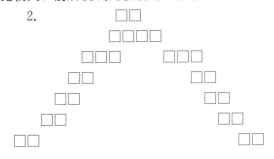

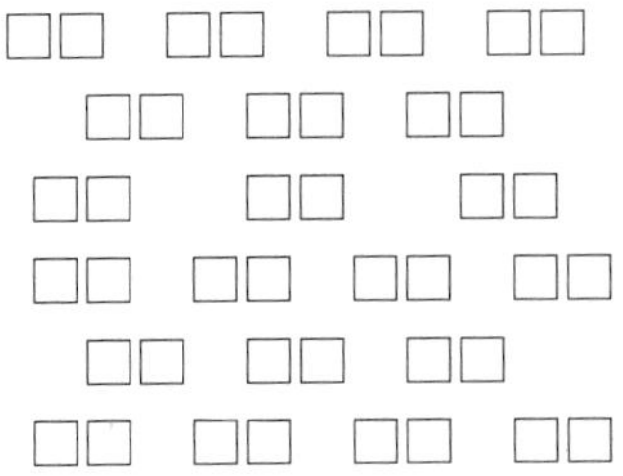

　　　　　图 10—1

　　这种模式对桌椅移动的要求不是很高，比较适合学生进行面对面的讨论。讨论时学生活动的余地比较大，前后视线比较畅通，活动时学生都可看到黑板上的东西。

2.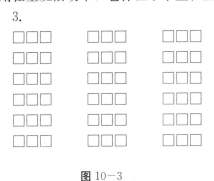

　　　　　图 10—2

　　该模式适合多种功能，比如，可用于"角色扮演"、"个人或小组陈述活动（presentation）"，也可用在全班活动中，它保证了学生在活动的同时能看到教师和黑板上写的东西。

3.

　　　　　图 10—3

　　这是比较普通的一种，适合于3~6人小组活动。注意各小组之间要有点距离，以减少各小组之间的相互干扰。

4.

　　　　　图 10—4

　　这是组织全班讨论的一种比较理想的模式，学生参与机会平等，每位学生都能看到其他学生，便于交流。但班级人数不宜过多，教室面积也要足够大。

5.

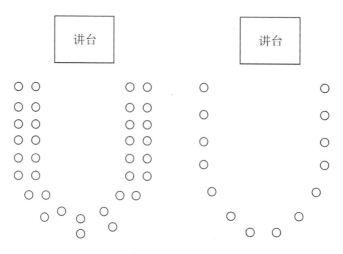

图 10-5

这两种布局方式能给学生足够的表演空间，便于开展一些小组表演之类的活动。活动中学生彼此都可以看到对方，便于交流。但是这种座次安排显然对班级人数的要求比较严格，四五十人的一个班就很难采取这种布局方式。

（王笃勤，2003：154-157）

第四节　提　问

一、提问的意义

提问是组织教学的最普通的技巧之一，也是一种最富影响力的教学艺术。问答作为外语课堂中最普通的一种话语形式，对语言的习得有着很大的促进作用。问题可以保证学生在学习活动中的参与，通过问题的调节可使语言更加清楚易懂，更加适合学生。提问中话题的选择和回答者的设定对促进交互活动的开展具有很大的影响。

提问不仅是引出话题的手段、进行词汇阅读教学的手段，同时还是教师组织教学的有效手段。例如，当有的同学在其他同学回答问题时不注意听讲或做小动作时，提问就是一种比较有效的策略。提问可以检查其他同学对同一问题的理解，通过对其他同学回答的转述或解释也可使学生集中精力于课堂活动之中。在老师的讲授过程中，有时也会有部分同学开小差，这时可通过提问该部分同学唤回其注意力。

提问是教学过程中师生之间进行相互交流的方式，是引发学生产生心智活动，并作回答反应的信号刺激，是促进学生思维发展的手段和途径。正确、恰当、适时的各种提问，可以相应地起到集中注意力、激发学习动机和兴趣、提示要点、强化记忆、检查学习效果、促进创造性思维、发展语言交际能力等多方面的作用，促进英语教师搞好教学技能。

二、提问的原则和要求

1. 目的性——每次发问必有所作为，或引起注意，或强调重点，或激发、引导学生思考，均须符合教学目标的需要。

2. 准确性——衡情酌理，把握事物本质和因果关系，探究对象具体，设问不能大而空。

3. 条理性——思路明确，由已知到未知、由近及远、由表及里、由此及彼地有序进行，不要信口开河，不合逻辑、不连贯地孤立提问。

4. 启发性——引导学生思维，激发学生的心智活动，由浅入深、由易到难，由认知记忆到分析推理，得出结论。

5. 多样性——根据教学目的和教学内容需要，创造性地运用多种功能类别的提问（特别加强推理性提问和创造性提问的编拟）；创造性地运用各种句式的提问，不仅有疑问句式，还包括引出语言反应的叙述句。

6. 普遍性——提问对象是全班各种程度、各种位置的学生，不能仅仅是优秀学生或成绩差的学生，难易、复杂程度的比例要适当。

7. 选择性——根据问题的难易、复杂程度选择不同的学生回答问题，先向全班学生提问，再选择学生回答。

三、提问的类别和句式

（一）类别

1. 认知记忆性提问——学生回答问题时只需对语言材料或内容做记忆性的重述，比如词汇、语法、语音等语言材料的结构、意义、用法的重复。

2. 推理性提问——学生回答问题时，需对讲述过的语言材料进行分析、比较和归纳，导致某一语言规则的结论或某课文内容的总结。

3. 创造性提问——学生创造性地运用所学过的语言材料进行理解和表达，或根据上下文、情景悟出生词的词义、用法、语法规则或某些语言材料的意义。

4. 评价性提问——学生回答问题时根据标准对语言材料的形式或内容进行评价判断或选择。

5. 常规管理性问题——集中学生注意力，激发学生动机、愿望，号召和动员学生参加练习活动。

（二）句式

1. 一般疑问句、反义疑问句（"Yes/No" questions）。

2. 选择疑问句（"Or" questions）。

3. 特殊疑问句（"W" questions）。

4. 祈使句或陈述句。

四、示例

综合运用认知记忆性提问、推理性提问、创造性提问、评价性提问。

如教学 Unit 1 What are they doing? （Module 4，Book 3.《新标准英语》）

T：(Ask a student to do the body language of taking pictures on the platform) Look. What is he doing? (renew)

Ss：He is taking pictures. (renew)

T：(Ask a student to do the body language of writing a letter on the platform) Look. What is he doing? (renew)

Ss：He is writing a letter. (renew)

T：(Ask two Ss to do the same on the platform) Now. Look. What are they doing? (A new question，and write the question on the Bb.)

Ss：He is writing. (new answer)

T：They are writing. (Write the answer on the Bb. Then ask two Ss to do the body language of doing Taijiquan on the platform) Now. Look. What are they doing?

Ss：They are doing Taijiquan.

(Write on the Bb.)

T：Are they doing well?

Ss：Yes，they are.

…

通过复习引出新的问句"What are they doing?"及其回答，并引出新内容。

第五节 纠 错

对于回答教师提出的问题，学生免不了会出错。错误是语言学习中不可避免的一个组成部分，语言学习的过程从某种程度上讲就是一个"试误"的过程。学生在学习过程中不断地尝试，不断地出错，不断地纠正自己的错误，从而使自己的语言运用水平得以逐步提高。但是，教师对待错误的方式很多，方法不当可能会起到相反的作用。在课堂教学中纠正学生错误时，我们需把握好两个问题：一是什么样的错误要纠正；二是如果需要纠正，在什么时间以什么样的方式纠正。

课堂类型不同，纠错内容也应有别。一般情况下我们应该纠正的错误包括：

一、属于教学重点的错误

如果一个语言错误是本堂课训练的重点项目，那这个错误就应加以纠正。交际课堂上的功能表达的错误等也应如此。

二、影响理解的错误

语言是为意思表达服务的，如果影响意思表达，即使最普通的错误也要改正。如 two past three 与 two to three 表达的时间概念不同，I like cats. 与 I like carts. 只一个字母之差，意思却差别很大。可见，有时只是简单的拼写错误，就可引起意思的变化，因此这种错误也不容忽视。

三、学生频繁出现的错误

就纠错而言，我们首先要判断错误的类别，是语法错误、发音错误还是其他错误；然后确定是否要纠正错误；第三步是决定何时纠错，是马上进行，还是等活动完以后进行；第四步是决定谁来纠错，是教师还是学生自己；最后选择适当的纠错方式。根据实施者来分，纠错可有三种方式，即自我纠错、同伴纠错和教师纠错。

（一）自我纠错（Self-correct）

自我纠错是指学生在教师的提示和帮助下自己纠正错误。教师可以用带有疑问的一个眼神、摇头、延长的沉默等暗示错误的出现，然后通过提问等方式帮助学生改正自己的错误。如当问学生："Where did you go yesterday?"学生回答"I go to the cinema yesterday."时，教师可以通过正确的重复帮助学生纠正错误，如："You went to the cinema yesterday?"也可以通过提问让学生重复，如："What did you say? Sorry, again please?"还可以在提问中暗示表达时应注意的时态，如："What DID you do yesterday?"

再如下例：

```
T：What's your name?
  S. My name Sam.
  T：Oh, good. Your name is Sam.
  S：Yes, my name is Sam.
  T：Hello, Sam. Nice to meet you.
```

```
T：What's your mother's job? S：He is a nurse. T：He is a nurse? S：Oh, she is a nurse.
```

（二）同伴纠错（Peer-correct）

同伴纠错在不同课型中的表现形式不同。在全班性活动中，当学生回答问题出错时，教师可以问其他同学同一个问题，让出错的学生注意其他同学回答的不同；也可以问其他同学是否有不同的表达方式，必要的情况下，可以将学生的答案写在黑板上，或利用幻灯展示，组织学生集体改正。在小组和两人活动中，通过让组员或伙伴之间对比查找改正错误。

（三）教师纠错（Teacher-correct）

教师纠错的方式很多，可以明确指明其错误，然后给出正确的表达方式；也可以用比较含蓄的方式提示正确的表达。多数情况下，如果需要纠错，教师最好是让学生自己纠错，不伤害学生的自尊心，而且还要积极鼓励学生自纠。

教师在纠错时，应注意措辞的运用，如可用以下话语：Very close. Nearly right. Try again. Much better.

纠错的成功与否不仅要看错误选择是否准确，纠错方式是否得当，同时还要看纠错时机选择是否恰当。比如在口语活动中，当学生回答问题或汇报时，教师不应该打断学生。这时如果出现了需要纠正的错误，最好是在活动结束之后进行，而不能采用即时纠错的方式。比如下面一组师生对话就体现了真实的交际，教师所关注的是交流的内容，因此教师对错误没有做任何处理。

T：Do any of you have a pet at home? Ah…you have Billy?

B：Yes，er…I have dog at home．Very big dog! It is nice，but once bite me here［shows lower arm］．

T：Ouch，that must have hurt a lot．

B：Yes，very pain．

C：Yes，me too…er…I have dog．It like my mum most．I play with dog very often．It never bite me．

T：Thank you，Carol．who else has got a pet?

错误是语言学习的一部分，无论是母语习得还是外语学习，总是会出现错误。儿童母语习得过程中充满了很多不成熟的、错误的甚至是荒谬的表达方式，然而这些错误没有一种持续到其成年的语言表达中。随着儿童外语水平的提高，他们会忘记那些不成熟的表达方式，而选择能够为人接受的表达方式。因此，外语教学中教师也不应遇错必纠。

第十一章 小学英语教学评价

第一节 评估的形式

一、评价、评估与测试的内涵

相关材料对于 assessment 的表述比较混乱，有的将其翻译成"评价"，有的翻译成"评估"，其实 assessment 与 evaluation 所指有别，汉语中的评价与评估概念的内涵也不相同。因此，在对学习评价和课堂评估进行深入研究之前，我们首先必须分清"评价（evaluation）"、"评估（assessment）"以及"测试（test）"这三个概念。

（王笃勤，2003：193）

（一）测试

测试有笔试和口试之分，在以往的教学中，测试多以笔试为主。测试根据范围不同，可以分为单元测试和章节测试；根据时间不同，可以分为随堂测试、周考、月考、期中考试和期末考试或结课考试等。测试通常要划等级，或以百分制记分，或以等级制记分（A，B，C，D/优秀、良好、及格、不及格），也可以采用百分比的形式。

（二）评估

与测试不同，评估以促进教学和学习、指导和帮助被评估者自我认识、自我教育和自我发展为目标。评估不是基于一次测试、一项任务，也不是根据学习成绩而定，而是根据学生的行为表现，教师的观察记录，学生的自我评价以及与学生的学习、语言能力、态度、参与、合作以及与认知水平有关的各种测试进行。评估侧重的不是学生现在的水平，而是学生的进步；不仅关注现在的结果，还关注促成现在结果的过程。评估实施的不是同学之间的比较，而是学生的自我比较。评估不必包含测试，测试本身也不是评估，测试只是评估的依据之一。

（三）评价

评价在广义上是分析评估数据的过程，涉及教育内外的整个系列，同时涉及从课堂、课程、技能到教学的各个侧面。评价是对教学和学习的总体评估，可以由教师，也可以由学校和行政部门对整个学校或者对课程的实施进行评估。评价所依据的信息比较广泛，可以是访谈、问卷、观察、教师评估材料、测试以及各种文件等。

二、评价、评估与测试的关系与区别

测试可以为评估和评价提供支撑数据，评估又为评价提供数据，评价是对教学和学习效果的最终和整体评估。三者的关系如图 11-1 所示。

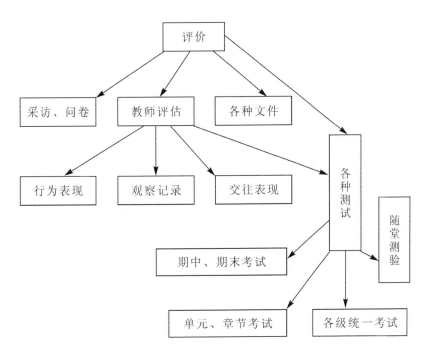

图11-1 评价、评估与测试的关系示意图

从图11-1中可以看出，三者之间既有联系又有区别。从关系上讲，评价、评估与测试体现一种逐级包含的关系，其中测试只是评价和评估中的部分支撑信息。在逐级包含的同时，三者的目的、数据信息以及展示方式也存在很大不同。

（一）目的

进行测试、评估和评价的目标各不相同。从某种程度上讲，测试主要是为了满足学校和家长的要求。学校需要知道自己的学生如何，与其他学校有什么差别。在应试仍是学校的主要教学目标之一的时候，测试可以为学校提供学生录取率的有关信息，所以测试情况是学校特别关注的事情。另外，对于望子成龙、盼女成凤的家长来说，孩子的测试成绩同样是他们关注的主要项目；评估致力于为教师和学习者提供学生学习效果、存在的问题以及进一步努力方面的数据，它是为教师提高教学质量和学生提高学习效率服务的；评价则是为行政部分制定政策和方针，对教育经费、教学资源合理配置等提供支持。三者目的作用不同，因此所开展的范围和方式也各有不同。

（二）数据信息

测试所依据的数据一般为学生试卷成绩，所反映的是学生的语言能力，并且还只是部分语言能力。就学生语言的运用能力而言，有相当部分是无法测试的，如学生的交际能力、学生运用语言解决问题的能力等。

评估可分为终结性评估和形成性评估两种。终结性评估所依据的是测试成绩，而形成性评估由于侧重的是教学过程和学习过程，注重评估学生对概念的理解、任务的完成、策略的发展、认知的提高、智力和情感的发展以及进步的幅度，所以依据的信息不只是测试成绩，更多的是教师教学过程中对学生的观察等。评估所依据的更多的是定性分析，而不是定量分析。

评价所依据的信息来源于访谈、问卷、教师评估、测试以及教学教育部门的各种相关文件，其中既有定量分析数据又有定性分析数据，是一种综合性的、比较全面的信息材料。

（三）展示方式

测试的展示方式多为考试成绩，或采用分数、百分比，或采用等级表示，测试的最终结果通常都是以排序的方式展示。

评估和评价结果通常以鉴定描述和等级划分的方式展示。

三、学生学习评估的目的

评估是对教学的反映。通过评估我们可以获取有关教学和学习方面颇具价值的信息。对学生学习情况的评估可以达到以下目的。

1. 为学生、家长以及教师提供反馈，反馈可以是学习成绩方面的、情感方面的、认知发展方面的，也可以是学生学习态度和学习方法改进方面的。

2. 激发学生的学习动机，从而改善其未来的学习。

3. 记录学生的学习活动。

4. 给出学生学习成绩，按照成绩对学生进行排序。

5. 帮助学生反思自己的学习，指导学生计划自己的学习。

6. 诊断学生学习中的长处和不足，帮助其改善其学习行为。

7. 评估教学效果。

8. 确定学习难点，为教师安排教学提供依据。

9. 为校外机构，如管理机构提供必要的信息，如有关教材、课程标准实施的信息及有关教学和学习实际需求的信息等，为教育教学政策的制定提供依据。

学生学习评估的目的不应只是对成绩的评定和排序，也不应只是对学习效果的终结性评估，而应更多地关注学生的学习过程，关注学生态度、参与和社会策略。评估应体现多元化特征，适应学生多元智力的能力倾向。

四、学生学习评估的方式

评估作为教学的一个组成部分（应该作为教学组成部分），具有一定的自主性，每个教师在上课过程中都会观察学生的行为，观察其语言的使用、行为表现、任务的实施以及态度等。但是如果要使评估真正起到应有的作用，我们就必须进行系统的评估。

（一）确定评估指标

评估指标的确定是评估的第一步，也是最关键的一步，其中指标的确定反映评估评价的价值取向：首先要根据课程标准确定学期、单元以及章节的学习目标和教学目标，然后将其分解成若干个具体的观测点。例如，小学英语一级目标如图 11-2 所示：

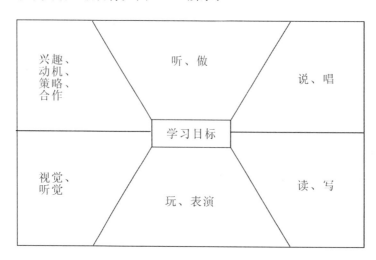

图 11-2

评估时，我们应该根据具体的章节将这些抽象的目标具体化为可观测的行为表现，只有这样才能设计出合适的评估活动。比如，如果在某单元中学生学了"星期、天气、数字、动物、水果和蔬菜"

等名词，那么其可观测的行为可以具体为：

1. 能听懂星期、动物、水果和蔬菜的表达；
2. 能说出星期、动物、水果和蔬菜的名词；
3. 能谈论天气；
4. 能就水果和蔬菜谈论自己的爱好；
5. 能按要求数数；
6. 能拼写所学单词；
7. 能抄写单词和简单的句子；
8. 能朗读韵律，能唱相关的儿歌；
9. 能明白同一层次的录音和录像；
10. 能参与相关游戏；
11. 对所学英语表现出应有的兴趣和动机。

为了保证学生良好的配合，教师有必要把评估的标准告诉学生，使学生清楚学习的目标，明确学习的方向。

（二）设计评估活动

活动的设计应该与所评估的项目相适应，如可以采用 TPR 的方式评估学生对星期、动物以及水果等单词的掌握，可以采取猜测游戏检查学生对名词的掌握，可以设计调查活动让学生收集有关同学对水果蔬菜喜恶的信息，可以采用 Bingo 游戏检查学生对数字的掌握。为了检查学生语言使用能力，教师可以设计一些任务型活动，比如在饭店里点菜，调查同学们都喜欢吃什么水果以便晚会上能加以准备等。

（三）信息（数据）的收集

信息是评估的依据，信息收集在评估中起着十分重要的作用。常用的信息收集方式有：

1. 活动观察。

对学生学习行为和任务执行过程的观察可以为评估提供有利的证据，如实记录学生的表现是客观评估得以实施的保证。教师应该能根据不同的目的选择适当的观测点和恰当的记录方式。

2. 项目任务。

项目任务指组织学生按要求完成一系列的任务，借以评估学生的语言运用能力。例如，教师可以组织学生分别在中国和美国各确定一家动物园，然后比较其不同，最后用张贴画的方式展示。

3. 文件夹。

文件夹是比较流行的一种收集信息的方式，一般要求学生将一段时期内自己各方面的表现如实地、有选择地记录在文件夹中，以供评估之用。文件夹中可以包括学生口头表现的记录（如讲故事、采访、对话表演等）、手工等作品、绘画、图片故事、图表描述、表演记录（如角色扮演、音乐表演、短剧等）、学生习作（包括一稿、二稿甚至三稿或更多）、多媒体作品以及项目任务完成汇报等。

文件夹中应包含哪些项目，采用什么样的评估标准都要通过协商与学生达成共识。根据史密斯（Smith）的观点，评估文件夹应该遵循以下标准：

（1）文件夹是否包含了所要求的全部项目；
（2）项目完成的质量如何；
（3）修改的认真程度；
（4）反思程度；
（5）设计与外观；
（6）是否按时完成。

一般说来，文件夹需要修改，需要学生根据要求反思自己的学习以及文件夹的制作，因此修改和反思应是评估文件夹的一项重要标准。学生可以在文件夹后对自己的学习行为进行简单的总结，教师也可以利用这一空间给出建设性的、鼓励性的评论，以促进学生的学习，帮助学生进步。

对小学生来说，用英语叙述自己的学习要求太高，因此，小学生的文件夹中可以多一些图片资料。文件夹的任务和项目应符合学生的年龄特点和英语水平，同时又不应给教师和学生带来太多的负担。

4. 阶段评估。

阶段评估指在单元、章节或某一堂课结束时对学习效果、学习表现、学习态度等所进行的评估，一般采用书面的方式。书面评估可以借助问卷、评估表等方式进行。如表 11-1 所示：

表 11-1

技　　能	自评	教师评价			学生评论
1. 我能从 1 数到 10。 2. 我能从字母 A 写到字母 G。 3. 我能运用 big 和 small。 4. 我能用英语表达我的年龄。 5. 我能用英语介绍我的父母。 6. 我能用英语介绍自己的名字，能用英语询问他人的名字。					签字：＿＿
家长评价：　　　　　签字：＿＿＿＿		教师评价：			签字：＿＿＿＿

这显然是由家长和同学们协助开展的评估活动，根据学生的具体情况不同，评估表可以采用汉语的方式，以免有的家长看不懂。当然，如果学生水平足够高的话，评估表也可以用英语设计，由学生向家长解释每一条评估项目的意思，这样在家长完成对学生评估监控的同时，也锻炼了学生的语言使用能力。

表 11-2 则是教师评估表，主要用于单元评估。评估涉及该单元的主要目标项目，要求教师对每个同学的达标情况给出等级。

表 11-2

完成第 6 单元后学生进步评估项目	学生 A	学生 B	学生 C	学生 D	学生 E
1. 询问彼此姓名。					
2. 听懂简单指令，如 point at… colour… read…					
3. 就水果进行问答。					
4. 就动物的颜色进行问答。					
5. 介绍家庭成员。					
…					
班级：　　　教师：　　　日期：　　　∴∴好　　　∴一般　　　∵需要进一步训练					

评估表的设计应能满足评估的要求，应与课堂教学的目标和课程标准要求相一致。由于数据收集项目很多，一张评估表不可能包含太多的信息。要对学生进行全面的评估，需要各种各样的评估表，因此，各表格的侧重点，从智力因素到非智力因素，从结果到过程等等，应有所不同。而教材中所展示的只是评估表的一个例子而已，每位教师在各自的教学中都应该设计符合自己学生学习和自己教学的评估记录表。

（王笃勤，2003：193-201）

第二节　课堂评估

一、知识系统

（一）课堂评估的内涵

课堂评估是收集、综合和分析信息的过程，是了解学生的各项技能发展水平和发展潜力等信息的过程。课堂评估，也有的称之为课堂评价，包括课堂教学评估和课堂学习评估。这里所提到的课堂评估为课堂学习评估，是教师用来获取学生学习情况的一种课堂操作方式，是课堂研究的一个重要组成部分，是教师和学生对教学和学习实施监控的一种手段。通过对学习过程的观察、对学习效果的适时反馈、师生对话，教师可以对学生学到了什么、学到了多少、学习方式如何、学习状况如何有比较深入的了解，从而有效地开展教学，提高教学质量。

（二）课堂评估的特点

1. 以学生为中心（Learner-centered）。

学生是学习的主体，课堂教学的一切活动都是为了学生的发展。以学生为中心要求评估能够体现人文精神，要注重学生的全面发展，评估内容不应只集中在语言上，更要注意非智力因素的发展。以学生为中心同样要求评估要全面，不应只是对个别同学的评估，而要给教学安排提供所有同学的全方位的信息。

2. 教师为主导，学生为主体（Teacher-directed and Student-conducted）。

评估内容的确定、方式的选择以及处理反馈信息的方式一般由教师确定，教师在课堂评估中起组织、管理、监控的作用。学生虽然是课堂评估的客体，但同时也应该以主体的身份参与评估。课堂评估应该是学生自我评估、学生互评与教师评估相结合的统一体，这样才能提供完备的数据。

3. 形成性（Formative）。

课堂评估的目的是提高学习的质量，而不是为评价学生提供数据；它注重学生是否达到学习的目标，而不是与其他同学成绩的比较。因此，课堂评估不以评定成绩为目的，教师对学生的反馈信息也应采用个别化的方式，通过采访、座谈、问卷等描述性方式完成，而不是仅靠测试。评估所关注的不应只是学生目标的达成情况，同样要注意学生在学习过程中的表现，形成性与过程性是一致的，不可分的。

4. 情景具体性（Context-specific）。

课堂评估所针对的是具体的学生、具体的教师、具体的课堂教学内容。适用于一个班级的评估方式不一定适合于另一个班级，适合于一种课型的评估方式也未必对另外一种课型有效。所以，评估不等于测试。测试，尤其是水平考试可以是非情景性的。而评估要求适合学生、适合课堂，因此所采用的方式以及评价的内容会有很大的灵活性。

5. 连续性（Ongoing）。

课堂评估不是终结性测试，而是一个连续的"反馈链"（feed-back loop）。一个"反馈链"一般应由三四次评估组成，各反馈链又前后相连，一直延续下去。每一链环中，教师运用各种各样的策略对学生的学习情况进行评估，然后将信息反馈给学生，并针对其具体情况提出改进的意见；然后进行第二次、第三次甚至第四次评估，以检测学生学习行为改进情况或课堂教学的效用。

6. 评估和教学一体化（Assessment Integrated into Classroom Instruction）。

课堂评估不是孤立的检测手段，而是课堂教学的一个组成部分。将评估的机制纳入正常的课堂教学之中可以促进有效教学的开展。

（三）课堂评估的目的

作为一种形成性检测手段和课堂研究的一部分，课堂评估有以下几个目的：

1. 检测学生对当堂教学内容掌握的情况；

2. 检测学生对策略的运用情况；

3. 检测学生对学习过程的自我监控情况；

4. 检测教学任务的完成情况；

5. 发现学生在学习中仍未解决的问题；

6. 发现教学操作中存在的问题；

7. 发现课程设置中存在的问题；

8. 发现评估策略本身存在的问题；

9. 为学生调整自己的学习方案提供反馈；

10. 为学生调整学习策略的使用提供反馈；

11. 为教师调整教学方式提供反馈。

总之，课堂评估的最终目的是做出关于改进教学、促进学习的各项决策。

（四）影响课堂评估的因素

1. 教学理念。

教学理念是影响评估的主要因素。传统的教学把评估等同于测试，虽然评估评价理论有了很大发展，但是以测试为主的评估方式依然存在，理论与实践总是有一定的差距。然而，理念的转变总会影响手段的使用。在多元理论、建构主义理论和后现代主义理论逐渐为越来越多的教师所熟悉的今天，我们相信，课堂评估的方式也会发生很多变化，课堂评估的过程性、形成性以及学生主体参与等会被越来越多的教师所接受。现代的评估理论并不排斥测试，但是只有测试是不能为学生的发展和教学的改进提供应有信息反馈的。

2. 学生的参与。

学生的积极参与是课堂评估得以顺利进行的保证。课堂评估是教师辅助下的学生自评，自然离不开学生的参与。如 Angelo 和 Cross 所言，只有当学生积极参与评估活动，并从中掌握了评估策略之后，课堂评估才能发挥其应有的效力。这就要求，学生能够了解课堂评估的意义、课堂评估在学习中的地位、课堂评估的方式以及他们在评估中的角色。要想激发学生参与评估的动机，我们就必须满足学生的需求，因此，评估中的多元技术、学生自主和学生主体就显得愈发重要。我们应根据学生的具体情况选择评估的侧重点，选择正确的评估方式是有效评估的保证。

3. 评估活动的正规化。

课堂评估作为教学和学习的一种监控手段应纳入正常的课堂教学之中，成为课堂教学不可缺少的一部分。这就要求评估必须具有系统性、规范性，必须长期开展，在具体的实施之中不断丰富自身的内容和策略。只有这样才能保证评估的效用，使课堂评估真正成为课堂教学和课堂学习的一部分，评估才会更具策略性。

4. 评估的类型。

评估类型是影响评估的直接因素。采用形成性评价方式还是终结性评价方式，评估是以教师为主体还是以学生为主体，评估关注的是学生的语言知识水平还是语言应用水平，还是学生知、情、意的全面发展，所有这些选择都会直接影响课堂评估的效果。评估类型的选择要考虑到课堂教学目标，要考虑到学生的年龄特点、认知特点和智力倾向。

5. 反馈。

评估中教师必须将课堂评估的结果及时反馈给学生，以便学生采取相应的对策，并且根据反馈信息调整自己的学习计划，选择恰当的学习方式。反馈一旦滞后或根本没有反馈，课堂评估将失去应有的效应。

6. 评估技术资源。

评估技术资源同样会影响评估的开展。在教学还只是停留在笔和纸的时代，评估多是测试，更多的是笔试，评估等同于测验。在网络技术高度发达的今天，教师可以利用网络技术使评估多元化、个性化和跟踪化。评估技术的发展是评估发展的一种推动力。

（五）课堂评估的原则

课堂教学评估不同于测试，其目的是监控学生的学习，利用评估信息指导学生的学习和改进教师的教学。课堂评估所特有的目的和特有的作用，要求有特定的实施方式与之相适应。根据课堂评估的目标和特点以及对影响评估因素的控制，教师在进行课堂评估时应遵循以下原则：

1. 针对性原则。

为了保证评估的有效进行，教师必须了解各种评估策略的目的及其预期的效果。为了使评估方式适应教学的具体实际，满足课堂教学目标，适合学生的具体情况，教师应根据不同的课型以及教育者素质选择适当的评估手段。

2. 过程性原则。

课堂评估属于形成性评价的范畴，课堂评估所关注的是课堂中学生的学习过程，因此课堂评估应遵循过程性原则。也就是说，评估所关注的是学习过程，评估本身也是一个过程，是课堂教学中的一部分，而不是同课堂教学相分离的。为了保证评估过程性的实施，课堂评估的内容应更多关注学生的表现，而不是学生的成果；关注学生的发展，而不是学生的成就。同时，课堂评估应具有连续性，就某一方面的评估不应该是一次性的，而应根据具体情况持续几个星期、一个学期甚至一个学年。

3. 效率性原则。

课堂评估的有效开展有赖于学生的配合，有赖于信息反馈的及时与适当。为了使学生有效配合课堂评估的进行，我们有必要使学生理解所采用策略的作用和操作方式，让其看到课堂评估给他们带来的效益；有必要让学生参与评估，借以培养学生的自我监控能力。反馈及时得当在评估中同样具有十分重要的作用。教师要注意"反馈链"（feedback loop）中每一环结束时所采用的处理方式，使学生清楚课堂评估的作用和价值；在评估的每一阶段将获取的信息进行分析整理之后及时反馈给学生，最起码应将部分信息反馈给学生。从这些反馈信息中学生可以了解教师采用这种评估方式的真正意义所在，了解自己的不足和差距，从而采取相应的措施。

就反馈的形式而言，它可以采用评论性的描述，也可以采用分级评估。尽管 Angelo 和 Cross 建议课堂评估不分等级，但也有研究发现，分级的评估更有效。分级评估只是反馈的一种手段，而不是检验学生学习成绩的体系。因此，教师是否应该采用分级量化的方式进行课堂评估应视情况而定。

4. 变化性原则。

单调是教学的毒药，学生参与动机的激发从某种程度上要借助于评估的变化性。如果每一堂课都采用相同的评估方式，比如一分钟问卷，并且所答问题相同，学生就会失去兴趣。因此，课堂评估方式要多样化，这同时也符合多元化的标准和要求。

二、课堂评估常用评估活动举例

（一）一分钟问卷

一分钟问卷用于检验学生对教学内容的掌握、对课堂活动的态度等。具体操作如下：

（1）在下课前 2 分钟～3 分钟前，让学生取出一张纸，写出对下列问题的回答：

What activity do you like best?

What activity do you not like?

（2）教师将学生的答案收起并加以分析；

（3）第二堂课对上一堂遗留的问题进行专门处理。

（二）卡式评估

为了保证评估的有效进行，教师有时可以将评估的内容制作成评估表，在活动结束之时，发放给学生。表 11-3 是一个课堂结束时对阅读策略使用情况的自评表：

表 11－3

Self-evaluation Sheet			
Date： _____	Name： _____		

	True	Partly true	No
1. 1 was able to select a story I am interested in.	☐	☐	☐
2. I tried to guess from the context when I met new words in the story.	☐	☐	☐
3. When I failed to guess out the words, I referred to the Chinese version for reference.	☐	☐	☐
4. I skimmed the story to first find what it is mainly about.	☐	☐	☐
5. I then read the story carefully, interested in some of the details.	☐	☐	☐
6. When I was required to retell a character I like best or a happening which attracted my attention, I scanned the story again for some details.	☐	☐	☐
7. In the discussion with others, I found that I was able to get the right information very quickly as I read in the way I had.	☐	☐	☐
8. I am satisfied with my reading this time.	☐	☐	☐

（三）学习监控表

顾名思义，本策略用于监控学生的学习行为，可用于任何一个单元的学习过程之中。具体操作程序如下：

1. 在每一个单元学习之前发给学生一张学习监控表（如表 11－4 所示），介绍该策略的用途和操作方式。

表 11－4

Name：	Date：		Period：
Topic（Title）：			
Outcome	Activities completed	Possible points	Points earned
N—1			
N—2			
N—3			
N—4			
GRADE KEY 99—100 points＝A 95—98 points＝A 93—94 points＝A 91—92 points＝B 87—90 points＝B 85—86 points＝B	83—84 points＝C 79—82 points＝C 77—78 points＝C 76 points＝D 72—75 points＝D 70—71 points＝D	Total points earned＝	
		Final unit grade＝	

2. 在开始学习该章节之前，学生选择自己想达到的等级。

3. 然后学生在活动一栏中选择他们打算完成的活动，保证这些活动可以为他们挣到足够的分数。

4. 学习过程中学生参照自己预先给自己制定的目标，及时地在自己所完成的活动中打上标记。

5. 教师时常提醒学生检查自己目标的达成情况，调整下一步的行为。

（四）活动反思

本活动用于对听力或阅读活动的评估，在听完或阅读材料之后可发放调查问卷。如在听完之后可组织学生回答下列问题（见表 11－5）：

表 11-5

Answer these questions and then compare your answers with your partner.
1. Was the listening text?
a. very easy   b. quite easy
c. quite difficult   d. impossible
2. Classify the listening task you had to do in the same way (a, b, c, d).
3. Why was the listening text easy/difficult to do?
■The people spoke clearly/unclearly.
■They spoke slowly/fast.
■Their accents were familiar /unfamiliar.
■I could/couldn't see the people.
■The sound quality was good/not good.
■The context was clear/unclear.
■The topic was within/beyond my experience/knowledge.

（Harris，1997：16，略有修改）

·口头演讲/汇报评估表

表 11-6

Name: _____   Date: _____
   1. Physical Expression
____A. stands straight and faces audience
____B. changes facial expression with changes in tone of the presentation
____C. maintains eye contact with the audience
   2. Vocal Expression
____A. speaks in a steady clear voice
____B. varies tone to emphasize points
____C. speaks loudly enough to be heard by the audience
____D. paces words in an even flow
____E. utters each word clearly
   3. Verbal Expression
____A. chooses precise words that convey meaning
____B. avoids unnecessary repetition
____C. states sentences with complete thought or ideas
____D. organizes information logically
____E. summarizes main points at conclusion

（王笃勤，2003：205-220，有改动）

三、作业的批改

批改作业是教师的教学常规工作之一。通过批改作业，教师可以及时获得教学的反馈信息，以便采取措施改进教学。对于所布置的口头作业，教师可在复习检查教学环节抽查，还可指定课代表或小组长在课下检查。

批改书面作业的方式及目的主要有以下几种：

教师全批——详细了解每个学生的学习情况。

学生互批——培养学生积极思考和独立解决问题的能力。

教师面批——个别辅导在某方面学习有困难的学生。

课堂订正——有针对性地讲评典型错误，使学生相互借鉴。

批改作业的方式可以不拘一格，但无论使用哪种方式，教师都要做到有目的、有计划，讲求实效，对作业的结果要做到心中有数。

批改作业的过程也是教师与学生情感交流的过程，因此教师要做到细心检查、正确评判、耐心辅导，使每个学生从教师批改的作业中得到帮助、教育和鼓励。教师在学生的作业本上，可以根据学生的具体情况写上一些批语或留下一些象征表扬、鼓励、批评的标记。例如：

Good! Very nice! Excellent! Much better! Keep it up! Study hard! Be more careful! Good handwriting! Clean and tidy! Untidy! Try it again, please! I'm sure you can do it better next time! You have made great progress!

还可在批语后附上不同的图画以表达老师对学生作业的态度。如图 11-3 所示：

satisfied   happy   dissatisfied   good   tidy   clean

图 11-3

当学生打开作业本时，无论是看到教师的批评还是表扬，都会欣然接受并努力改正缺点，争取更大的进步。任何以加大作业量作为惩罚学生手段的做法都是错误的。

（张 莺，付丽萍，2000：159-160）

第三节 测 试

测试是一种重要的教学评价方式，主要是用来了解、检查和鉴定学习者掌握英语的实际水平的一种手段。通过测试，教师和学生可以获取反馈信息。教师可以检查教学效果，学生可以了解学习进展情况。测试有利于师生调整教学方法、学习方法、教学方式和学习方式，提高英语学习质量。测试还有利于督促学生系统整理和复习所学内容，梳理学习思路，调动学习的主动性和积极性。

一、测试的类型

1. 测试的类型从目的分，可分为成绩测试（Achievement Test）、水平测试（Proficiency Test）、学能测试（Aptitude Test）、诊断性测试（Dialogistic Test）和进度测试（Progress Test）等。

2. 从阅卷的客观性来分，可分为主观性测试（Subjective Test）和客观性测试（Objective Test）。

3. 从答题的方式来分，有笔试（Written Test）和口试（Oral Test）之分。在以往的教学中，测试多以笔试为主。

4. 根据范围不同，测试可以分为单元测试和模块测试。

5. 根据时间不同，测试可以分为随堂测试、周考、月考、期中考试和期末考试或结课考试等。

测试通常要划等级，或以百分制记分，或以等级制记分（A，B，C，D/优秀、良好、及格、不及格），也可以采用百分比的形式。

二、试卷的制作

（一）要求

笔试试卷的制作是英语教师必备的重要技能。试卷命题时应以相应的大纲为依据；应对教与学有良好的导向作用；应根据不同目的选择题型；应确保试题的效度（即此题要考学生什么）；应在预定范围之内，难度适中。试卷设计还应符合下列要求：

1. 有题头：标题要包括考试对象、学期、类别（期中、期末等）、所考课程、卷类（A、B 卷等）、出卷年月和考试用时。此外，要留出地方填写测试的日期、考生姓名、班级和分数。

2. 有大题的题号和指示语、此大题总分和每小题分数。

3. 试题、标准答案和评分标准配套；听力部分要有录音材料和录音稿。

4. 试题难度适中且分布得当。

5. 正规考试一般要设计两份难易度相当的试卷，即 A、B 卷。

6. 题量和考试时间搭配合适。

（二）题型

试题设计应多样化，可有以下的题型：

1. 选择题。可有单项选择题和多项选择题。这种题型可用来检查英语发音、词汇和语法，在考试中经常遇见。命题时应注意命题的目的，题干要明了简洁；选择项要有干扰项且不宜过于冗长。以下面的题目为例：

A：What are they doing?

B：_____.　题干

A.　They row a dragon boat.

B.　They doing Taijiquan.　　　干扰项

C.　They watch TV.

D.　They are playing basketball.　　标准答案

2. 连线题。在考虑试题难易程度分布的时候，连线题可作为较为简单的题目出现，因为该类题目只考察学生的辨别能力和推测能力。

3. 听写。听写可以考核学生的词汇掌握能力和拼写能力，可有单词听写、句子听写或短文听写的形式。根据学生的水平，短文听写可为全文听写或部分听写（Spot dictation）。试题的难易度可由听力材料的速度、次数、间隔的长短等控制。

4. 回答问题。可以是听音答题或阅读理解答题等。根据学生的水平，可以提示或要求完全回答。

5. 填空题。可有单词填空、句型填空和完形填空的形式。通过填空使句子或段落的意思完整。但需注意填空的空格要有目标性且位置不宜过于密集。空格的抽取以有上下文提示或学习的重点为宜，如语法点。

6. 阅读理解题。根据学生所学的水平和内容，给出一至五篇难度适当、长短得当的文章，针对每篇文章的内容出几道题目，考查学生对短文的理解。题目可以是多项选择题，也可以是简答题。

7. 写作题。根据给出的题目或提示用英语写小短文。

（三）试卷制作的检查

综上所述，可通过检查以下各项是否考虑并做到来判断试卷制作是否合理：试题的考点是否明确；试题内容是否在命题范围之内，难度是否适中；难易题分布是否恰当；题型选择是否合理、是否多样化；题量是否适中；试题格式是否正确；试卷题头是否符合要求；指示语是否简洁明了；分数是否分布合理；试卷（答卷）、标准答案和评分标准是否配套；拼写是否准确。

三、试卷示例

《PEP 小学英语》四年级下册期末测试题

听力部分（40 分）

I. 听句子，选图片，将其字母标号写在括号里。每题读两遍。（10 分）

……

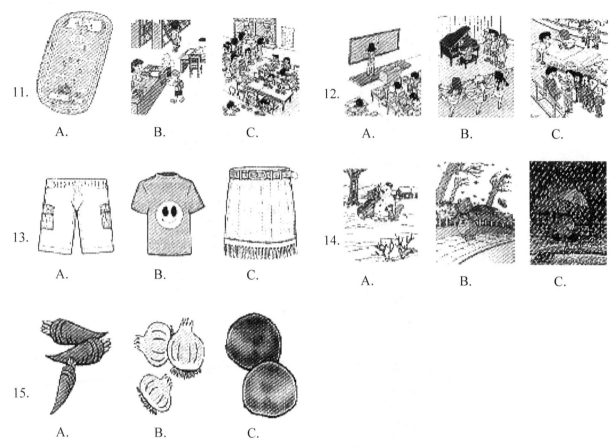

11.   A.   B.   C.   12.   A.   B.   C.

13.   A.   B.   C.   14.   A.   B.   C.

15.   A.   B.   C.

II. 听句子，判断录音内容与图是否一致。一致的在括号里打"√"，不一致的打"×"。每题读两遍。（10分）

1. （　　　）   2. （　　　）   3. （　　　）   4. （　　　）   5. （　　　）

III. 听句子，连线。每题读两遍。（10分）

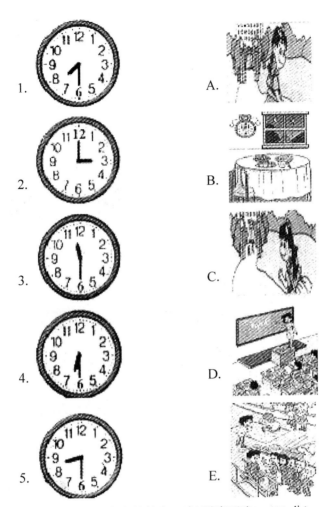

IV. 听句子，根据听到的问句选择恰当的答句。每题读两遍。（10分）

(　) 1.　A. Yes, it does.　　　B. Yes, we are.　　　C. Yes, it is.

(　) 2.　A. I like rabbits.　　 B. I like noodles.　　 C. I like yellow.

(　) 3.　A. Yes, she is.　　　 B. Yes, I want a pen.　C. Yes, it's 4:30.

(　) 4.　A. Yes, it is.　　　　B. Yes, they are.　　　C. Yes, this is.

(　) 5.　A. It's a canteen.　　B. It's sunny.　　　　C. It's 9 o'clock.

笔试部分（60分）

I. 看图填空。（10分）

1. 　　　　The jeans are very _____.

2. 　　　　It's time to _____ _____ _____.

3.  The ________ is very fat.

4.  It's time for ________ class.

5.  This is a ________.

II. 根据英语提示，给衣物涂上相应的颜色。(10 分)

a red T-shirt

a pink dress

a brown jacket

an orange sweater

a white shirt

III. 在图片下方的括号内填写相对应句子的字母。(10 分)

(   )

(   )

(   )

(   )

(   )

A. It's snowy. Put on your boots.

B. It's sunny. Put on your sunglasses.

C. It's rainy. Open your umbrella.

D. It's windy. Hold on to your hat.

E. It's cloudy. Take your raincoat.

IV. 根据表格内容，判断句子正（√）误（×）。（10分）

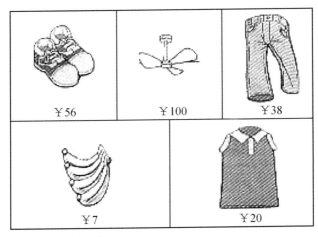

(　　) 1. The sneakers are sixty-five yuan.

(　　) 2. The fan is one hundred yuan.

(　　) 3. The jeans are thirty-eight yuan.

(　　) 4. The bananas are seventeen yuan.

(　　) 5. The T-shirt is twenty yuan.

V. 选择正确的短语填空。注意字母的大小写。（10分）

whose	how many	how much	where	what

1. —_____ horses are there at your farm?

　—There are twelve.

2. —_____ is the weather like in Beijing?

　—It's rainy.

3. —_____ are the two big watermelons?

　—They are fifteen yuan.

4. —_____ is your classroom?

　—It's on the second floor.

5. —_____ little sweater is it?

　—It's my baby brother's.

VI. 读短文，选择正确的答案。（10分）

Mary is seven. She can go to school. It is the first day of school. Her teachers are very good. The other（其他的）children are very friendly（友好的）. She likes the school very much. After school，she goes home with the other children.

The next day, she doesn't go home with the other children. She asks（问）the teacher, Miss Brown, a question（问题）. "What did you do at school today?"（今天你在学校做什么了？）"Why（为什么）do you ask me this question?" Miss Brown asks her. "Because（因为）my mother will ask me this question at home."

(   ) 1. Mary _____ the school on the first day.

    A.　doesn't like　　　　　B.　likes　　　　　C.　don't like

(   ) 2. The other boys and girls in her school are very _____.

    A.　lovely　　　　　　　B.　good　　　　　C.　friendly

(   ) 3. Mary's teacher is _____.

    A.　Mrs. Brown　　　　　B.　Miss Green　　　C.　Miss Brown

(   ) 4. On _____, she goes home with the other children.

    A.　the first day　　　　　B.　the second day　　C.　the third day

(   ) 5. At home, Mary's mother will ask her _____.

    A.　what she did at school　　B.　where she was　　C.　who is her teacher

（《中小学外语教学》，2009（9）：43－45）

附　录

一、英语字母表（手写体）

二、常用课堂用语

1. What to say when beginning a class：

Hello，boys and girls/children. 大家好。

Shall we start? 我们开始好吗?

Good morning/afternoon，class/everyone/everybody/children/boys and girls.

大家早晨好/下午好。

I'm your new teacher. 我是你的新老师。Please call me Ms. Wang. 请叫我王老师。

The bell is ringing. 铃响了。

Time for class. 到上课时间了。

Who's absent? / Who's away? 谁缺席了?

Try to be on time. Don't be late next time. 尽量准时到。下次别迟到。

Stand up，please. 请起立。

Sit down，please. 请坐下。

2．What to say during a class：

Let's start. 我们开始吧。

Speak in English. No Chinese. 用英语说，别用汉语。In English，please. 请用英语说。

We'll learn some new words. 我们要学几个新单词。

Ready? 准备好了吗?

Pardon? 再说一遍，好吗?

Do you understand? 你明白吗?   Can you follow me? 能听懂吗?   Is that clear? 清楚了吗?

Let me have a try. 让我试一试。Whose turn is it? 轮到谁了?

It's your turn. 轮到你了。You're next. 下一个是你。Next，please. 下一位。

Can you try? 你能试一试吗? Who wants to have a try? 谁想试试?

Try your best. /Do your best. 请尽力。

Think it over and try again. 想一想，再试一次。

Don't be afraid/shy. 不要害怕/害羞。

Back to your seat，please. 请回到座位上。

Attention，please. 请注意。Listen carefully，please. 请注意听。

Listen to the tape recorder/the recording. 请听录音机/听录

Look carefully，please. 请仔细看。Watch carefully. 仔细观察。

Please look at the picture. 请看这幅图片。

All together. 大家一起做。Girls/Boys only. 只是女/男生。

Practice in groups，please. 分组练习。In twos. /In pairs. 两人一组。

Follow me，please. 请跟我学。Do what I do. 请跟我学。

Stop talking. /Stop talking now，please. /Be quiet，please. 请不要说话。

Don't worry about it. /No problem. 别着急。/没问题。

OK. /That's OK. 行。/没关系。

Put up your hands，please. /Raise your hands，please. /Hands up. 请举手。

Speak up. /Louder，please. 请大声点。

Once more. 再来一遍。Say it again. 再说一遍。Repeat，please. 请重复。

Let's sing/talk together. 让我们一起唱/说。

Quickly，please. /Hurry up. 请快点。

Be careful. /Look out. 小心。

Help each other，please. 请互相帮助。

Please open/ close your books. 请打开书/请合上书。

Please turn to page 4. 请翻到第 4 页。

Please read after me. 请跟我读。

Let's practice. 练一练。

What's in the picture? 图片上有什么?

Let's listen to a song，please. Clap your hands. 让我们来听一首歌，请拍手。

Today I'm going to tell you a story. 今天我要给你们讲一个故事。

Please read the story. 看一会儿故事吧。

Time's up. 到时间了。Let's stop here. 就到这里吧。

That's all for today. Class is over. 今天就到这儿。下课了。

Goodbye. /Bye. /See you next time. 再见。

3. What to say when praising or encouraging:

Good! /Very good! /Great! / Splendid! / Outstanding! / Excellent! / Wonderful! / Super! / Marvelous! / Terrific! / Fantastic! / That's very good. /Well done! / Good work! 好! 非常好! 太好了! 太棒了! 非常棒! 棒极了! 做得好!

Good job! /You've done a good job! 你干得很出色!

Perfect! 太完美了!

How wonderful/nice! 真棒/真漂亮!

Good thinking. 想得很好。

Let's clap hands for Tom. 让我们为汤姆鼓掌。

Come on, Tom. 汤姆，加油!

You are so smart! 你真聪明! You are clever! 你真聪明!

Right! /Quite right. 对! 非常对! Yes, you've got it. 对，你说得对。

Good boy! /Good girl! 好孩子!

A good try. 做得不错。 Good going. 做得不错。

That's better. /That's much better. 好多了。

Not bad. /That's not bad. 还不错。

Almost right. 基本正确。 Not exactly. 还不太确切。

Take it easy. 不要紧张。 You can do it. 你能行。

You read quite well. 你读得非常好。

That's the way. 就这样做。 Keep it up! 保持下去!

You are getting better every day. 你一天比一天做得好。

I'm very proud of you. 我为你感到自豪。

Congratulations! 祝贺你!

You are learning fast. 你学得很快。 Keep on trying. 继续努力。

You're making progress every day. 你每天都在进步。

You're always the best! 你总是最好的!

You often have miracles. 你总是创造奇迹。

You speak English very well. 你的英语说得真好。

I'm pleased with your spoken English. 我对你的口语很满意。

Your dress is beautiful! 你的连衣裙很漂亮! You look cool. 你帅呆了。

4. What to say when doing exerciese:

Line up, please! 排队! Attention, please! 立正!

March. 齐步走。 At ease! 稍息!

Look ahead. 向前看。 Left. 向左看。 Right. 向右看。

Go one after another. 一个接着一个走。 /One by one, please.

No pushing. 不要推。

Look at me, boys and girls, Please follow me. 大家请看着我，跟我做。

Hands up. 举起手。 Hands down. 放下手。 Turn around. 转身。

三、小学英语歌曲

Are you sleeping?
还要睡吗?

1=F 4/4

| 1 | 2 | 3 | 1 | | 1 | 2 | 3 | 1 | | 3 | 4 | 5 | - | |

Are you slee-ping,　are you slee-ping,　bro-ther John,
还 要 睡 吗,　还 要 睡 吗,　约 翰 弟,

| 3 | 4 | 5 | - | | 5 6 | 5 | 4 | 3 | 1 | | 5 6 | 5 | 4 | 3 | 1 | |

bro-ther John?　Morning bells are ringing,morning bells are ringing,
约 翰 弟?　晨 钟 响 了,晨 钟 响 了,

| 2 | 5̣ | 1 | - | | 2 | 5̣ | 1 | - | |

Ding Ding Dong,　Ding Ding Dong.
叮 叮 咚,　叮 叮 咚。

Happy New Year
新年好

1=E 3/4

| 1 1 | 1 | 5̇ | | 3 3 | 3 | 1 | | 1 | 3 | 5 | 5 | |

Happy New Year!　Happy New Year!　Happy New Year
新 年 好 呀!　新 年 好 呀!　祝 福 大 家

| 4 3 | 2 | - | | 2 3 | 4 | 4 | | 3 2 | 3 | 1 | |

to you　all!　We are sing-ing,　we are dan-cing.
新 年 好!　我 们 唱 歌,　我 们 跳 舞。

| 1 3 | 2 | 5̇ | | 7̣ 2 | 1 | - | |

Happy New Year!　to you　all!
祝 福 大 家　新 年 好!

The More We Get Together
我们相聚在一起

```
 1    3  | 5· 6  5 4 | 3  1  1 | 2  5  5 |
The  more we get to- ge- ther, to-  ge- ther, to-
我 们  相  聚    越 多, 相聚 越 多, 相聚

 3  1  1 | 5· 6  5 4 | 3  1  1 | 2 2  5  5 |
ge- ther, The more we get to- ge- ther, The hap- pi-  er  we'll
越 多, 我们 相   聚   越 多, 我们 更    加  快

 1  -  1 | 2  5  5 | 3  1  1 | 2  5  5 |
be-  For  your friends are   my  friends, And   my  friends are your
乐,   你的  朋友 是 我的   朋 友, 我的  朋友 是 你的

 3  1  1 3 | 5· 6  5 4 | 3  1  1 |
friends. The   more we get to-    ge- ther. The
朋 友。我 们  相   聚   越 多, 我们

 2 2  5  5 | 1  -  - ‖
hap- pi- er we'll   be.
更  加  快 乐。
```

Row Your Boat
划船歌

```
1=C 2/4  1  1  | 1· 2  3 | 3· 2 3· 4 | 5  - |
       Row, row, row your boat, gen- tly down the stream.
       划, 划, 划 小 船, 小 船儿水 上  飘。

 i i i  5 5 5 | 3 3 3  1 1 1 | 5· 4 3· 2 | 1  - ‖
Merrily, merrily, merrily, merrily, life is but a dream.
乐滋滋, 兴致高, 乐滋滋, 兴致高, 生活 多 美 好。
```

Rainbow Song
彩虹之歌

1=D 4/4

```
  1   2   3 1   2    |   3   5   5   -    |
 Red and yellow and     pink and green.
  红  色,  黄  色,     粉  和  绿。

  6 4   2   5 3   1    |   2   -   -   -    |
 Purple and orange and     blue.
  紫   色,  橙色 和     蓝色。

  3 4   5 3   6   5    |  0   5 1   5   4   |
 I can sing a rain- bow.     Sing a rain- bow.
  我 会 唱彩 虹 歌。     唱 彩 虹 歌。

  3 6·   3   2    |   1   -   1   0   0   ‖
 Sing a rain- bow     now.
  现在唱 彩 虹     歌。
```

Morning Exercises
早操歌

1=E 2/4

```
  1   1   |   5   5   |   6   6   |   5   -   |
 One two     three four,   put your   hands up,
  一  二     三  四,   伸  伸   手,

  4   4   |   3   3   |   2   2   |   1   -   |
 five six     seven eight,  put your   hands down.
  五  六     七  八,   放  下   手。

  5   5   |   4   4   |   3   3   |   2   -   |
 One two     three four,   jump, jump   high,
  一  二     三  四,   跳  跳   高,

  5   5   |   4   4   |   3   3   |   2   -   |
 five six     seven eight,  stand, stand  straight.
  五  六     七  八,   站  站   直。

  1   1   |   5   5   |   6   1   |   5   5   |
 One two     three four,   five six     seven eight,
  一  二     三  四,   五  六   七  八,

  4   4   |   3   3   |   2   2   |   1   -   ‖
 We do     mor- ning   exer- ci-   ses.
  我 们     大  家   做 早   操。
```

Two Tigers
两只老虎

1=E 4/4

```
1  2  3  1  |  1  2  3  1  |  3  4  5  -  |
Two ti- gers,   two  ti- gers,   won- der- ful,
两  只 老 虎，   两  只 老 虎，   真  奇  怪，
```

```
3  4  5  -  |  5  6  5  4  3  1  |  5  6  5  4  3  1  |
won- der- ful!    One  has no ears.      one  has no tail,
真  奇  怪!    一 只 没 有 耳 朵，    一 只 没 有 尾 巴，
```

```
2  5  1  -  |  2  5  1  -  ‖
won- der- ful,    won- der- ful!
真  奇  怪，    真  奇  怪!
```

The Happy Song
幸福歌

1=C 4/4

```
5  5  |  1  1  1  1  1  1  7  1  |  2  0  0  5  5  |
If you're happy  and you know it, clap your hands!(Clap,clap) If you're
如 果  幸 福 你 就 你 就 拍 拍  手!(拍,拍) 如 果
```

```
2  2  2  2  2  2  1  2  |  3  0  0  3  3  |
happy and you know it, clap your  hands! (clap, clap)   If you're
幸 福 你 就 你 就 拍 拍 手!(拍， 拍)    如 果
```

```
4  4  4  4  6  6  4  4  |  3  3  3  2  1  1  3  3  |
happy and you know it,  and you   real-ly want to show it. If you're
你 真 的 幸 福，就 想 要   大 家 知 道。如 果
```

```
2  2  2  1  7  5  6  7  |  1  0  0  ‖
happy and you know it, clap your  hands! (Clap,  clap)
幸 福 你 就 你 就 拍 拍 手!(拍， 拍)
```

We Wish You're Merry Christmas
祝你圣诞快乐

1=F 2/4 3/4

```
5  1  |  1  2  1  7  |  6  6  |  6  2  |
We wish  you're Merry  Christ-mas,  We wish
我们 祝愿  你  圣 诞   快 乐。  我们 祝愿

2  3  2  1  |  7  5  |  5  3  |  3  4  3  2  |
you're Merry  Christ- mas.  We wish  you're Merry
你  圣  诞   快 乐。  我们 祝愿  你  圣 诞

1  6  |  5  5  6  2  |  7  1  -  |  5  5  1  1  |
Christ-mas  and  Hap-py New Year.  Good  ti-dings
快 乐   并 且 新 年 快 乐。  我 们 为 你

1  7  -  |  7  1  7  7  |  6  5  -  |  2  3  |
we bring  to you and  your kin.  Good ti-
和你家人  带 来 快 乐 消 息。  我们 祝愿

2  2  1  1  |  5  5  5  5  |  6  2  7  |  1  -  -  ‖
dings  for  Christ- mas and  Hap- py New Year.
你  圣 诞   快 乐 并 且  新 年 快 乐。
```

Ten Little Indians
十个小印第安人

1=F 4/4

```
1  1 1  1  1 1  |  3  5 5  3  1  |
One lit-tle, two lit-tle,  three lit-the In- dians.
一 个,  两 个,   三 个 小 印第 安人。
Ten lit-tle, nine lit-tle,  eight lit-tle In- dians.
十 个,  九 个,   八 个 小 印第 安人。

2  2 2  7  2 2  |  7  2 2  7  5  |
Four lit-tle, five lit-tle,  six lit-tle In- dians.
四 个,  五 个,   六 个 小 印第 安人。
Seven lit-tle, six lit-tle,  five lit-tle In- dians.
七 个,  六 个,   五 个 小 印第 安人。

1  1 1  1  1 1  |  3  5 5  3  1  |
Seven lit-tle, six lit-tle,  five lit-tle In- dians.
七 个,  八 个,   九 个 小 印第 安人。
Four lit-tle, three lit-tle,  two lit-tle In- dians.
四 个,  三 个,   两 个 小 印第 安人。

5  4 4  3  2  |  1  -  -  -  ‖
Ten lit-tle In- dian  小男孩。
十 个 印 第 安
One lit-tle In- dian  小男孩。
一 个 印 第 安
```

四、小学英语歌谣

1. Roll the ball

Roll，roll，roll the ball，
Roll the ball to me.
Roll it，roll it，
Roll the ball to me.

2. A Big Boy

A big boy，
A big boy，
I am a big boy.
A big boy，
A big boy，
I am a big boy.

3. Numbers

One two，how do you do?
Three four，open the door.
Five six，pick up sticks.
Seven eight，close the gate.
Nine ten，stop my hen.

4. Father and Mother

Father，father. This is my father.
Mother，mother. This is my mother.

5. Give Me a Banana

Give me a banana.
Here you are.
Give me an apple.
Here you are.
Give me a plum.
Here you are.
Give me a pear.
It's over there.

6. Is It a Dragon?

Is it a dragon?
Yes. Yes. Yes.
Yes，it is.
Is it a cat?
No. No. No.
No，it isn't.

五、英语短剧

1. Little Red Riding Hood

Mom：Little Red Riding Hood! Take this basket to your grandmother. There're sandwiches in the basket. There's a wolf in the woods. He is dangerous. Be careful!

Little Red Riding Hood (L for short): All right, Mom.

(Little Red Riding Hood is walking in the woods.)

Wolf (W for short): Hello!

L: Hello, sir!

W: Where're you going?

L: I'm going to my grandmother's.

W: Where does she live?

L: Near the river.

W: Oh, I see. See you later.

L: Goodbye.

(The wolf runs to the grandmother's house—)

Grandmother: Who's that?

W: It's me.

Grandmother: Come in, dear!

(The wolf goes into the house and eats the grandmother. He waits for Little Red Riding Hood. Little Red Riding Hood comes back.)

W: Who's that?

L: It's me.

W: Come in, my dear.

L: Your ears are big.

W: Better to hear you, dear.

L: Your eyes are big.

W: Better to see you.

L: Your teeth are long.

W: Better to eat you.

2. The Tiger's Dinner

(The tiger is looking for some food in the woods.)

Tiger (T for short): Oh, a rat! I'll catch you.

Rat (R for short): Don't eat me, Mr. Tiger.

T: Why?

R: A hare is over there. He is bigger than me. Go and catch him. You'll have a good dinner.

T: Mm. Let me think it over.

R: Hurry up, or he will run away.

T: OK. Go away.

(The tiger is running after a hare.)

Hare (H for short): Don't eat me, Mr. Tiger.

T: Why?

H: A goat is over there. He is bigger than me. Go and catch him. You'll have a good dinner.

T: Mm. Let me think it over.

R: Hurry up, or he will run away.

T: OK. Go away.

(The tiger is running after a goat.)

Goat (G for short)：Don't eat me，Mr. Tiger.

T：Why?

H：A deer is over there. He is bigger than me. Go and catch him. You'll have a good dinner.

T：Mm. Let me think it over.

R：Hurry up，or he will run away.

T：OK. Go away.

(The tiger is running after a deer，but the deer is running faster.)

T：I'm tired. I'll have a rest.

(The tiger is sitting on the ground，feeling very sad.)

T：I'm hungry. Where is my dinner?

Birds：A greedy tiger! Where is your dinner?

3. The Little Tadpole Looking for Her Mother

(A little tadpole is swimming in the river. She is looking for her mother.)

Tadpole (T for short)：Mummy!

Duck：Good morning.

T：Good morning. Are you my mummy?

Duck：(Smiling) No，I'm not. Your mummy has two big eyes and a big mouth. You can find her yourself.

T：Thank you.

(A fish is swimming near. Tadpole thinks：She has two big eyes and a big mouth，she must be my mummy.)

T：Mummy! Mummy!

Fish：(Smiling) No，I'm not. Your mummy has four legs. You can find her in the front.

T：Thank you.

(A Tortoise is swimming near. Tadpole thinks：She has four legs，she must be my mummy.)

T：Mummy! Mummy!

Tortoise：(Smiling) No，I'm not. I'm little Tortoise's mummy. Your mummy has white belly. You can find her in the front.

T：Thank you.

(A goose is swimming near. Tadpole thinks：Her belly is white，she must be my mummy.)

T：Mummy! Mummy!

Goose：(Smiling) No，I'm not. I'm little geese's mummy. Your mummy is in green. She sings "Quequeque".

T：Thank you.

(The tadpole goes on swimming and swimming. She sees a frog sitting on a lotus leaf and singing "Quequeque". She swims there，in front of the frog.)

T：Excuse me，have you seen my mummy? She has two big eyes，a big mouth，four legs，white belly and singing "Quequeque".

Mother Frog：(laughing) My little baby，I am your mummy!

T：(shaking her tail) Surprise! Surprise! Why don't we look like you?

Mother Frog：Honey，you are young. After a period of time，you will be the same as me.

T：Oh, I find my mummy! I find my mummy! Mummy! Mummy! Come here! Come here!

Mother Frog：(jump into water) Oh，my lovely girl. Let's go home.

六、简笔画示例

1. 职业类。

teacher	doctor	nurse	soldier
driver	farmer	cook	waiter

2. 果蔬类。

apple	banana	pear	orange
peach	pineapple	cherry	strawberry

3. 物品类。

bowl	spoon	knife	fork
bottle	cup	brush	clock

4. 动物类。

cat	dog	cock	duck
goose	pig	cattle	sheep
tiger	lion	panda	monkey

5. 动作类。

walk	run	jump	swim
sing	dance	stand	sit
lie	sleep	get up	exercise

6. 服装类。

coat	suit	dress	trousers
sweater	jacket	scarf	gloves

7. 人物类。

grandma	grandpa	mother	father
girl	boy	baby	young
middle aged	old	strong	weak

8. 形容词类。

high	short	tall	short
fat	thin	good	bad

9. 面部表情类。

normal	smiling	laughing	happy
sad	crying	worried	hot

10. 天气类。

sunny	cloudy	windy	rainy
snowy	warm	hot	cold

七、常用英语人名

女性名字及意思（Female names and meanings）。

Alice（Truth）	Joy（Joy）	Phoebe（The wise one）
Amanda（Loveable）	Julia（Youthful）	Phyllis（A green branch）
Amber（Jewel）	June（Young）	Polly（Bitter）
Amy（Beloved）	Karen（Pure）	Priscilla（The ancient）
Ann（Full of grace）	Laura（The laurel）	Prudence（Cautious）
Beth（Place of God）	Lilly（A lily）	Rebecca（The captivator） Regina（Queenly）
Bonnie（Sweet and good）	Linda（Beautiful）	Rita（A pearl）
Cara（Friend）	Liza（Given to God）	Roberta（Famous）
Carol（Joyous song）	Lucy（Light）	Rosanne（Gracious rose）
Cheryl（Dear one）	Marcia（Of Mars）	Rose（A rose）
Christine（Fair Christian）	Mary（Bitter）	Roxanne（Dawn）
Diana（Goddess of the moon）	Megan（The strong）	Ruby（Precious stone）
Donna（Lady）	Melody（Song）	Ruth（A beautiful friend）
Elizabeth（Given to God）	Mona（Peaceful）	Sabrina（A princess）
Emily（Industrious）	Nancy（Full of grace）	Samantha（Name of God）
Emma（Healer）	Noel（Christmas Child）	Sarah（Princess）
Eve（Life）	Norma（The model）	Susan（A lily）
Faith（Trusting）	Olivia（The olive）	Tammy（The palm tree）
Grace（Graceful）	Paige（Child or young）	Tara（Tower）
Heather（A flower）	Pam（Loving）	Tina（Fair Christian）
Holly（Good luck）	Patricia（Of the nobility）	Victoria（The victorious）
Hope（Cheerful）	Paula（Little）	Violet（Modest）
Irene（Peace）	Peggy（A pearl）	Wendy（White-browed）
Jane（God's gift）	Penny（Weaver）	

男性名字及意思（Male names and meanings）。

Aaron（Light）	Fabian（Rich farmer）	Norman（From the north）
Adam（Man of earth）	Frank（Free）	Oliver（Peace）
Alan（Harmony）	Gary（Battle hawk）	Oscar（Spear）
Andrew（Manly）	George（Farmer）	Paul（Little）
Arnold（Strong as an eagle）	Glen（From the valley）	Peter（Rock）
Arthur（Strong as a rock）	Gordon（From the hill）	Philip（Lover of horses）
Barry（Spear）	Grant（Great）	Richard（Wealthy）
Benjamin（Son）	Harold（Commander）	Robert（Famous）
Brian（Strong）	Heath（From the wasteland）	Ross（Horse）
Bruce（From the forest）	Henry（Home ruler）	Roy（King）
Charles（Man）	Ian（God's gift）	Samuel（Name of God）
Clark（Wise）	Isaac（Laughing）	Scott（A Scotsman）
Colin（Strong）	Jacob（The winner）	Seth（Chosen）
Corbin（The raven）	James（The winner）	Simon（Heard）
Dale（Valley dweller）	Jay（Crow）	Stephen（Crown）
David（Beloved）	John（God's gift）	Stewart（Keeper of the castle）
Dennis（Lover of wine）	Justin（The just）	Thomas（The twin）
Devin（Poet）	Keith（A place）	Trent（Swift）
Donald（Ruler of the world）	Kevin（Kind；gentle）	Tyler（Maker of tiles）
Drew（Skilled）	Lee（Meadow）	Victor（The conqueror）
Dustin（Strong ruler）	Leo（Lion）	Vincent（The conqueror）
Edward（Rich guardian）	Mark（A warrior）	Wade（Wanderer）
Eli（The highest）	Michael（Godlike）	Walter（Powerful warrior）
Ethan（Steadfast）	Neal（Champion）	Wilson（Son of William）

主要参考书目

Jemery Hamer. *How to Teach English*. Beijing：Foreign Language and Research Press，2003.

Krashen S. *The Input Hypothesis*：*Issues and Implication*. London：Longman，1985.

Paul Davie，Eric Peares. *Success in English Teaching*. London：Oxford University Press. 2003.

R. M. 加涅，L. J. 布里斯格，W. W. 韦杰. 教学设计原理（第五版）［M］. 皮连生，等，译. 上海：华东师范大学出版社，1996.

陈琳，王蔷，程晓堂. 全日制义务教育 英语课程标准（实验稿）［M］. 北京：北京师范大学出版社，2002.

陈琳，王蔷，程晓堂. 全日制义务教育 英语课程标准解读（实验稿）［M］. 北京：北京师范大学出版社，2002.

程晓堂，郑敏. 英语学习策略［M］. 北京：外语教学与研究出版社，2002.

程晓堂，鲁子问，钟淑梅. 任务型语言教学在英语教学中的应用［J］. 山东师范大学外国语学院学报，2007（6）：3-8.

放飞教育梦想. 教学改革实验（英语篇）张思中十六字教学法：利用规律提高外语教学效率［OL］. 2009（9）：http：//blog. sina. com. cn/s/blog_56a84e810100fpbg. html.

杭宝桐. 中学英语教学法［M］. 上海：华东师范大学出版社，2006.

何广铿. 英语教学法基础［M］. 广州：暨南大学出版社，2001.

胡春洞. 英语教学法［M］. 北京：高等教育出版社，1990.

胡春洞，王守仁. 英语教学交际论［M］. 南宁：广西教育出版社，1996.

蓝卫红. 小学英语教学法［M］. 南宁：广西教育出版社，1998.

黎茂昌，曾美良. 小学英语语音教学中存在问题与改进措施［J］. 中小学外语教学，2008（6）：9-12.

黎茂昌. 小学英语词汇教学的误区与对策［J］. 中小学英语教学与研究，2008（4）：4-6.

黎茂昌. 专业学生英语听力教学技能培养探究［J］. 教育研究与实验，2009（7）：115-117.

李维. 小学儿童教育心理学［M］. 北京：高等教育出版社，1999.

廖兆慧. 任务型教学法在初中英语教学中的实施［OL］. http：//www. mzjky. cn/yyxk/ShowArticle. asp？ArticleID=1293.

鲁子问. 小学英语教育学［M］. 北京：中国电力出版社，2004.

王蔷. 小学英语教学法教程［M］. 北京：高等教育出版社，2003.

王电建，赖红玲. 小学英语教学法［M］. 北京：北京大学出版社，2002.

王笃勤. 小学英语教学法导学［M］. 北京：中央广播电视大学出版社，2003.

王笃勤. 英语教学策略论［M］. 北京：外语教学与研究出版社，2002.

王才仁. 我缘何倡导"双重活动教学法"［J］. 广西教育，2008（6）：24-26.

王霞. *Wild Animals*［J］. 中小学外语教学，2009（10）：34-37.

我思故我在. 马承三位一体教学法与张思中十六字教学法［OL］. 2008（9）：http：//

www2. tianyablog. com/blogger/post_show. asp？BlogID＝1829269&PostID＝15373044.

徐国平，邹艳，邵黎利. 小学英语课堂游戏 100 例［C］. 杭州：浙江教育出版社，2006.

英语辅导报网站. 英语"四位一体"教学法产生的背景［OL］. http：//www. ecp. com. cn/ activities/ProfBao/summarize/200602/20060206163534. html.

张东风，罗前进. 英文歌曲哆来咪［M］. 西安：陕西旅游出版社，2007.

张国扬，朱亚夫. 外语教育语言学［M］. 南宁：广西教育出版社，1996.

张灵芝. 对外汉语教学心理学引论［M］. 厦门：厦门大学出版社，2006.

张莺，付丽萍. 小学英语教学法［M］. 长春：东北师范大学出版社，2000.

赵景瑞. 小学语文说课百例［M］. 北京：中国林业出版社，2000.